当代幼儿教育研究与探索系列丛书

贵州省哲学社会科学规划项目（15GZQN08）

# 农村幼儿教师质量保障机制研究

## ——基于贵州普及学前教育进程中的调查

梁小丽　樊婷婷　◎　著

西南交通大学出版社
·成都·

## 图书在版编目（ＣＩＰ）数据

农村幼儿教师质量保障机制研究：基于贵州普及学前教育进程中的调查 / 梁小丽，樊婷婷著. —成都：西南交通大学出版社，2019.4
ISBN 978-7-5643-6838-8

Ⅰ. ①农… Ⅱ. ①梁… ②樊… Ⅲ. ①乡村教育 – 幼教人员 – 教学能力 – 研究 – 贵州②乡村教育 – 学前教育 – 教育质量 – 研究 – 贵州 Ⅳ. ① G615② G612

中国版本图书馆 CIP 数据核字（2019）第 075553 号

## 农村幼儿教师质量保障机制研究
### ——基于贵州普及学前教育进程中的调查

梁小丽　樊婷婷　著

| | |
|---|---|
| 责 任 编 辑 | 赵玉婷 |
| 封 面 设 计 | 原谋书装 |
| | 西南交通大学出版社 |
| 出 版 发 行 | （四川省成都市二环路北一段 111 号 西南交通大学创新大厦 21 楼） |
| 发行部电话 | 028-87600564　028-87600533 |
| 邮 政 编 码 | 610031 |
| 网　　　址 | http://www.xnjdcbs.com |
| 印　　　刷 | 四川煤田地质制图印刷厂 |
| 成 品 尺 寸 | 170 mm × 230 mm |
| 印　　　张 | 15 |
| 字　　　数 | 238 千 |
| 版　　　次 | 2019 年 4 月第 1 版 |
| 印　　　次 | 2019 年 4 月第 1 次 |
| 书　　　号 | ISBN 978-7-5643-6838-8 |
| 定　　　价 | 70.00 元 |

# 前　言

　　学前教育是国民教育体系的重要组成部分，是为各阶段学习、终身学习和全面发展奠定基础的重要阶段，是全部教育的基石，更是根的事业。跟随着全国范围内学前教育快速发展的步伐，贵州省的学前教育也取得了前所未有的成绩。而快速发展的同时，贵州省普及学前教育进程中农村幼儿教师质量的问题也日益凸显，为此审视农村幼儿教师质量存在的突出问题并对其保障机制进行研究刻不容缓。

　　首先，书中通过文本分析法，基于《普通高等学校本科专业类教学质量保证标准》对贵州省各院校幼儿教师的培养质量进行调查与分析。结果表明，各院校学前教育专业的培养质量存在质量目标定位不准确、教学资源不足、教学过程的效果不佳、质量管理疏松、质量改进的力度不够等问题。另外，笔者对幼儿教师培养质量的层次进行比较与分析后发现，各院校培养的幼教人才参差不齐，质量有待提高。

　　其次，书中结合文本分析法和调查研究法，基于《幼儿园教师专业标准》对贵州省幼儿教师的入职质量进行调查与分析。结果显示，幼儿教师资格认定制度有待完善；幼儿教师的准入标准需要从制定标准入手，逐步走向科学化；幼儿教师的聘用制度需要对入职考试资格审核、入职考试以及聘用环节进行严格把关。全省各地各单位的入职质量必须杜绝形式主义，通过严格有序的入职考察、强有力的监管力度以保证幼儿教师入职的质量。

　　再次，书中通过调查研究法基于教师质量构成维度对幼儿教师的发展质量进行考察。结果表明，贵州省农村在职幼儿教师的整体质量较低，主要表现在以下几个方面：幼儿教师文化质量的品质较低；工作质量一般；生命质量、社会交往质量、流动质量都较差。实际上，农村幼儿教师发展质量的提升有其区域所特有的优势，但总体而言还需要解决现实中存在的诸多问题才能有效地促进农村幼儿教师的发展质量的提升。

最后，书中从系统的思想出发对贵州省农村幼儿教师质量保障机制进行构建。笔者基于幼儿教师专业发展的基本历程，聚焦于目前贵州省农村幼儿教师质量提高所面临的突出问题。在细描农村幼儿教师质量现状的基础上，从纵向和横向两方面来全面构建农村幼儿教师质量的保障机制。纵向层面，基于基本质量目标对幼儿教师专业发展的基本历程进行阐述；横向层面，聚焦于贵州省农村幼儿教师发展过程中影响质量提高的关键性问题进行分析。从而实现更为系统、全方位地分析与阐释贵州省普及学前教育进程中农村幼儿教师质量的保障机制，有效提高农村幼儿教师质量，促进农村学前教育长足发展的目标。

本成果主要由课题主持人梁小丽和主要参与者樊婷婷完成。其中樊婷婷完成的成果主要有：第二章"贵州农村幼儿教师的发展历程与质量影响因素分析"；第三章"基于《本科教学质量保证标准》的幼儿教师培养质量"以及第六章"贵州省农村幼儿教师质量保障机制构建"中"重视农村幼儿教师的游戏指导"部分。梁小丽完成的成果有：第一章"关于幼儿教师质量的概述"；第四章"基于《幼儿园教师专业标准》的幼儿教师入职质量"；第五章"基于教师质量构成维度的幼儿教师发展质量"；第六章"贵州省农村幼儿教师质量保障机制构建"。

本书是贵州省哲学社会科学规划项目的研究成果，研究的是农村幼儿教师的质量保障机制。受多方面条件的限制，本研究的成果还不尽完善，或者说只是对此话题的一个初步尝试，但对农村幼儿教师质量的一些了解对提升幼儿教师质量、促进农村学前教育发展确实有一定的意义。今后还将从更多角度、更深入系统地对此问题进行研究，以促进学前教育的进一步发展。

本书的出版集合了多人的付出，在此感谢让本研究得以顺利完成的幼儿园园长、一线幼儿教师、教育行政部门人员以及参与调查工作的学前专业教师与学生。此外，本书得以出版还要感谢西南交通大学出版社。谢谢！

# 目　录

# 第一章 关于幼儿教师质量的概述

学前教育是国民教育体系的重要组成部分，是为各阶段学习、终身学习和全面发展奠定基础的重要阶段，是全部教育的基石，更是根的事业。《贵州省人民政府关于全省教育有关工作评议整改情况的报告》中指出："2014年，贵州省学前教育三年毛入园率达74%，超过全国平均水平；农村学前教育从无到有，实现了乡镇公办幼儿园全面覆盖。"可见，贵州学前教育的发展取得了前所未有的成绩。

同时，贵州学前教育的发展又将面临新的发展趋势。首先，从全世界层面来看，齐晓恬在《学前教育普及实施分析》中提到优先扶助处境不利儿童，切实推动学前教育普及已成为当今世界各国教育发展的新趋势。20世纪中叶以来，随着儿童权利意识的不断提高，国际社会和世界各国相继颁布了《儿童权利宣言》《儿童权利公约》等一系列与开发儿童潜能、保障儿童权利有关的法律政策文件，儿童受教育的权利和质量得到进一步的重视，学前教育逐渐成为"任何教育政策和文化政策的先决条件"和"教育策略的主要目标之一"，且在当今教育公平备受重视的大背景下，学前教育的公平和普及问题因其独特的基础性地位和作用而日益成为学前教育的新焦点。普及学前教育、保证每个幼儿都能享受到有效促进其身心和谐发展的良好教育成为一种全球性的社会需求。很多国家都主张在学前教育资源有限的条件下，将提高处境不利儿童入园率作为普及学前教育的突破口。在这样的形势下，贵州省委省政府提出了基本普及"十五年"教育要求，2017年基本普及学前三年教育，入园率达到85%。还要建设一批幼儿老师的培养、培训基地，促进幼儿教师的专业成长，提高学前教育质量。

其次，从国家层面来看，《国家中长期教育改革和发展规划纲要（2010—2020年）》提到学前教育对幼儿习惯养成、智力开发和身心健康具有重要意义。到2020年，全面普及学前一年教育，基本普及学前两年教育，有条件的地区普及学前三年教育。2015 年全国两会中全国人大建议把幼儿的学前教育纳入义务教育的范畴，全面完成学前教育的布局体系。有学者提到，目前我国学前教育普及"好吃的肉已基本吃完"，剩下农村贫困儿童入园的"硬骨头"。由于首个三年行动计划主要是在县城和乡镇建园而不进村，使得农村贫困地区的儿童还缺乏早期教育机会。新的三年行动计划将经济欠发达的农村地区学前三年毛入园率定为 65%，但却没提解决另外 35%的急需学前教育的农村儿童的具体措施。普及学前教育必须要啃贫困农村地区儿童入园的这块"硬骨头"。为贫困农村儿童提供学前教育是政府的责任，也应该是新三年计划的重点。①可见，解决贫困农村地区学前教育的发展已成为我国普及学前教育的一个重要任务。百年大计，教育为本；教育大计，教师为本。幼儿教师是学前教育事业健康发展的重要保障，因而农村幼儿教师质量的发展自然就成为了幼儿教育事业的重中之重。因此，本书聚焦于普及学前教育进程中农村幼儿教师质量问题，其价值性就显得尤为突出。

通过查阅文献发现，学者对农村幼儿教师的研究较多。从研究内容看，现有研究主要集中在农村幼儿教师的专业成长途径和职后培训上。对于农村幼儿教师自身应当具备的专业素质的专门研究相对较少，现有关于农村幼儿教师专业素质的研究也很少针对农村幼儿教师的"农村"性来说。②幼儿教师队伍建设问题也是众多学者研究的一个集中点，主要是对幼儿教师的角色定位与素质（能力）结构、幼儿教师的专业成长、幼儿教师队伍管理、农村地区、民办幼儿园及区域幼儿园教师队伍建设、幼儿教师队伍建设的比较研究等方面。比如胡永萍对江西省 256 名农村幼儿教师进行研究，并提出把握农村幼儿教师幸福感的特征，努力提升他们的幸福感，这是加强农村幼儿教师队伍建设的必要条件。③李秀章以河南驻马店农村幼儿教师的现状为例进行调研，发现目前农村幼儿教育存在教师队伍不稳定、素质偏低等问题，已是制约学前教育发展的"瓶

---

① 卢迈，杜智鑫，曹艳. 我国普及学前教育需要"进村"[N]. 中国经济时报，2015-04-12.
② 母远珍，雷永丽，刘东东. 建国以来有关农村幼儿教师的研究综述[J]. 现代教育科学，2014（1）: 118-121.
③ 胡永萍. 农村幼儿教师主观幸福感状况的调查研究[J]. 江西教育学院学报（社会科学版），2014（2）: 43.

颈"。①关于农村教师质量的研究并不多见，只是零散地出现在农村师资队伍建设的相关研究中。而关于农村幼儿教师质量的文章更是少之又少，只有范明丽对美国农村幼儿教师质量保障机制进行了研究，文中指出美国农村幼儿教师质量保障机制主要包括职前的教师教育及其标准、入职环节的资格认定和聘用，以及入职后幼儿教师的专业发展三个连续环节。②通过对已有研究的梳理可以发现普及学前教育进程中农村幼儿教师质量保障问题研究的价值所在，因此书中所涉研究的价值性是较为突出的。这不仅让我们清晰地了解认识贵州省普及学前教育中的瓶颈即农村学前教育教师质量问题，进而通过提高教师质量促进学前教育的发展，同时也可以为其他地区学前教育的发展提供可借鉴的经验。

# 一、研究基本思路

## （一）调查对象

贵州省农村地区的幼儿教师，包括乡镇职前幼儿教师和在职幼儿教师。

## （二）调查时间

对各农村幼儿教师的调查主要集中在 2015 年 6 月到 2016 年的 6 月，通过直接到达调查点、电话调查以及网络访谈等多种形式进行调查。集中调查分两次进行：第一次为初访，收集原始材料；第二次为回访，主要是对原始材料的核实与补充。期间以电话和网络微信等方式进行随机的分散调查。

## （三）研究内容

### 1. 主要内容

第一，关于幼儿教师质量的概述；

---

① 李秀章. 社会学视野下农村幼儿教师队伍建设研究—— 以河南省驻马店市为例[J]. 桂林师范高等专科学校学报，2014（3）：43.
② 范明丽，赵娟. 美国农村幼儿教师质量保障机制及其启示[J]. 青岛大学师范学院学报，2011（4）：16-20.

第二，贵州农村幼儿教师的发展历程与质量影响因素分析；

第三，基于《本科教学质量保证标准》的幼儿教师培养质量；

第四，基于《幼儿园教师专业标准》的幼儿教师入职质量；

第五，基于教师质量构成维度的幼儿教师发展质量；

第六，贵州农村幼儿教师质量保障机制构建。

## 2. 重点和难点

重点是对农村幼儿教师质量的实证分析，对基于本科教学质量保证标准的培养质量、基于幼儿园教师专业标准的入职质量以及基于教师质量构成维度的的发展质量三个维度对农村幼儿教师进行质性与量性的分析；难点是对农村幼儿教师质量的实证分析，特别是政府及幼儿园对教师管理相关资料的收集。

## 3. 主要目标

从职前、入职以及在职三个环节对贵州省农村幼儿教师质量的现状进行调查，在对其详实了解的基础上分析其所存在的问题并提出有借鉴意义的建议，为贵州省学前教育的顺利普及和农村学前教育质量的提升与发展贡献绵薄之力。

# 二、研究方法

## （一）文献法

文献搜集的全面、系统、真实程度，在很大程度上决定着本研究可能达到的水平，文献搜集、整理和逻辑加工的能力是本研究的基础。笔者通过对图书馆相关书籍，CNKI、维普、超星等数据库以及网络搜索引擎的充分、有效的利用，查阅了农村幼儿教师质量保障机制的相关研究，为本研究奠定了史料和理论基础。在相对丰富的史料基础上，对农村幼儿教师质量保障机制进行深入的理论分析。

## （二）调查研究法

通过农村幼儿教师质量保障机制的问卷调查，以及对贵州农村幼儿教师进行田野调查，收集农村幼儿教师的实物资料和文献资料，观察农村幼儿教师生存的生动形态，了解农村幼儿教师质量的现状，深化对农村幼儿教师质量发展的认识，为进一步的理论分析奠定基础。

## （三）文本分析法

通过对与农村幼儿教师质量有关的用文字、图形、符号、声频、视频等形式保存下来的资料内容作为分析的对象，做出定质分析，最大限度完善材料，以此佐证相关观点。

## （四）比较法

通过对比贵州不同学历层次、农村地区之间，少数民族和汉族之间农村幼儿教师的差别，揭示其存在的问题。

# 三、概念界定

## （一）幼儿教师质量

对普及学前教育进程中农村幼儿教师质量进行研究就必然要对幼儿教师质量的概念进行一个较为清晰的界定。

### 1. 教师与师资

教师和师资是两个较容易混淆的概念。《现代汉语词典》明确指出："师资，指可以当教师的人才。""教师"就其狭义而言，是指已经当教师的人才。就其广义而论，是指可以当教师与已经当教师的人才组合。我国一般都采取广义的教师概念。显然，师资主要是指在接受师范教育的未来教师；教师既包括未来的教师（师范教育的学生），也包括现有的教师（在职教师），教师包括师资。由此，本研究的研究对象既包括正接受师范教育的未来幼儿教师，也包括现在在职的幼儿教师。

### 2. 教师质量

质量在《现代汉语词典》的解释是指产品或工作的优劣程度。而因评价主体、评价的标准的不同往往会导致对同一事物、产品或工作优劣程度的度量出现不同的结果。为此，"质量"一般被界定为产品或服务满足规定和潜在需求的特征总和。即人们对事物、产品或工作的优劣程度以满足受体需求为衡量依据，体现了更多的人文性、易操作性。农村幼儿教师的质量是着眼于农村幼儿这个群体受体共同的基本需求，意味着对农村儿童人身安全、健康、心理安全感以及通过活动认识环境事物等需要的满足。

对教师质量概念的厘定是本研究的一个关键点。钟守权认为教师现代化的职能决定了教师质量在理论上由三个层面构成：一是综合素质层面，这是教师素质研究的传统领域，是教师质量构成的基础和前提；二是社会化人的发展层面，反映了教师人格社会化、现代化的基本面貌；三是教育教学的实际质量，是衡量教师队伍质量建设成效的核心指标，教师质量建设的各个层面最终落实到这一点上。[①]金维才采用内涵式的界定方式，将教师质量界定为教师的一些特性满足利益相关者（学生、社会、政府、用人单位等）要求的程度。其中，教师的一些特性指的就是教师的基本素质等，"利益相关者"主要指学生、社会、政府、用人单位以及教师自身等。[②]在教师质量的内容构成方面，钟守权拟定了教师质量构成的五个具体内容，包括教师的文化质量、工作质量、生活质量、社会交往质量和流动质量。金维才认为教师质量的内容包括生命质量、知识质量、教艺质量、关系质量、工作质量等五个方面。综合来看，二者对教师质量的内容划分既有不同，但也有较大的相似性，如二者的"社会交往质量"和"关系质量"、"生活质量"和"生命质量"、"文化质量"和"知识质量"等都有较大的重合性，而且二者的划分维度都比较模糊。通过对两位学者关于教育质量内容概括的五个方面进行理解和比较，笔者认为以钟守权拟定的教师质量构成的五个具体内容能较为全面地考究本研究中幼儿教师质量的各个方面。而"生命质量"比"生活质量"有着更为丰富、深刻的内涵，也更能丰富地体现幼儿教师质量。因此，笔者认为教师质量构成的内容应该包括文化质量、工作质量、生命质量、社会交往质量和流动质量五个方面。

---

① 钟守权. 教师质量研究引论[J]. 中小学教师培训 1999 (3)：4.
② 金维才. 观念变革：从教师素质观到教师质量观[J]. 安徽师范大学学报（人文社会科学版），2010 (1)：9-12.

### （二）幼儿教师质量保障机制

保障机制是将机制按照功能来划分而产生的概念，相应的还有激励机制和制约机制。保障机制是为管理活动提供物质和精神条件的机制。对于幼儿教师质量的保障机制我们可以基于保障机制来进行解读。关于教师质量保障机制或质量保证体系古今中外的学者有着诸多的界定，笔者比较认可陈亮和范明丽关于教师质量保证体系的观点。陈亮认为教师质量保证体系包括职前培养的教师质量保证、就职考察的教师质量保证以及在职培训的教师质量保证。范明丽指出美国农村幼儿教师质量保障机制主要包括职前的教师教育及其标准、入职环节的资格认定和聘用，以及入职后幼儿教师的专业发展三个连续环节。笔者认为这两位学者对于教师质量保证体系或保障机制的解释实则异曲同工。基于两位学者对教师质量保障机制或保证体系的解释，本研究主要从职前幼儿教师培养质量、就职质量以及在职幼儿教师的发展质量这三个方面来研究贵州普及学前教育进程中幼儿教师质量保障机制。

## 四、研究意义

本研究独到的学术价值和应用价值较为明显。学术价值主要体现在从查阅的文献来看至今为止还没有学者就我国农村幼儿教师质量的保障机制进行研究。学前教育理论的这个空白点无疑是值得我们去填补的，这对学前教育理论的完善起到不可忽视的作用。再者，普及学前教育已成为了我国教育发展的一个新趋势，在这样的一个新趋势下对农村学前教育发展的关键要素——幼儿教师质量进行研究进而给农村学前教育的发展提供一些有参考价值的建议，这就是本课题的应用价值。笔者从学前教育发展的新趋势即普及学前教育背景下对农村幼儿教师质量保障机制进行研究，这是一个较新的视角。长期以来农村幼儿教师的发展是我国学前教育发展的一个瓶颈，农村幼儿教师质量的研究目前也是一个空白点，而本研究的最大创新点就在于此。并且，通过前期的调查笔者发现农村幼儿教师并不具有"农村"性，以至于很多幼儿教师并不适合农村幼儿园的教育。而民族地区的农村幼儿教师亦不能根据此地区幼儿具有少数民族文化背景的事实对其进行有效的教育，也就是缺乏"民族"

性。这些都是本书的新观点。关于研究方法，除了常规的历史研究法、文献法等，本研究还应用了田野调查法，深入生动的教育现场，收集第一手的资料，并综合运用伦理学、人类学、心理学、社会学、教育学等学科方法，分析农村幼儿教师质量保障机制。

# 五、对幼儿教师质量的需求

《国务院关于当前发展学前教育的若干意见》（国发〔2010〕41号）即学前教育"国十条"对学前教育的新发展提出了明确的要求，对相关条款进行解读我们也可以了解到对幼儿教师质量的需求。

## （一）幼儿师资匹配的需求

"国十条"提到把发展学前教育摆在更加重要的位置，师资队伍不健全使得学前教育仍是各级各类教育中的薄弱环节。从这一提法我们可以知道幼儿教师质量与师资队伍的匹配有关，师资是否充足是幼儿教师质量的一个重要决定因素。

为此，国家也作了努力，据悉为进一步规范各类幼儿园用人行为，教育部于2013年印发《幼儿园教职工配备标准（暂行）》，提出幼儿园应当按照服务类型、教职工与幼儿以及保教人员与幼儿的一定比例配备教职工，满足保教工作的基本需要。这也就意味着幼儿园教师配备有了国家标准，全日制幼儿园教职工与幼儿比应达到 1：5~1：7，保教人员与幼儿比应达 1：7~1：9；半日制幼儿园教职工与幼儿比应达到 1：8~1：10，保教人员与幼儿比应达 1：11~1：13。该标准还对全日制、半日制、寄宿制幼儿园以及单班学前教育机构教师和保育员的匹配数量做出了具体的要求。

## （二）幼儿教师专业素质的需求

"国十条"提出发展学前教育，必须坚持公益性和普惠性，保障适龄儿童接受基本的、有质量的学前教育，而基本的、有质量的学前教育就意味着对农村儿童人身安全、健康、心理安全感以及通过活动认识环境事物等需要的满足，也就是幼儿教师作为教育者必须满足教育受体儿童的人身安全、健康、心理安全感以及通过活动认识环境事物等需要。

从幼儿教师资格证报考申请条件来看，国家规定幼儿教师的报考申请条件包括思想品德条件、学历条件、教育教学能力。非师范教育类专业毕业的人员须参加教育学、心理学补修、测试和教育教学能力测评，成绩合格；普通话水平达二级乙等以上标准等。这些条件基本包含了幼儿教师的专业素质要求、思想道德要求、学历要求、专业知识要求以及身心健康要求，这是教师质量的主要体现。

## （三）幼儿教师培养培训的需求

"国十条"提到要完善学前教育师资培养培训体系。其中包括办好中等幼儿师范学校、高等师范院校学前教育专业。建设一批幼儿师范专科学校。加大面向农村幼儿教师的培养力度，扩大免费师范生学前教育专业招生规模。积极探索初中毕业起点五年制学前教育专科学历教师培养模式。重视对幼儿特教师资的培养。建立幼儿园园长和教师培训体系，满足幼儿教师多样化的学习和发展需求。创新培训模式，为有志于从事学前教育的非师范专业毕业生提供培训。由此可以看出，幼儿教师的培养培训是决定幼儿教师质量高低的关键。

# 六、理论基础与政策支点

## （一）理论基础

### 1. 教师专业发展的影响因素

第一，师范教育之前的影响因素，包括生活学习经历、主观经验、人格特质、价值观、重要他人的影响、教师行业的社会地位与待遇以及个人经济状况等；第二，师范教育阶段的影响因素，包括正式课程、潜在课程、个人的社会背景、人格特质、学校设施、环境条件等；第三，任教后的影响因素，包括学校环境、教师的社会地位、生活环境、学生、教师团体等。以上这些因素会对教师的专业态度、专业技能、专业价值、专业精神等产生直接的影响，因此我们必须通过职前培养、入职考察以及职后培训这三个环节对可控的影响因子进行了解、分析，并有效监控才能培养出有质量的幼儿教师，进而促进农村幼儿教师队伍整体质量的提升。

## 2. 教师质量构成维度

在教师质量的内容构成方面，钟守权拟定了教师质量构成的五个具体内容，包括教师的文化质量、工作质量、生活质量、社会交往质量和流动质量。金维才认为教师质量的内容包括生命质量、知识质量、教艺质量、关系质量、工作质量等五个方面。综合来看，二者对教师质量的内容划分虽有不同，但也有较大的相似性，如二者的"社会交往质量"和"关系质量"、"生活质量"和"生命质量"、"文化质量"和"知识质量"等都有较大的重合性，而且二者的划分维度都比较模糊。通过对两位学者关于教师质量内容的五个方面进行理解和比较，笔者认为钟守权拟定的教师质量构成的五个具体内容，包括教师的文化质量、工作质量、生活质量、社会交往质量和流动质量较为全面地涉及了本研究中幼儿教师质量的各个维度。而笔者认为"生命质量"比"生活质量"有着更为丰富、深刻的内涵，故教师质量构成的内容应该包括文化质量、工作质量、生命质量、社会交往质量和流动质量五个方面。

## 3. 需要层次理论

马斯洛认为，人的需要是由以下五个等级构成的：生存需要、安全需要、社交需要、尊重需要以及自我实现需要。幼儿教师的需求也同样包含这五个方面，可归纳为生存、归属和成长三个层面。幼儿教师做为一个职业群体，该职业群体的物质生活、精神生活以及职业生活恰恰有效地折射出其生存、归属以及成长需求的满足与体验状态，有效衡量了幼儿教师的生命质量。

## 4. 木桶定律

盛水的木桶是由多块木板箍成的，一只木桶盛水的多少，并不取决于桶壁上最长的那块木板，而取决于桶壁上最短的那块木板，若其中一块木板很短，则此木桶的盛水量就被限制，该短板就成了这个木桶盛水量的"限制因素"（或称"短板效应"），劣势决定优势。若要使此木桶盛水量增加，只有换掉短板或将其加长才行。农村幼儿教师的质量想得到本质上的提升必须重视幼儿教师质量提升过程中的关键性问题，通过解决关键性问题来改变限制因素，凸显幼儿教师优势，进而达到提高整体质量的目标。

## （二）政策支点

### 1.《普通高等学校本科专业类教学质量国家标准》

《普通高等学校本科教学质量国家标准》针对影响本科教学质量的主要方面，设立核心要素（特征值），制定基本要求（质量标准）。本科教学质量保证过程首先是确定培养目标，根据培养目标制定培养标准，设计培养方案；利用所有可利用的资源条件，通过教学过程的各个环节实施培养方案，达到培养目标；通过质量监控，使上述质量活动处于有效监控状态，并对相关的信息进行质量分析，从而达到持续地质量改进的目的。本标准包括质量目标、教学资源、教学过程、质量管理4个方面；每个方面各包括3个要素，总计12个要素，对每1个要素，都规定了基本要求。

### 2.《幼儿园教师专业标准》

教育部于2012年正式颁发《幼儿园教师专业标准（试行）》，这标志着我国幼儿园教师队伍建设进入专业化阶段，必将大力促进我国幼儿园教师队伍专业水平的提高。本《幼儿园教师专业标准》的基本内容构架包含了专业理念与师德、专业知识和专业能力3个维度，14个领域。《幼儿园教师专业标准》是国家对合格幼儿园教师专业素质的基本要求，是幼儿园教师开展保教活动的基本规范，是引领幼儿园教师专业发展的基本准则，是幼儿园教师培养、准入、培训、考核等工作的重要依据。

# 第二章　贵州农村幼儿教师的发展历程与质量影响因素分析

## 一、贵州幼儿教育与幼儿教师的发展历程

清代贵州的社学、义学与私塾，大抵属于蒙养教育的范围，招收未成年的学童读书习礼。明末清初有社学 22 所，清顺治九年（1652 年）题准："每乡置社学一区，择其文义通晓行谊谨厚者，补充社师，免其差役，量给廪饩养赡"，社学属官办性质，但府、州、厅、县学与科举有关，而社学则纯属启蒙教育。社学和义学主要吸收各民族中贫民子弟入学并主要承担蒙养教育之责，因而部分家贫而向学者得以入学接受启蒙教育，这对于提高各民族受教育程度有一定的推动作用。①

私塾在贵州有较大的发展，特别是在广大农村。私塾通常分为"蒙养教学"与"塾师讲经"两级，在贵州以前者居多，主要是教读书写字。近代教育兴起后，许多人开始研究私塾改良问题。光绪三十四年（1908 年），贵州提学使柯绍在贵阳达德学堂设立"改良私塾研究会"，每周星期日集合贵阳各私塾讲解新教育与新知识，并研讨教学方法。②

雍正年间贵州实行"改土归流"，清政府急于从思想上巩固其大一统的政治成果，在文化上加强对贵州各族人民的教化。清政府多在府县生员中挑选"老成谨慎""文行兼优者"充任执教塾师，并要求当地官员"不时稽察"。贵州各级政府采取了一系列措施推动社学、义学的设立和正常教学，乾隆五年（1740 年）规定"社师每年各给修脯二十两，统于公费银内动支"。③

由此可见，清代的贵州学前教育的发展主要是通过私学而非官学来

---

①②③ 何仁仲. 贵州省通史 3·清代的贵州[M]. 北京：当代中国出版社，2002：717-726.

实现的，但政府对私学也起到了管制和促进的作用，特别是对教师的发展包括任用、待遇、提升等都采取了相关的有效措施。

1903 年 9 月我国第一所学前儿童教育机构——湖北幼稚园诞生于清末，由湖北巡抚端方在武昌寻常小学堂（后又称模范初等小学堂）内创办。幼稚园办园方针和方法均采用日本模式，聘请 3 位日本女师范生任教，园长由日本人户野美知惠担任，当时幼稚园教师的称呼也模仿日本，称为"保姆"。1904 年清政府颁布了张之洞草拟的《奏定学堂章程》，其中的《奏定蒙养院及家庭教育章程》将幼儿公共教育机构定名为蒙养院，在育婴堂和敬节堂内划出一院为蒙养院，教师称"保姆"，由乳媪和节妇训练而成。1905 年巡抚端方开办了湖南蒙养院，聘请日本人春山雪子、佐藤操子为保姆。1905 年清末翰林院编修、学部侍郎严修创办的天津严氏蒙养院，开办时曾聘日本人大野玲子为保姆。

1905 年贵阳在私立达德小学堂增设预备科，选取从未入过私塾读书的学前儿童进入预备科，学满一年后升入小学一年级，此时的预备科可以被看做贵州省学前教育的开端。达德学校是在清末西风东渐、西学日兴的时代新风中诞生的，开办之初，有黄干夫、贾一民、胡履初、陈秀升、杨伯钊等 5 位教习，黄干夫幼年学过数、理、化知识，后来又进过严修改革的学古书院深造，学识较好，被公推为堂长，有学生 20 多人，同年夏秋间，黄齐生进入学堂任教。在黄干夫、凌秋鹗、黄齐生等历任校长和教师们努力下，达德学校不断发展，成为享誉贵阳、贵州的名校。清光绪三十一年（1905 年）学堂添办初等预备科（幼稚园），又增办女学，招收女学生 10 多名。民国 24 年（1935 年）谢孝思任校长时，学校规模包括初级中学、女中初级刺绣职业科、男子小学、女子小学及幼稚园 5 部分，教职员工 65 人，学生 1100 多人。[①]由此可见，在学前教育发展伊始，全国范围内较为出名的幼稚园之管理者和任教教师多来源于日本。立达德小学堂增设初等预备科（幼稚园）被设为贵州学前教育发展的开端，从达德小学堂初等预备科增设的过程来看，贵州幼儿教师刚开始主要来源于国内的有识之士而非趋同于国内同期有名的幼稚园聘请日本女士作为幼稚园老师。

---

① 贵阳达德学校旧址.贵阳市文化局网站[EB/OL]. [2015-09-29]. http://whj.gygov.gov.cn.

1922 年蒙养院改称"幼稚园",贵州省教育厅在 1924 年上半年在全省各大县成立幼稚园,下半年在中、小县成立幼稚园,但由于历史原因幼稚园未能如期举办。抗日战争初期,学前教育成为可有可无的教育形式,在这一时期很多幼稚园时办时停。抗日战争中后期,部分高等院校从中原迁往西南三省,带来大批的师资,贵州的学前教育获得了较快的发展并建立了一批幼稚园。可见,贵州省幼儿师资在抗日战争初期随着学前教育成为可有可无的教育形式而发展缓慢,而后因部分高等院校迁往西南三省带来大批的师资而得到一定程度上的缓解与发展。

民国初期,贵州的学前教育仍沿袭清代在私塾"发蒙"识字。贵阳有少数小学设预备班,只收男童。1924 年,贵阳城区和少数县城开始有幼稚园,1937 年,省教育厅创设"贵州省贵阳幼稚园"。以后又陆续开设了几家幼稚园,还有教会和私人设立的幼稚园以及贵阳一些小学附设的幼稚园。民国初年的幼稚园无统一教材,多由教师自选,有《百家姓》《三字经》等。1947 年,贵州公立幼稚园只有 22 所,其中不少师资缺乏,设备简陋。[1]

1937 年编印的《贵州教育概况》中记述道"在今后对初等教育之改进计划:(1)拟于二十六年度在省会设立幼稚园 4 所,以便施行学前教育,并为外县设立幼稚园之模范。(2)本年度拟令敕较繁要县份设立幼稚园一所,其余县份则合于设备完备之小学内开办幼稚班"。同年 10 月,贵州省成立了第一所独立建制的幼儿园——省立幼稚园,初办时只有一个班,30 名幼儿;第二年增加到 4 个班,幼儿 156 名,配备教师 8 名。省立幼稚园隶属贵州省教育厅,教师编制、待遇按照小学的标准执行。20 世纪 40 年代贵州各地开始重视幼稚园的开办,但总体上发展缓慢、不均衡,省会贵阳幼稚园的发展比其他县发展得快,为此贵州省政府在函复贵州省临时参议会《再请严促各县增设幼稚园,所重幼稚教育一案》称"各县遵令设立者甚少,而办有成效者更属寥寥,大大影响优质教育之进展,兹特重申前令,所有未设幼稚园之各县,务于各县教育经费内,筹拨专款,先于城区成立幼稚园,或择优良中心学校小学内附设幼稚班,限于本年春末,筹组成立。"在省政府的支持下各县开始在国民中心小学

---

① 何仁仲. 贵州省通史 4·民国时期的贵州[M]. 北京:当代中国出版社,2002:349-350.

内附设幼稚园。为解决经费、师资等问题,贵州开始出现公办幼稚园、民办幼稚园和教会幼稚园。1943 年,贵州全省设立了 11 所幼稚园,其中公办幼稚园 9 所,民办幼稚园 2 所。随着更多幼稚园和幼稚班的开办,幼儿教师的数量也逐渐增多,但总体而言幼儿教师的数量还远远不能满足现实需要,比如贵州省立幼稚园幼儿 156 名,而幼儿教师只有 8 名,师生比为 1∶17,而且应该是贵州省内师资力量较好的幼稚园,其他县的幼儿师资缺乏程度可想而知。[①]

抗日战争末期,随着难童日益增多,为收容难童,保难童生命,1944年,中国英美援华委员会贵州分会成立。贵州分会下设 3 个育幼院,第三院收容五岁以下婴儿在内育婴院。后因三个月过去了,难童与亲人联系上离院的寥寥无几,因此不得不将过去"以养为主"改为"以教为主",于是聘请老师开办上课,以正规小学课本为教材,适当增加职业课,采取勤工俭学的办法。贵阳育婴院由副总干事张一鸿兼援助,其他财务、总务、医务、教育等工作均由分会人员兼任。另设有保育人员 6 人,保姆 4 人,专门负责儿童生活护理工作。1947 年下半年贵州分会经费陷入困境,育婴院对教职员工只供吃饭,不发工资,但大家工作仍很努力。

截至 1947 年贵州省内共有 22 所公办幼儿园,在园幼儿 976 人,教职工总数 56 人,师生比达到 1∶17,这一时期的幼儿教师主要来自于小学教师,受过学前教育专业训练的大多是从内地疏散来贵州的外地教师,随着南迁高校陆续返回原址,部分外地幼儿教师也离开贵州返回祖籍,这使得解放前贵州学前教育专业化程度不高,教育质量较差。[②]

总体而言,从数量上来看,近代贵州幼儿师资较为缺乏,即使幼稚园和幼稚班开办数量不多,仅有的幼儿师资也远远不能满足现实需要;从质量上来看,近代贵州幼儿教师多来源于小学教师,专业化程度不高;从培养能力来看,近代贵州省自行培养专业化幼儿教师的能力较差,主要体现为部分高等院校迁往西南三省带来大批的师资使得幼儿师资得到一定程度上的缓解与发展,而随着南迁高校陆续返回原址,部分外地幼儿教师也离开贵州返回祖籍使得学前教育的发展受到较大的冲击。

1950 年,贵州省有幼儿园 7 所,在园幼儿 1141 人,教职工 67 人。

---

①② 车荧.近代贵州学前教育史略[J]. 卷宗,2014 (6): 244.

1952 年，解放后的贵州各级政府积极创办了一批全日制、寄宿制的机关幼儿园，全省有幼儿园 77 所，在园幼儿 7515 人，教职工 266 人。第一个五年计划期间，城市街道办兴办了一批民办性质的托儿所、幼儿园，在农村也开始办起了一些托儿站（组）。1957 年，幼儿园发展到 111 所，在园幼儿 11427 人，增加了 10 倍，教职工 488 人，增加 6 倍多。

"文化大革命"期间，全省幼儿教育事业受到摧残，大批幼儿园被砍掉，1974 年全省仅存幼儿园 71 所，1976 年发展到 114 所，大体相当于 1957 年的水平。幼儿教师也大幅度减少。在拨乱反正、落实知识分子政策的同时，贵州对全省教育事业进行了调整，1979 年 10 月，根据全国托幼工作会议的精神，贵州省召开第一次托幼工作会议。会议形成了《关于贯彻执行全国托幼工作会议精神的指示报告》，报告要求各级党委把托幼工作列入议事日程，切实解决好托幼工作的经费和保教人员的工资、劳动保险、福利待遇等问题。

1980 年年初，各地、市、州先后建立了托幼工作领导小组，配备了专职干部。1981 年 4 月，召开贵州省第二次托幼工作会议召开，研究解决托幼工作中的问题，促进托幼事业的发展。

十一届三中全会以后，贵州省的幼儿教师建设得到恢复和发展。贵州省采取了一些相关的措施加强幼儿教育师资队伍建设，建立了省、县、乡幼儿教师三级培训网络，对城乡幼儿教师广泛进行培训。经过 50 年的努力，幼儿教育的发展走上了健康发展的轨道。到 1999 年，幼儿园发展到 1340 所，学前班 9763 个，在园幼儿 468373 人，教职工 17077 人。[1]

2009 年全省有各类幼儿园 2063 所，其中少数民族幼儿园 13 所，学前三年幼儿在园（班）人数为 74.74 万人。其中，民办幼儿在园（班）人数和少数民族幼儿在园（班）人数分别为 21.56 万人和 27.04 万人，二者分别占幼儿在园（班）总数的 28.8% 和 36.2%。全省各类幼儿园教职工人数为 21829 人，其中民办幼儿教职工数为 13264 人，占教职工总人数的 60.8%；少数民族教职工人数为 6164 人，占教师总人数的 28.2%。全省有幼儿专任教师 13105 人，其中民办幼儿专任教师 6758 人，占幼儿教师总数的 51.6%；少数民族幼儿专任教师人数为 4266 人，占幼儿教师总数的 32.6%；学前代课教师 1796 人，占幼儿专任教师总数的 13.7%。在教职工总人数中

---

① 何仁仲. 贵州省通史 5·当代的贵州[M]. 北京：当代中国出版社，2002：536-551.

幼教专业毕业的人数为 9929 人，仅占教职工总数的 45.4%；在幼儿专任教师中幼教专业毕业的有 8563 人，占幼儿专任教师总数的 65.3%[①]。

从总体上看，贵州省学前教育在数量方面获得稳定增长的同时，在质量上也呈现出良好的发展势头。第一，在教师学历方面，专任教师具有本专科及研究生文凭者 8249 人，占专任教师总数的 63%；高中及高中以上学历专任教师共计 12661 人，专任教师学历合格率达 96.7%；高中以下学历的专任教师只有 444 人，仅占学前专任教师总数的 3.3%。第二，在教师职称方面，从贵州省小学附设幼儿园、学前班专任教师情况看，全省 1278 名专任教师中，已评小学三级以上职称的共有 1094 人，占已评职称专任教师总数的 85.6%，这说明贵州省小学附设幼儿园、学前班专任教师队伍职称结构合理、发展较正规和规范。

而教职工数分别比 2008 年增加 723 人、1410 人和 1750 人，增长率分别为 4.0%、7.6% 和 8.7%（其中专任教师分别比 2008 年增加 697 人、802 人和 1010 人，增长率分别为 6.6%、7.1% 和 8.4%）。从 2007 年到 2009 年的增长情况看，学前师资的增长率高于在园幼儿的增长率。

农村幼儿教育资源较为匮乏。在教职工数量方面，2009 年，全省农村幼儿教职工人数为 2468 人，农村幼儿教职工人数仅占全省幼儿教职工人数的 12.7%。[②]至 2010 年年底贵州省共有幼儿园 2196 所，幼儿教育班 11276 个，其中民办园 1658 所，占全省幼儿园总数的 75.5%。在园幼儿方面，学前三年在园幼儿共计 76.9 万，其中 36.7 万人在学前班就读，占幼儿在园总数的 47.8%，全省学前三年入园率为 55.4%。教师方面，全省共有专职幼儿教师 14623 人，其中大专及以上学历者 9670 人。

贵州省"两市一州一县"的幼儿师资情况：贵阳市幼儿园教职工 6390 人，其中专职教师 4036 人，占总数的 63.16%，教师的学历合格率（中专以上学历）为 98.9%。黔东南州学前教育的教职工 1984 人，其中专职幼儿教师 1522 人，学历合格率达 95.3%。凯里市幼儿园教职工 677 人，专职幼儿教师 420 人，占教师总数的 62.4%，其中幼教专业毕业的教师 262 人。

2010 年年底全省共有专职幼儿教师 14623 人，师幼比为 1∶31，低于正常平均水平（1∶15）。此外，随着幼儿园数量的大幅增长，必然需

---

① 文章中未标明出处的数据全部来自贵州省教育厅政务网。
② 袁川，罗军兵，赵德肃. 西部欠发达地区学前教育发展现状与对策——以贵州省为例[J]. 安顺学院学报，2011（2）：45-49.

要大量的学前教育管理人才，因此，幼儿园园长和管理人员也同样短缺。

在教师待遇方面，民办幼儿教师工资普遍低于公办教师。如，贵阳市幼儿教师月平均工资，公办教师在 2200 元左右，民办幼儿教师则在 800 元～1500 元不等。公办、民办幼儿教师不仅在工资上差距大，在各项福利待遇上也存在差别。公办幼儿园教师按事业单位参保，民办幼儿园教师的养老保险按企业参保，两者之间存在较大差距。在职称评定上，公办幼儿教师参照小学的评聘标准，而大量民办幼儿教师在职称评定上基本无标准可参。以凯里市专职幼儿教师职称评定为例，全市仅有 35.29% 的教师进行了职称评定，其中以公办园教师居多，民办园中 271 人未进行职称评定，占专职幼儿教师总数的 64.5%。①

截至 2011 年年底，贵州省各级幼儿园共有教职工 31657 人，其中，公办幼儿园 9941 人，民办幼儿园 21716 人；贵州省学前教育幼儿专任教师 18120 人，其中，公办幼儿园 7522 人，民办幼儿园 10598 人；贵州省幼儿园教职工与幼儿师生比为 1：28。②

2012 年全省招收 3～5 周岁幼儿 35 万人，超计划 4 万多人，新补充专任教师 5066 人，创历史新高。投入 1.5 亿元新建乡（镇）公办幼儿园 300 所。

2012 年 9 月 17 日，"国培计划（2012）——贵州省农村幼儿园骨干教师置换脱产研修培训项目开班典礼"在贵州师范大学求是学院举行。贵州省教育厅学前教育处处长谢旌、贵州师范大学教育科学学院院长赵守盈、山东师范大学教育学院丁海东教授等相关人员参加典礼。贵州省幼儿园教师培训项目包括幼儿园骨干教师置换脱产研修项目、幼儿园骨干教师短期集中培训项目、幼儿园"转岗教师"短期集中培训项目三个子项目。贵州省计划通过该项目培养一批在促进学前教育发展、开展幼儿园教师培训中发挥辐射带头作用的"种子"教师，探索和建立高师院校和优质幼儿园的联动机制，推动高师院校与优质幼儿园和农村幼儿园建立合作伙伴关系，提高农村幼儿教育质量。③通过各种途径与方式，贵

---

① 史瑾. 贵州省学前教育发展的现状分析与对策研究[J]. 早期教育（教科研），2012（5）：2-5.

② 刘启. 西部城乡学前教育现状、问题及其对策——以贵州省学前教育发展为例[J]. 贵州社会科学，2013（4）：164-168.

③ 佚名. 贵州省农村幼儿园骨干教师置换脱产研修培训项目开班典礼[EB/OL]. [2013-02-20]. 贵州省教育厅学前教育处，http：//www.gzsedu.com/Item/26428.aspx.

州省幼儿教师的发展得到了大幅度的提高。具体见附录 2.1。

2013 年中央财政和省级财政将共投入 5.8 亿元在我省进行学前教育建设。省教育厅表示，学前教育要形成政府主导、社会力量参与、公民办共举的办学格局。同时，要新招收学前幼儿 34 万人，确保学前三年毛入园率达 60% 以上。进一步加强幼儿教师队伍建设，开展园长和教师全员培训。补充幼儿教师 5000 人以上。[①]

## 二、贵州农村幼儿教师质量的影响因素分析

高质量教师成就高水平教育，近年来全球的很多国家都在力争改善和提高教育质量，并把着力点和突破口放在建设高素质的教师队伍上，通过各种途径加强教师专业化发展。为此，要提升贵州省农村幼儿教师的质量，我们首先要明确农村幼儿教师质量的影响因子，进而从这些因子出发采取有效的措施。

关于影响教师专业发展的因素可谓众说纷纭，但大致都包括几个方面：第一，进入师范教育前的影响因素，包括生活经历、主观经验、人格特质、价值观、重要他人的影响、教师行业的社会地位与待遇以及个人经济状况等；第二，师范教育阶段的影响因素，包括正式课程、潜在课程、个人的社会背景、人格特质、学校设施、环境条件等；第三，任教后的影响因素，包括学校环境、教师的社会地位、生活环境、学生、教师团体等。以上这些因素会对教师的专业态度、专业技能、专业价值、专业精神等产生直接的影响，因此我们必须通过职前培养、入职考察以及职后培训这三个环节对可控的影响因子进行了解、分析，并有效监控才能培养出有质量的幼儿教师，进而促进农村幼儿教师队伍的整体质量。

### （一）职前幼儿教师培养质量的影响因子

职前幼儿教师培养质量的评估标准是我们对农村幼儿教师质量进行科学合理量性和质性分析的关键。本研究主要选取地方新建师范院校的学前教育专业在读本科生作为农村幼儿教师培养质量的考察对象，原因

---

① 具体数据见《2012 年度全省新增幼儿教师数数据对比情况表》，贵州学前教育资源中心，2013-02-18。

就在于据笔者多方面的调查地方新建院校的学前教育专业本科生是近几年农村幼儿教师的主要力量，省内外师大的学生就业多在城市，而学历层次较低的学前教育专业学生或非学前教育人才则多承担了私立幼儿园的保教任务。因此，本研究主要基于本科教学质量保证标准来考察农村幼儿教师的培养质量。另外，本研究还基于本科教学质量保证标准对学前教育的本科生和大中专生做比较分析，因为农村幼儿园还存在少部分的大中专学历的幼儿教师。从这两个层面全面分析贵州省农村幼儿教师的质量问题。基于本科教学质量保证标准，本研究主要从质量目标、教学资源、教学过程以及质量管理这四个因子来考察地方新建院校学前教育专业本科生的培养质量。

## （二）入职幼儿教师就职质量的影响因子

农村幼儿教师就职质量是幼儿教师质量的重要影响因素，就职质量意味着幼儿教师进入幼教行业时所具备的能力和素养，而就幼儿教师所具备能力与素养的质量高低目前而言比较有效的衡量依据就是《幼儿园教师专业标准》。《幼儿教师专业标准》的基本内容构架包含了专业理念与师德、专业知识和专业能力 3 个维度，14 个领域，是国家对合格幼儿园教师专业素质的基本要求，是幼儿园教师开展保教活动的基本规范，是引领幼儿园教师专业发展的基本准则，是幼儿园教师培养、准入、培训、考核等工作的重要依据。本研究主要基于《幼儿园教师专业标准》从幼儿教师资格认定制度、准入标准以及聘用制度三个因子来对贵州省幼儿教师的就职质量进行考察。

## （三）在职幼儿教师发展质量的影响因子

农村幼儿教师在职阶段是其专业发展最长的也是最为关键的一个时段，而农村幼儿教师在职期间发展质量的影响因子如何确定是我们准确衡量其发展质量的关键。在教师质量的内容构成方面，钟守权拟定了教师质量构成的五个具体内容，包括教师的文化质量、工作质量、生活质量、社会交往质量和流动质量。金维才认为教师质量的内容包括生命质量、知识质量、教艺质量、关系质量、工作质量等五个方面。基于学者的已有研究，笔者认为教师质量构成维度应该包括文化质量、工作质量、生命质量、社会交往质量和流动质量五个方面。为此，本研究主要是从文化质量、工作质量、生命质量、社会交往质量和流动质量五个方面来考量在职幼儿教师的质量，基于已有学者对每个方面所包含子要素的界定来全面考察农村在职幼儿教师的质量。

# 第三章 基于《本科教学质量保证标准》的幼儿教师培养质量

　　职前幼儿教师的培养质量是农村幼儿教师质量保证的重要环节，由于历史原因我国幼儿教师的发展明显落后于其他教育阶段教师的发展。从目前职前幼儿教师的培养层次来看，较高层次的是研究生，其次是本科生，除此之外还包括较低层次的三年制大专、五年制大专、三年制中专等。近年来，贵州省职前幼儿教师培养的主要力量是本科师范院校，特别是新建地方本科师范院校，这些新建地方本科院校学前教育专业的毕业生也是农村幼儿教师的主力军。因此，我们主要基于教育部《普通高等学校本科教学质量保证标准》对不同地区本科院校幼儿教师的培养质量进行考察，在此基础上把不同层次，主要是中师、大专以及本科院校进行对比分析，全面考察贵州省幼师师资的培养质量。对于本科院校学前教育专业的教学质量在如何评估以及从哪些方面来对本科各专业的教学质量进行衡量，笔者以普通高等院校本科教学质量保证标准为依据，逐项对贵州省各院校学前教育专业的培养质量进行考察。

　　《普通高等学校本科教学质量保证标准》针对影响本科教学质量的主要方面，设立核心要素（特征值），制定基本要求（质量标准）。本科教学质量保证过程首先是确定培养目标，根据培养目标制定培养标准，设计培养方案；利用所有可利用的资源条件，通过教学过程的各个环节实施培养方案，达到培养目标；通过质量监控，使上述质量活动处于有效监控状态，并对相关的信息进行质量分析，从而达到持续地质量改进的目的。本标准包括质量目标、教学资源、教学过程、质量管理4个方面。每个方面各包括3个要素，总计12个要素，对每1个要素，都规定了基本要求。（见图3.1）

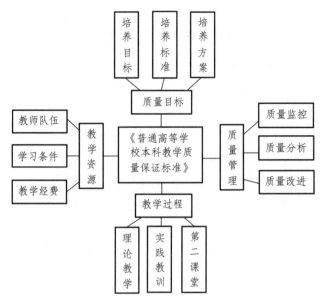

图 3.1　《普通高等学校本科教学质量保证标准》简图（教育部，2014-02-11）

# 一、幼儿教师培养质量：质量目标

质量目标是"在质量方面所追求的目的"，即人才培养的总目标、总规划，这种规划确定了培养什么样的人以及如何培养人。

## （一）培养目标

各高等院校的学前教育专业的人才培养目标定位与培养质量有着紧密的关系。首先人才培养目标定位会直接影响其培养人才的基本方向，人才培养目标就类似于人才培养过程中的一个航标，人才培养目标确定以后人才培养的各项措施就围绕着人才培养目标来进行。目标设置应符合学生已有的发展水平且与社会所需学前教育专业人才基本一致，得当明了，可为人才培养指明方向，进而提升人才培养的质量。其次，人才培养目标定位的高低直接影响对该专业培养质量的衡量，如果人才培养目标定位过高而实际上该专业并没有能力实现这样的目标，简单地用目标—结果的方式来进行评价则会认为培养质量较低；而如果人才培养目标定位过低而实际上该专业有足够的能力实现更高的目标，简单地从结果来看则会认为培养质量非常高，这两种情况都是不够客观、科学的。为此，人才培养目标的定位应和该专业的实际培养能力相吻合，符合学生发展水平和社会人才需求。

表 3.1　教育部及贵州省各高等院校学前教育专业本科人才培养目标定位汇总表

| 主体 | 人才培养目标（材料来源于教育部及各学校网站） |
| --- | --- |
| 教育部 | 本专业培养德、智、体、美全面发展，具有学前教育理论知识和技能，能在保教机构、教育行政部门以及其他相关领域从事保教、管理和研究等方面工作的应用型人才 |
| 贵州师范大学 | 培养德智体美全面发展、具备扎实的学前教育理论基础素养、有宽广的学前教育专业知识和技能、有持续发展潜能并具有创新精神和实践能力、热爱学前教育事业，能够在幼儿园、早教机构以及其他相关机构从事保育、教育方面工作的应用型专门人才。2015 级 |
| 遵义师范学院 | 幼教师资方向：本专业主要培养具有现代教育理念，具有良好道德情操和热爱学前教育专业思想，具有系统学前教育基本理论知识、扎实的学前教育专业技能，具有较强的幼儿园教育教学能力、管理能力以及科研能力，能够在学前教育机构从事保教工作的教师、教育行政管理者、教学研究者，以及其他儿童教育产业部门从事儿童的教养、教学科研、管理、宣传等工作的专门人才。2015 级 |
| | 职教师资方向：具有现代教育理念，具有良好道德情操和热爱学前教育专业思想，具有系统学前教育基本理论知识、扎实的学前教育专业技能，具有较强的职业学校学前教育教学能力与科研能力，能够在职业学校从事教学、科研等工作的专门人才。2015 级 |
| 六盘水师范学院 | 本专业培养德智体美全面发展，具有良好的思想道德素质和身体及心理素质，具有系统的教育科学理论基础、学前教育专业知识和较强实践能力，具有初步的教学研究和科学研究能力，能胜任幼儿园等学前教育机构以及其他儿童教育产业部门的教学、研究和管理工作的"下得去、留得住、用得上"的应用型高级专门人才。2015 级 |

续表

| 主体 | 人才培养目标（材料来源于教育部及各学校网站） |
|---|---|
| 兴义民族师范学院 | 培养德、智、体、美全面发展，具有学前教育理论知识和技能，能在保教机构、教育行政部门以及其他相关领域从事保教、管理和研究等方面工作的应用型人才。2015 级 |
| 凯里学院 | 本专业培养德、智、体、美全面发展，系统掌握学前教育基础知识、基本理论和基本技能，具有现代教育理念和教师职业基本素质，富有创新精神和较强学习能力、创新能力、实践能力、交流能力和社会适应能力，能从事学前教育教学与教学研究工作的教师、教学管理人员及其他教育工作者。2013 级 |
| | 职教师资方向：本专业培养德、智、体、美等全面发展，系统掌握学前教育相关基础知识和基本技能，具有现代教育理念和教师职业基本素质，富有创新精神和实践能力，能够在大中专学校从事教育教学工作以及企事业单位从事相关工作的应用型高级人才。2013 级 |
| 贵阳学院 | 本专业培养适应社会与经济发展需要，德、智、体全面发展，具有先进、科学的教育理念，具备较高的学前教育理论水平和较强的学前教育专业的基本技能，富有创新精神和实践能力，能在托幼机构从事保育、教育和研究工作的教师、学前教育行政人员、教育科研机构的幼教研究人员以及相关服务机构的儿童工作的高素质应用型人才。2011 级 |
| 安顺学院 | 本专业培养德、智、体全面发展，具备学前教育基本理论和技能，能从事学前教育、教学、管理、研究工作的高级应用型人才。2014 级 |
| | 职教师资方向：本专业培养德、智、体、美等全面发展，系统掌握学前教育相关基础知识、基本理论和基本技能，具有现代教育理念和教师职业基本素质，富有创新精神和实践能力，能够在中等职业学校从事学前教育教学、科研等工作的应用型高级人才。2013 级 |
| 贵州工程应用技术学院 | 本专业培养具有良好思想道德品质、扎实的学前教育专业知识，能在幼教机构和其他相关机构从事学前儿童教育教学工作的"品德高、基础厚、能力强、身心健"的应用型学前教育师资。2014 级 |

首先，教育部把该专业的人才培养目标确定为德智体美全面发展，具有学前教育理论知识和技能，从事保教、管理和研究等方面工作的应用型人才。这也就意味着从国家层面而言学前教育专业人才的培养是有明确目标的，重点强调是"全面发展，具有理论知识和技能的保教、管理和研究等方面的应用型人才"。因此，各院校对学前教育专业的人才培养目标的定位应以国家层面的目标为基准，并在本学校该专业发展的实际能力上进行适当调整，进而制定出符合专业发展、学生基础以及实际发展能力的人才培养目标。

其次，有些学校的学前教育人才培养目标的表述和教育部对该专业人才培养目标的基本定位有些偏离。通过对表 3.1 中各院校学前教育专业人才培养目标的分析我们可以看到教育部对学前教育专业培养目标的概括性表述是培养德、智、体、美全面发展的应用型人才，但有些学校如遵义师范学院和贵州工程应用技术学院并没有把人才培养目标表述为全面发展的人才。教育部对学前教育专业培养目标是从事保教、管理和研究的应用型人才，而贵州师范大学只强调保教人才，忽略管理和研究的人才，凯里学院则强调教学、研究、管理人才，忽略了保育方面的要求。

最后，从表 3.1 中各院校学前教育专业人才培养目标的表述来看，有些学校的目标表述存在过于笼统或者语言不够简练的问题。另外，一个普通被忽略而几乎所有学校都需要考虑的问题就是学前教育专业人才培养目标的确定都没能很好地基于本地方、本专业学生等具体因素来考量人才培养目标确定的适宜性和特色。在各校学前教育专业发展的过程中应该逐步加强人才培养目标定位的严谨性，因为"人才培养目标是学前教育本科专业人才培养模式的核心和灵魂。它直接决定着培养人才的品质和规格，对课程体系、课程内容、教学方法和教学手段等要素起着统驭作用"[①]。

## （二）培养标准

人才培养规格指学校对所培养的人才质量标准的规定，即受教育者应达到的综合素质。它是整个学校教育教学活动的依据、出发点和最终

---

① 张建波. 艺术型学前教育本科专业的培养目标与课程程置[J]. 常州工学院学报（社科版），2009（6）：105-108.

归宿。[①]各专业人才培养规格就是按照国家政策和人才市场导向制定符合专业教育培养目标的综合素质要求，是对各专业人才培养所要达到的目标的概括性描述和经过规定年限学习，各专业人才在知识、能力方面要达到的基本要求。有什么样的人才培养目标，就应有什么样的人才培养规格指标。

表 3.2　部分院校学前教育专业本科人才培养目标与规格

| | | |
|---|---|---|
| 凯里学院 | 幼教方向 | 培养目标：本专业培养德、智、体、美全面发展，系统掌握学前教育基础知识、基本理论和基本技能，具有现代教育理念和教师职业基本素质，富有创新精神和较强学习能力、创新能力、实践能力、交流能力和社会适应能力，能从事学前教育教学与教学研究工作的教师、教学管理人员及其他教育工作者。2013 级 |
| | | 培养规格和要求：本专业学生主要学习学前教育、艺术教育等方面的基础知识与基本理论，接受学前教育、艺术教育的基本技能训练，掌握从事学前教育、艺术教育的基本能力。毕业生应获得以下几个方面的基本能力：<br><br>1. 坚持党的基本路线，热爱社会主义祖国；了解马克思主义、毛泽东思想，熟悉邓小平理论和"三个代表"重要思想；贯彻落实科学发展观，牢固树立社会主义核心价值观；形成良好的思想品质和职业道德；具有团结协作精神和遵纪守法的观念，具有改革、创新意识，具有诚信、敬业品质，具有实事求是、理论联系实际的工作作风。<br><br>2. 掌握学前教育学、学前儿童心理学、幼儿园教育活动设计与指导、幼儿园组织与管理、基本乐理、学前美术教育、学前音乐教育等学科的基本理论和基础知识；掌握声乐、键盘、舞蹈、绘画、手工与制作等学科的基本技能；具有较强的实践动手能力，分析与解决问题的能力和获取知识的学习能力；并具有一定的科学文化素养、艺术素养及劳动技能。<br><br>3. 了解本学科的发展前沿以及相关学科的知识，获得创新和科研的初步能力。 |

---

① 黄小丽，任仕君.学前教育专业本科人才培养规格现状与存在问题分析[J].学前教育研究，2012（6）：57-60.

| | | |
|---|---|---|
| 凯里学院 | 幼教方向 | 4. 掌握计算机和一门外语的基本知识与应用技能，并达到规定等级要求。<br><br>5. 具有适应新课程改革的现代教育理念，并具备相应的教育教学能力，掌握一定的现代化教育技术，具有较强的语言、文字表达能力和相应的普通话水平。<br><br>6. 掌握资料查询、文献检索的基本方法，并能阅读和运用本专业的外文资料。<br><br>7. 掌握体育运动的基本知识和科学锻炼身体的基本方法，达到国家规定的《大学生体育合格标准》和军事训练标准，具有健康的体魄、良好的心理素质和高雅情趣，具有良好的生活习惯和意志品质，形成健全的人格和个性。2013 级 |
| | 职教方向 | 培养目标：本专业培养德、智、体、美等全面发展，系统掌握学前教育相关基础知识和基本技能，具有现代教育理念和教师职业基本素质，富有创新精神和实践能力，能够在大中专学校从事教育教学工作以及企事业单位从事相关工作的应用型高级人才。2013 级 |
| | | 培养规格和要求：本专业学生主要学习学前教育有关基础知识与基本理论，接受学前教育的基本技能训练，掌握从事学前教育的基本能力。毕业生应获得以下几个方面的基本素质和能力：<br><br>1. 坚持党的基本路线，热爱祖国，热爱教育事业；形成良好的思想品质和职业道德；具有团结协作精神和遵纪守法的观念，具有改革、创新意识，具有诚信、敬业品质，具有实事求是、理论联系实际的工作作风。<br><br>2. 掌握学前专业主干课程的基础知识和基本技能；具有较强的实践动手能力、分析与解决问题的能力和获取知识的学习能力；并具有一定的科学文化素养、艺术素养及劳动技能。<br><br>3. 了解本学科的发展前沿以及相关学科的知识，获得创新和科研的初步能力。<br><br>4. 计算机和外语达到学校学位授予规定的要求。<br><br>5. 具有适应新课程改革的现代教育理念，并具备相应的教育教学能力，掌握一定的现代化教育技术，具有较强的语言、文字表达能力。 |

| | | |
|---|---|---|
| 凯里学院 | 职教方向 | 6. 掌握资料查询、文献检索的基本方法，并能阅读和运用本专业的外文资料。<br><br>7. 具有健康的体魄，具有良好的心理素质和高雅情趣，具有良好的生活习惯和意志品质，形成健全的人格和个性；<br><br>8. 普通话达到国家要求的二级甲等水平。2013 级 |
| 安顺学院 | 幼教方向 | 培养目标：本专业培养德、智、体全面发展、具备学前教育基本理论和技能，能从事学前教育、教学、管理、研究工作的高级应用型人才。2014 级 |
| | | 培养规格和要求：<br><br>1. 热爱社会主义祖国，拥护中国共产党的领导，掌握马克思主义、毛泽东思想、邓小平理论和"三个代表"重要思想的基本原理，自觉践行科学发展观；愿为社会主义现代化建设服务，为人民服务；有为国家富强、民族昌盛而奋斗的志向和责任感。树立科学的世界观、人生观和价值观，具有良好的职业道德和奉献精神，热爱幼教事业，热爱幼儿。<br><br>2. 具有宽泛的人文社会科学和自然科学基本知识，形成复合型的知识结构，具有独立获取知识、提出问题、分析和解决问题的基本能力及开拓创新精神。<br><br>3. 掌握教育科学的基本理论和学前教育的专业理论、专业技能，具有扎实的教师职业基本技能和幼儿园工作实际能力，具有初步的从事学前教育科学研究的能力。<br><br>4. 熟练掌握现代教育技术，具有健康的审美观点，良好的艺术素养，外语、计算机、普通话达到国家规定的等级要求。2014 级 |
| | 职教方向 | 培养目标：本专业培养德、智、体、美等全面发展，系统掌握学前教育相关基础知识、基本理论和基本技能，具有现代教育理念和教师职业基本素质，富有创新精神和实践能力，能够在中等职业学校从事学前教育教学、科研等工作的应用型高级人才。2013 级 |
| | | 培养规格和要求：<br><br>1. 具有坚定的政治方向，热爱祖国，掌握马克思主义的基本理论，具备科学的发展观和正确的世界观、人生观和价值观，具有良好的职业道德和奉献精神，热爱学前教育事业，具有高度的社会责任感。 |

| | | |
|---|---|---|
| 安顺学院 | 职教方向 | 2. 具有宽泛的人文社会科学和自然科学基本知识，形成复合型的知识结构，具有独立获取知识、提出问题、分析和解决问题的基本能力及开拓创新精神。<br><br>3. 掌握教育科学的基本理论和学前教育的专业理论、专业技能，具有扎实的教师职业基本技能和中等职业学校工作的实践能力，具有初步的从事学前教育科学研究的能力。<br><br>4. 熟练掌握现代教育技术，具有健康的审美观点，良好的艺术素养，外语、计算机、普通话达到国家规定的等级要求。<br><br>5. 具有一定的体育和军事基本知识，掌握科学锻炼身体的基本技能，养成良好的体育锻炼、卫生生活习惯，达到大学生体育合格标准，具有健全的心理和健康的体魄。2013 级 |

注：由于贵州省其他院校学前教育专业的人才培养方案和培养规格都存在相同的问题，在此只选择两个同时包含幼儿师资方向和职业教育方向的凯里学院和安顺学院做分析。其他学院详见各学院人才培养方案。

首先，各学院幼教师资方向和职教师资方向的人才培养目标与培养规格吻合度不高，方向性不突出。培养规格是培养目标的具体要求，二者的关系应该是相互对应，但在众多高校学前教育专业的人才培养方案中普遍存在培养规格与培养目标相脱离的现象。例如，将培养目标设定为培养幼儿园教师、管理者、研究人员，而在培养规格中却缺乏对管理者和研究人员培养的具体要求。从凯里学院的幼教师资方向和职教师资方向的培养规格和要求来看，幼教师资方向的要求包括思想品德、职业道德、学科理论和技能、创新和科研能力、计算机、外语、普通话、现代教育理念与技术、文献查阅与阅读能力以及身心健康等要求，职教师资方向与幼教师资方向唯一不同的就是普通话达到国家要求的二级甲等水平，可见其幼教师资和职教师资的培养规格和要求其实是大同小异的。但其人才培养目标的表述却是培养不同的人才，可见该专业的人才培养目标和培养规格存在不相吻合的情况。安顺学院的幼教师资和职教师资的培养规格和要求也大同小异，职教师资比幼教师资多了一个要求，就是"具有一定的体育和军事基本知识，掌握科学锻炼身体的基本技能，养成良好的体育锻炼，卫生生活习惯，达到大学生体育合格标准，具有健全的心理和健康的体魄"，但把这个要求做为区分幼教师资和职教师资两个不同方向培养规格的标准未免过于片面和肤浅了，换句话说幼教师资其实也应该有体育和军事的基本知识、锻炼身体的基本技能，职教师资与幼教师资的关键不同在于两者是为不同的用人单位培养人才，这二者以后面对的受教育者也是不同层次的学习者。

其次，各学院对师资培养规格要求的统一性不足。对安顺学院和凯里学院的人才培养规格进行分析可以发现：从内容上看，幼教方向师资的培养规格凯里学院包含的内容较多，包括思想品德、职业道德、学科理论和技能、创新和科研能力、计算机、外语、普通话、现代教育理念与技术、文献查阅与阅读能力以及身心健康等要求；安顺学院的培养规格相对而言包含的内容较少，主要有思想品德、职业道德、学科理论和技能、计算机、外语、普通话等，比凯里学院少了创新和科研能力、现代教育理念与技术、文献查阅与阅读能力以及身心健康等要求，而多了宽泛知识、复合型知识以及审美能力、艺术素养等要求。职业师资方面，安顺学院明确提出"具有扎实的教师职业基本技能和中等职业学校工作的实践能力"的要求，而凯里学院的职教师资方向并没有明确是培养中等职业学校工作的师资。可见，两者同是培养学前教育专业职教师资，但培养的规格和要求却有较大的差异。

最后，有些学院学前教育的人才培养目标和培养规格的定位或表述上存在偏差，比如"本专业学生主要学习学前教育、艺术教育等方面的基础知识与基本理论，接受学前教育、艺术教育的基本技能训练，掌握从事学前教育、艺术教育的基本能力"，这样的定位无疑是把学前教育专业里的学前教育基本知识理论与艺术教育基本知识技能这二者并列起来。学前教育与艺术教育二者的并列就意味着学前教育专业培养的是两方面的幼教师资，一是对幼儿进行学前教育的教师，二是对幼儿进行艺术教育的教师。但很显然的是，学前教育专业培养的就是幼儿教师，能促进幼儿身心全面发展的幼儿教师，其中艺术教育只是幼儿身心发展的一部分内容。在学前教育专业中强调艺术教育的重要性是非常必要的，比如张建波教授提出的艺术型学前教育本科专业人才培养模式。张教授认为："目前学前教育本科专业的主要招生方式是从普通高中毕业生中招生，这样的生源文化素质较好，但是进入大学后才开始学习学前教育专业的基本艺术技能，如舞蹈、钢琴等课程，其难度和所能达到的水平无法满足高质量幼儿园对人才基本素质的要求。""为了进一步提高幼儿教师教育质量，自 2005 年起，常州工学院学前教育专业率先在江苏省招收加试音乐的艺术类考生，并积极构建科学的、适应幼教改革发展需要的艺术型学前教育本科专业人才培养模式。"①

对各院校学前教育专业培养目标和培养规格进行分析可以发现，当前学前教育专业本科人才的培养规格可谓"多样性有余、统一性不足"，内容臃杂且结构混乱。②各院校要依据学前教育专业的人才培养目标确定相应的培养规格指标且在确定指标时既要考虑全面，又要突出重点、分清主次。一般而言，学前教育专业的人才培养规格应较为全面地包括"政治素养""综合素质""知识基础""理论素养""专业技能""科研能力""管理能力""外语能力""计算机能力""普通话"10 个指标，而对于学前专业本科生而言，应该突出"政治素养""综合素质""知识基础""专业技能""理论素养"这 5 个指标，其中又应以"知识基础"与"专业技能"为重点。并且幼教师资和职教师资的人才培养规格指标应有明确、清晰的区别，不同的人才培养目标必须用不同的人才培养规格才能实现。

## （三）培养方案

《普通高等学校本科教学质量保证标准》提到人才培养方案"是保证教学质量，达到人才培养质量目标的纲领性文件，是组织开展教学活动的依据。培养方案包括专业培养目标、专业标准、培养规格、知识结构、课程体系、主要课程、学制或学分、毕业条件、授予学位等"。"培养方案应符合专业培养目标；培养方案的制定应能够很好地体现知识、能力与素质的协调发展；应建立培养方案的制定和审批程序，以及监控和评审制度；应保证得到有效执行。"学前教育专业人才培养方案的制定（论证）、审批、实施、监控以及评审每一个步骤都显得极为关键，缺少任何一个环节都会影响该专业的人才培养质量。笔者基于多次参与学前教育人才培养方案制定及对其他院校方案制定流程的调查发现，很多院校的学前教育专业人才培养方案制定（论证）、审批、实施、监控以及评审的

---

① 张建波. 艺术型学前教育本科专业的培养目标与课程设置[J]. 常州工学院学报（社科版），2009（3）：105-108.
② 操小龙. 人才培养规格表述方式探讨[J]. 现代商贸工业，2010（19）：162-163.

流程存在严重的不严谨性。

第一，从学前教育专业人才培养方案的制定程序来看，很多院校的制定程序不够严谨。比如人才培养方案由个人制定；学院领导对该专业人才培养方案一无所知。诸如此类的现象直接影响了人才培养方案的质量，进行影响了该专业的人才培养质量。人才培养方案制定过程中一个关键的步骤是对人才培养方案的论证，但有些学校人才培养方案的论证只是请所谓的"专家"幼儿园园长来聊一聊，对于一些本专业关键性的问题却从不涉及，比如学前教育专业课程的类别确定。学前教育是一门综合性非常强的学科，这个学科既强调理论知识也重视技能培养，甚至可以说培养的是既具备学前教育专业理论知识又能弹唱跳的全能型教师，因此学前教育专业从开设伊始就遵循着理论和技能课程大致各占一半比例的格局，诸多开设有此专业的院校都如此。学前教育专业的主要理论课程大致包括学前教育学、幼儿发展心理学、人体解剖生理学、中外教育史、教育心理学、中外幼儿教育史、幼儿教育心理学、幼儿园课程论、学前儿童卫生学、学前教育科学研究方法、学前儿童游戏论、学前儿童语言教育、学前儿童社会教育、儿童文学、幼儿园管理、学前儿童家庭教育等，主要技能课程包括钢琴、声乐、舞蹈、美工四门。幼儿师范院校培养的幼儿教师是幼儿园各项活动的实施者，而幼儿园的活动又是极其丰富多彩的，因此一名幼儿教师需要同时具备专业的理论知识和技能是情理之中的事情。但多年的教学中一直让笔者困惑的一个问题就是对于学前教育专业的学生而言目前大多数院校学前教育专业的课程类别划分及划分的比例是否合理。在现实工作中笔者发现该专业的学生对这两类课程存在无所适从的现象，一些学生不知道如何去分配自己的精力和能力又或者是兴趣去学好这么多的课程，调查发现很少有学生能理论技能两方面课程都掌握得很好。但因条件有限没法去做一个论证以至于现在也只能沿用其他办学较久且较好的院校的课程类型划分。另外，从人才培养方案的培养目标、规格与课程体系构建的关系来看，不少高校学前教育专业课程体系的构建与其培养目标及培养规格联系不紧密，这是不合理的。培养目标与培养规格不应只是摆设，而应是专业课程体系构建的依据。

第二，从学前教育专业人才培养方案的审批程序来看，有些学校学前教育专业人才培养方案的审批只是走一下程序。比如学院领导、学校教务处分管方案领导以及学校领导各个层面的审批都只是一个简单的签字，很多领导不会对方案的具体内容进行翻看，更别提仔细阅读与思考了。

第三，从学前教育专业人才培养方案的实施程序来看，实施不够严谨的问题确实存在。比如人才培养方案中的课程随意删减问题；课程学分、学时因人设置问题；课程开设学期随意调整以及课程轻重存在失衡等问题。学前教育专业的有些课程和学生专业素养虽是非直接关系，但却对其综合素质以及职业能力具有重大的意义，如大学生职业生涯规划，然而从该课程所占的学分较低以及课程实施过程流于形式就可以知道这门课程却没有得到其应有的重视。对于学前教育专业的学生而言这门课程的价值更为凸显。实际工作中笔者发现了这样的一个问题，很多该专业的学生对学前教育的认可度很低，这有外在的原因也有内在因素。外在的原因包括该专业的社会认可度低，特别是家人朋友对该专业的看法直接影响学生个人的专业认可度；内在原因可能是被迫调剂过来，对这个专业并不感兴趣等。这些内外因直接影响了学生学习的积极性，进而影响了培养质量。为此，对于学前教育专业的学生更应注重职业生涯教育。1971 年美国联邦教育总署署长马兰（Sidney P. Marland）在全美中学协会上提出了生涯教育（Career Education）理念，得到了联邦政府和各州的响应，引起了很大的反响，从此掀起了一场生涯教育的改革热潮。生涯教育以其综合性、实践性、合作性、自主学习、终身教育等特点，推动了教育的发展，取得了巨大的社会效益。美国学生辍学数量大幅减少，同时他们受到了全面的合作性教育，能结合社会需求设计个人发展规划，并成为自我认知、自我实现和自觉有用的人。[①]

第四，从学前教育专业人才培养方案的监控以及评审来看，一些学校的学前教育专业人才培养方案缺少监控、评审的环节。比如每年每学期对人才培养方案执行情况的检查、对开设课程质量的监控以及对整个人才培养方案质量的评审等。试想，一个专业的人才培养方案制定并且实施后却没有后期的质量结果分析，何来的改进？人才培养方案"是保证教学质量，达到人才培养质量目标的纲领性文件，是组织开展教学活动的依据"。为此，各高等院校在制定学前教育专业人才培养方案时一定要严格执行人才培养方案制定（论证）、审批、实施、监控以及评审的流

---

① 魏燕明. 美国生涯教育发展历程、特点与借鉴[J]. 成人教育，2011，31（7）：125-126.

程，以此促进和提升人才培养质量和专业的发展。

# 二、幼儿教师培养质量：教学资源

## （一）教师队伍

《普通高等学校本科教学质量保证标准》提到，教师是最重要的教学资源，是核心要素，高水平的教师队伍是高水平教学的基本保障。它提出学校要建立一支数量充足、能够满足人才培养需要的教师队伍；教师队伍的年龄、学历、职称、学缘结构合理；教师能够把足够的精力投入本科教学。

首先，从贵州省各院校学前教育专业的师资数量来看，很多学校该专业的师资都极为欠缺，理论课程教师不足较为明显，技能课教师更是欠缺，见表3.3。

表3.3　贵州省各本科院校具有学前教育专业背景的技能课教师统计表

| 院校 | 教师人数 A | 备注 |
|---|---|---|
| 贵州师范大学 | 3 | 担任钢琴、美术、美工，欠缺舞蹈教师 B |
| 铜仁学院 | 8 | 担任本学院所有技能课课程的艺术教研组总人数 |
| 遵义师范学院 | 1 | 担任音乐鉴赏、舞蹈编排等课程，其他技能教师欠缺 |
| 贵州师范学院 | 6 | 担任本学院所有技能课课程 |
| 兴义民族师范学院 | 4 | 担任本学院所有技能课课程 C |
| 凯里学院 | 8 | 担任本学院所有技能课课程 D |
| 其他学院 E | 不详 | |

本资料来源于各学院网页师资队伍介绍以及个人调查

A. 教师人数指的是在各学院担任技能课的教师，其几乎全部为艺术专业背景，较少具有学前教育专业背景。

B. 贵州师范大学舞蹈教师的欠缺指的该学院没有属于学前教育专业的专职舞蹈教师，并非没有舞蹈教师授课。

C. 担任本学院所有技能课课程，包括学前教育、小学教学专业，还包括本科层次、三年制大专以及五年制大专三个层次的课程。

D. 担任本学院所有技能课课程，即意味着本学院开设有小学教学或特殊教育等专业的技能课都是由这些教师承担。

E. 其他学院包括六盘水师范学院、安顺学院、贵州工程应用技术学院、黔南民族师范学院都未有详细信息，有可能存在技能课课程都由艺术学院教师担任的情况。

其次，从贵州省各院校学前教育专业的师资是否能满足人才培养需要来看，现有师资的专业背景和学前教育专业人才培养的方向有所偏离。学前教育包括理论和技能两大类课程，如果条件允许这两大类的课程都应该由有学前教育专业背景的教师来担任才更为符合教学要求。专业的教师才能培养专业人才。我们可以从具体的课程来进行分析，据调查发现贵州省甚至是全国的很多院校学前教育专业的师资学前教育专业背景的比例都较低，以至于该专业的很多课程都由其他专业背景的教师来担任，比如儿童文学由中文专业背景教师担任，学前儿童卫生学由生物专业背景的教师担任，四大技能课程钢琴、声乐、美工、舞蹈更是由艺术专业背景的教师担任。在授课过程中往往就会出现教学内容与幼儿学前教育不契合的现状。比如钢琴教学虽然也注重了钢琴基础的培养，但并没有注重实用性和专业特殊性培养的问题，也就是具有钢琴专业背景的教师在给学前教育专业的学生授课时必须意识到我们培养的是幼儿园教师而不是钢琴家，这个问题如果没有处理好自然就会影响人才培养的基本方向和质量。

再次，从贵州省各院校学前教育专业师资的教师队伍的年龄、学历、职称、学缘结构来看，师资队伍结构并不理想。第一，从教师队伍的年龄来看，学前教育专业的师资队伍较为年经化。原因主要是学前教育专业是一个较新的专业，在全国范围内很多学校都是近几年才有学前教育专业研究生，能在本科院校任教的学前教育专业人才多为本科毕业直接考取研究生的学生，因此年龄多在三十岁左右。第二，从教师队伍的学历来看，贵州省各院校的学前教师师资多是本科生和研究生学历，博士研究生学历的较少。第三，从教师队伍的职称来看，各学院学前教育专业教师讲师职称的比例较大，助教和高级职称的比例较小。第四，从学缘结构来看，各学院学前教育专业教师的学缘结构较为单一化。接下来，笔者将从学缘结构来分析贵州省学前教育专业教师队伍的质量。

学缘结构是教师队伍中，完成某一级学历或学位教育的毕业高校（科研院所）类型、层次等的分布情况。因此，主要内涵有二：其一，师资队伍在所来源高校中的数量分布状况（来源的高校数量、来源于每个高校的师资数、师资在所来源高校间的分布均匀程度等），反映的是师资所来源高校的多样化程度；其二，师资所来源高校的层次、类型分布状况（来源于不同层次、类型的师资数，师资在不同层次和类型学校间的分布及其均匀程度等），反映的是师资来源学校层次、类型的多样化程度。[①]学缘结构作为高校教师质量评估的重要标准之一，对于推进高等教育改革，加强教师队伍建设，不断促进高校教学水平与科研水平的提高都有重要的意义。我国高校教师学缘结构近亲繁殖现象较为明显，根据1997年教委对全国高校教师师资力量建设专题研究报告中的统计数据表明，我国高校教职员工中，本校本学科毕业的教师占到 33%，本校非本学科毕业教师占比为 5%，而非本校毕业教师占比为 62%。[②]贵州省高校教师学缘结构也存在明显的近亲繁殖现象，据调查发现，贵州省各院校学前教育教师所来源高校的多样化程度不高，具体表现在师资来源高校的数量较少，来源于每个高校的师资数都较多；师资来源学校层次、类型的多样化程度不高，具体表现为所来源高校的层次多为西部地区省级高校，类型多数是师范类院校。这样的师资学缘结构对贵州省学前教育专业的发展以及幼儿师资的培养都是不利的，特别是"不利于本校教学水平和科研水平的提高，由于教师的教育背景、个人经历、思想观念、学术视野等方面较为相似，缺乏各种学术思路、学派、风格之间的融合，造成学术氛围沉闷、思想单调，不仅无法在思想的交流和碰撞中产生新的研究成果，也会阻碍日常教学工作的开展"[③]。

最后，从贵州省各院校学前教育专业教师是否能够把足够的精力投入本科教学来看，很多因素都对学前教育专业教师本科教学起着负面的

---

① 张立平. 师资队伍学缘结构的定量评价方法[J]. 辽宁教育研究，2007（3）：89-91.
② 生云龙. 清华大学教师学历与学缘结构的变[J]. 清华大学教育研究，2008，29（2）：92-98.
③ 朱迎玲，白振荣. 学缘结构视角下的教师队伍优化策略[J]. 内蒙古师范大学学报（教育科学版），2014（10）：46-47.

作用。首先高校教师待遇较低是制约教师全心全意做好教学的一个重要影响因素，特别是技能课教师，很多教师外出兼职所得远远大于在校所得的课时费，因此很多老师都把时间和精力放在兼职工作中；其次，学科背景和自身专业背景的不一致也会直接制约教师在本科教学上付出的精力，很多理论课或者技能课教师所学专业只能和学前教育沾边，但不是"正统"出身，很多教师会觉得自己融不进这个专业而放弃了更多在科研和教学上更高层次的追求；最后，专业化的管理者也是影响学前教育专业教师工作积极性的重要因素，较多的老师反映"被一个不懂教育的人管教学，怎么去教学？"，很多专业教师处于无所适从的状态：从自身职业生涯来考虑很多教师都有进取心，可每当自己想在专业领域好好钻研一番时，诸多不合规律的行政性质的导向与安排往往会打乱正常的秩序，促进教师的教学科研发展也就无从谈起了。

## （二）学习条件

学习条件是学校为学生学习所提供的所有条件，包括实验室、图书资料、网络、实习、实践、实训基地、教室等，以及为保证学生有效学习所建立的学生学习支持系统，包括有效的学业指导和心理咨询等。学校应以学生需求为服务宗旨，为学生提供恰当并充足的学习资源，图书馆、体育设施、实习、实践、实训基地等以满足人才培养要求，并建立全方位的学生学习支持系统。学前教育专业的课程包含理论和技能两大部分，其中技能课程对硬件条件的要求较高，学前教育专业技能课的硬件设施是一个学校学前教育专业硬件条件的核心部分。另外，学前教育专业的师范性质决定了该专业实习、实践、实训基地等学习条件的重要性。为此，对于贵州省各院校学前教育专业学习条件的考量主要从技能课硬件设施和实习、实践、实训基地这两方面来进行。

学前教育专业技能课硬件设施设备我们主要从设施设备的数量、质量以及管理三方面来考察。首先，从技能课硬件设施的数量来看，通过调查发现由于近几年学前教育专业蓬勃发展引发学前教育专业人才市场需求的扩大，很多院校学前教育专业招生较多，但基本设备设施包括钢琴教室、独立琴房、画室、舞蹈室都严重不足，远远不能满足教学与学习的需要，极其有限的设备设施极大地影响了教学的质量。以兴义民族师范学院为例，2016 年在校学前教育专业本科生 313 人加上五年制 12

级的 163 人，总共 476 人，却只有钢琴教室 1 间，独立琴房 11 间，舞蹈室 1 间，没有专门的画室。这样的基本设备明显不能满足学生平时学习特别是课后对相关技能练习的需要。其次，从技能课硬件设施的质量来看，很多院校学前教育专业的基本设备质量较差，有些可以说是简陋到影响正常教学。比如钢琴很旧；画室基本的设备如画架都没有；舞蹈室缺乏相关的音响设备，等等。最后，从技能课硬件设施的管理来看，很多院校学前教育专业的基本设备管理存在随意性或较为混乱。比如钢琴没有专门的调音师；和艺术系的同学存在争抢琴房等情况。总体而言，贵州省很多学院的学前教育专业基本设施设备并不能很好地满足人才培养要求，没有建立全方位的学生学习支持系统。

实习、实践、实训基地是建立全方位的学生学习支持系统的重要环节，是学生培养目标得以实现不可或缺的一部分。学前教育专业培养的是在中职院校或学前教育机构任教的教师，幼儿园教师更是要成为专业理论和专业技能样样精通的专业性人才，而这样的人才仅仅靠课堂上接受到的间接经验是成就不了的，实习、实践以及实训才是学前教育专业人才从理论者变为实践者的最佳途径。学前教育专业的实习实训常用的三种方式是集中见习、分散见习以及毕业前集中实习。新建地方院校的学前教育专业基本建立起了稳定的实习基地，满足了有集中实习需要的毕业生，但实习过程中带队教师以及实习基地教师的指导、实习内容的计划与实施等都存在很多有待进一步解决的问题。相对于毕业前的集中实习而言，学前教育专业的的见习包括分散见习和集中见习都处于一种较为被动的状态。一些地方新建院校没有属于自己的附属幼儿园，也就意味着学前教育专业的学生没有自己见习实习基地、而见习特别是分散见习必须与实际课程教学相结合的特征决定了该专业学生在课程学习过程中随机随时都需要去见习，如此才能更好地把理论与实践相结合，并进一步深化对理论知识的理解。缺少附属幼儿园的现实必然在一定程度上限制了学生见习的频率和质量。

（三）教学经费

教育部《普通高等学校本科教学工作水平评估方案指标内涵说明》指出本专科院校教学经费主要体现为四项教学经费的投入与使用，四项经费包括本科业务费、教学差旅费、体育维持费、教学仪器设备维修费。

各项经费的具体内容为：本专科生业务费：包括专业建设、课程建设、教材建设等费用，进行实验、实习、毕业设计（论文）所需的各种原材料，低值易耗品及加工、运杂费，生产实习费，答辩费，资料讲义印刷费及学生讲义差价支出等。教学差旅费：教师进行教学调查、资料搜集、教材编审调研等业务活动的市内交通费、误餐费、外地差旅费。体育维持费：各种低值体育器械和运动服装的购置费、修理费，体育运动会费用，支付场地租金和参加校际以上运动会的教职工运动员的伙食补助费，以及公共体育教研室的业务性报刊、资料等零星费用。教学仪器设备维修费：教学仪器设备的经常维护修理费。

教学经费的投入满足人才培养的需要，保证持续增长并有效使用是人才培养质量得以保障的重要前提，而调查发现贵州省地方新建本科院校学前教育专业的教学经费整体而言较为欠缺，下面将从一线教师的视角对四项经费的情况进行概括与分析。

## 1. 本科生业务费

本专科生业务费包括专业建设、课程建设、教材建设等费用，进行实验、实习、毕业设计（论文）所需的各种原材料，低值易耗品及加工、运杂费，生产实习费，答辩费，资料讲义印刷费及学生讲义差价支出等。总体而言，地方新建院校这些方面经费的匹配存在不到位的现象，体现为多个方面。首先，专业建设。专业建设是专业发展的重要前提，专业建设过程中必然少不了校内外专家对该专业的研讨以及专业负责任人、教师等外出的学习与借鉴，这些活动所产生的费用在一些院校的学前教育专业基本上没有专项基金。其次，课程建设。课程建设较好的一个方式就是任课教师通过教改项目来实现教研结合，进而提高课程质量，而教改项目自然是需要经费支持的，一些学校的学院层面或学校层面该经费都是少之又少的。再次，实习费。学前教育专业学生的实习需要专业教师利用课余时间去幼儿园现场沟通与指导，指导学生写教案，填写相关材料，所付出的时间和精力是较多的。但据调查有学校发给学前教育专业实习指导教师的费用是每个学生 10 元，甚至拖欠多年都不下发。这样的状况让专业实习指导几乎成为一种免费服务，试问专业指导教师的积极性从何而来，高质量的实习又何以实现。最后，毕业论文费。专业教师给学生指导毕业论文每个学生的指导费用是 100 元，还要扣除 10 块钱给行政事务管理人员；答辩费更是少之又少，按场次给，一场可能是30个学生也可能是80个学生，皆为100元钱。总体而言，很多学校学前教育专业本科生业务费的匹配都是车水杯薪，远远不能满足该专业本科生培养的需要。

### 2. 教学差旅费

教学差旅费主要包括教师进行教学调查、资料搜集、教材编审调研等业务活动的市内交通费、误餐费、外地差旅费。据了解，一些院校学前教育专业的教师都反映出去学习的机会较少，主要原因就是经费问题。没有专项经费，教师即使再有学习的欲望也没有机会出去，好不容易有机会外出学习却只能在贵州省内跑，省外很少，出国更是没有。这使得很多专业教师沉浸在自己的世界里，闭门造车，接触不到新信息、新理念，教师自身专业发展没有路向，教学质量的提高自然也就无从谈起了。另外，一些高校财务管理杂乱无章、手续繁琐也是部门教师不愿意外出学习的重要原因，出去学习一次回来后要用几天甚至是更多的时间去报销相关费用，这种折腾不是每个老师都能经受得起的。

### 3. 体育维持费

体育维持费指各种低值体育器械和运动服装的购置费、修理费，体育运动会费用，支付场地租金和参加校际以上运动会的教职工运动员的伙食补助费，以及公共体育教研室的业务性报刊、资料等零星费用。这些费用中涉及学院学前教育专业学生的费用是运动会服装费。据悉有些院校的运动会中有以班为单位的体操比赛，但运动服装是学生用班费支出购买的，而班费自然是每个学生上交的。

### 4. 教学仪器设备维修费

教学仪器设备维修费是指教学仪器设备的经常维护修理费。学前教育专业教学仪器设备维修费主要涉及的就是钢琴调音的费用。钢琴调音师是一个稀缺的专业，加上钢琴这种乐器的体积大、价格较高等原因，钢琴调音的费用也较高，少则几百，多则上千，而且调音的频率较高。总体而言，这项费用是学前教育专业教学仪器设备维修费的重头戏，而在有的院校却没有这方面的专项经费。学生反映钢琴音不准，可由于资金缺乏学院层面的措施只能是拖了又拖。一位钢琴老师讲述："所有的钢琴音都是不准的，包括教师用琴，音不准直接影响教学质量，学院层面没有钱请调音师，我就自己出钱请来调了教师用琴。"另外，手工制作和作品展览也需要配备相关的设备，而这些设备定期补充和维修的费用也是不少的。学前教育专业较为特殊，包括理论和技能两项教学，而技能课涉及的教学仪器设备较，相关费用也就较多高，费用匹配不到位直接影响教学质量，这是无须质疑的。为此，教学仪器设备维修费应成为各院校教学经费的重要部分并给予充足的匹配。

# 三、幼儿教师培养质量：教学过程

## （一）理论教学

《普通高等学校本科教学质量保证标准》明确提到，理论教学是教学的主渠道，包括备课、讲授、讨论、作业、答疑、考试等，理论教学要突出强调教学内容与课程体系的改革，倡导研究型、启发式教学方法的应用。学校应切实加强教育教学研究，不断深化教学内容、教学方法的改革，以充分调动和发挥学生学习的积极性和主动性，确保学生在校期间很好地掌握基本理论。为此，本研究将从备课、讲授、讨论、作业、答疑、考试以及教育教学研究理论教学七个环节来探究地方新建本科院校学前教育专业教学过程中所体现的教学质量。

### 1. 备课

备课是教师教学质量的重要决定因素，备课质量的好坏直接影响授课的效果。新的教学理念认为，教学过程是一个师生互动的过程，因此教师备课时不能拘泥于以往拿着教材研读，然后照本宣科的方式。为此，现时代教师必须在备教材的同时，备教法、备学生，在确定核心内容之后选择恰当的方法，并充分考虑学生的年龄特点及其相对应的认知特征、兴趣等。对于幼儿教师的培养者而言，自然还要结合学前教育专业的特点，在备教材、备教法以及备学生的过程中有效地引导学生掌握专业知识并逐步实现专业化，如此的备课才是真正促进有效教学的备课。调查中发现，学前教育专业教师备课过程中存在的问题主要体现为以下两个方面：首先，技能课的非专业化。整体而言学前教育专业的教师大多能基于学前教育专业的特征进行备课，引领学生走向专业化，但有些非专业教师比如专业是某项艺术技能的学前教育技能课教师，很多时候还停留在其艺术技能专业的领域，备课时没能把该项艺术技能结合学前教育专业的特点及其学生的实际水平。导致的突出问题就是学前教育专业的技能课教师的授课难度较大，不能很好地满足该专业学生已有的水平和专业发展的需要。其次，备课模式陈旧。很多教师的备课还停留在只关注教材内容、只用讲授法、忽略学生的发展水平与兴趣的层面，很多时候只凭个人拿本教材研读就完成备课。新时期"三二一"教学实践模式等备课方式从未接触过，从而导致教学的低效、无效、负效等。

## 2. 讲授

首先，讲授是一个动词，讲解传授的意思，出自《汉书·夏侯胜传》："始，胜每讲授，常谓诸生曰：'士病不明经术；经术苟明，其取青紫如俛拾地芥耳。'"故讲授旨在教师通过讲解达到给学生传授知识的目的。但目前很多的课堂教学中教师只注意了讲解却忽略了是否达到向学生传授知识的目标。

其次，人们习惯将讲授等同于讲授法。讲授法即讲授式教学法，是教师通过语言系统地向学生描绘情境、叙述事实、解释概念、论证原理和阐明规律的一种教学方法。需要明确的是，所有的教师在课堂中都要进行讲授，根据其在课堂中讲授所占的时间比例的不同，讲授方式既可表现为主导方式又可表现为辅助手段。而各级各类很多教师习惯把讲授方式作为课堂教学的主导方式，习惯成自然之后学生也习惯被动听讲，失去课堂的自主性。单调的讲授方式使得课堂日渐枯燥，缺乏生机。

最后，讲授法的形式多样，包括讲述法、讲解法、讲读法和讲演法。以上各种形式可针对教学内容结合运用，不能一堂课只单纯使用某一种方法。调查发现理论课教学中，教师对讲述法与讲解法应用较广，且出现千篇一律、毫无特色的现象。而实际上教师指定学生以朗读方式表述教材或其他知识的讲读法以及课堂教学中以翔实的材料、严密的逻辑、精湛的语言较系统地阐述原理、论证问题、归纳总结的讲演法也是较为生动的、较能吸引学生注意力的讲授形式，但实际教学中教师却较少使用。

## 3. 讨论

讨论，即就某一问题交换意见或进行辩论。这是一种充分让学生参与课堂，调动学生学习主动权与积极性的方法。笔者认为讨论法对于大学的理论课程是较为适用的，原因就在于它能调动学生学习的主动性且大学生已经具备顺利高效进行讨论的能力。这种方法在各院校学前教育专业的理论课程中也逐渐被重视，但适用的过程中存在的一些问题也是不容忽视的。

首先，使用讨论的方式单一。笔者在教学交流和听课的过程中发现，很多理论教师的讨论基本的程序就是交给学生一个主题，学生随机分组讨论，然后每一个小组派出一位代表同学发言，教师最后总结。而从讨论的词义来看，讨论还包括了辩论的方式。实际教学中发现，辩论这种讨论的方式比常规的讨论具有的优势主要体现为学生的积极性更高，辩论双方之间的辩论更为激烈，课堂氛围更为活跃，达到的效果也更为明显。这也就意味着，课堂教学中特别是理论课程的教师应当深层次地理解与分析讨论的内涵，并充分运用多种方式来教学以达到高效率教学。

其次，学生讨论过程需要教师的恰当引导。比如，全员参与的讨论课比较容易成为仅供一些积极的学生展示自我舞台，主动性不够、积极性不高的学生基本就是局外人，甚至整个课程结束后毫无收获。为此，在使用讨论的教学方法时教师必须想方设法把所有学生聚集到一起，全员参与，全员进步。当然，针对讨论过程中的其他问题教师也要注意引导，比如让叙述始终维持讨论主线、尽量用事实和数据说话等。另外，讨论后教师的总结也要注意分寸，避免资格论，即用教师的权威身份把个人思想强加到学生身上，这样可以说是几乎抹杀了讨论的真正意义：学生主动给予学生个人的思想从而达到学生个体的充分发展。世界上最难的两件事情：一是把自己的思想强加到别人的脑袋里；二是把别人的钱装到自己的口袋里。既然如此，教师又为何要自找麻烦呢？

## 4. 作业

作业，《辞海》解释为"为完成生产、学习等方面的既定任务而进行的活动，如工厂的生产任务"。而《教育大辞典》则把完成学习任务的作业分为课堂作业和课外作业两大类。课堂作业是教师在上课时布置学生当堂进行操练的各种练习与巩固，课外作业是学生在课外时间独立进行的学习活动与实践活动。在高校教学中，因为课程安排相对分散且学生课余时间充足，一般作业的形式是课外作业。

各院校学前教育专业的课程都划分为理论和技能两大类，从整体上而言技能课上基本能依据学科的性质来给学生布置课外作业，比如手工作品的完成、舞蹈动作的练习等。而对于理论课而言一些所谓的课外作业就大多停留在形式上，只是简单依据学生写作业的次数以及老师的批改次数和评语字数来衡量作业的质量。教务处规定每门课程按照学分的比例一个学期内要完成多少次书面作业，教师必须书面批改而且有评语。很多学者很早以前便注意到一个问题：一些地方作业极为繁杂，呼吁减负作用也不大。作业的明降暗升使学生痛苦不堪，已经在一定程度上剥夺了学生多姿多彩的童年。而这种现象不仅存在于中小学阶段，还延伸到了大学阶段。

当然，新课改环境下作业有了新形式，如写调查报告、研究报告，这虽然有助让学生对社会有深层的认识，但经常操作不当，给学生们带来一些负担。首先，学生在撰写调查报告、研究报告的过程中教师给予的指导不到位，导致学生写作业的效果欠佳；其次，作业应该是教学过程的一个延续与巩固，并与教学相匹配，调查发现一些学前教育专业理论课程讲授过程单一，教师一方面用一讲到底的方式贯穿一个学期，一方面又突发奇想给学生布置了需要充分发挥学生自主学习积极性、体现学生自主学习能力的调查报告，这样的做法无疑会给学生带来很大的负担。

### 5. 答疑

在汉语字典里对答疑的基本解释是：解答疑惑，答复别人的疑问；提供咨询、参考意见。答疑可以让教师与学生一对一直接交流，解决学生具体的问题，对学生对知识的正确把握有着至关重要的作用。答疑是大学教学中的一个辅助性项目，通常由助教安排一个特定时间，回答学生关于当前所学课程内容的提问，答疑时间不记入教学工作量中，带有某种义务性质。完成答疑工作对于贵州省新建地方院校的学前教育教师而言无疑是心有余而力不足。肯定的是老师都想尽量为学生解答难题，这是教师较好完成教学这项良心活的重要途径，但很多的教师不像层次较高高校的高职称老师一样有助教，工作中任何的事务都必须亲力亲为，有限的时间和有限的精力必然会导致教师在课后时间给学生答疑难以达到很好的效果。而答疑的其义务性特征可能会成为少部分较为功利的教师推脱的理由。

另外，答疑"提供咨询、参考意见"的涵义在一些教育教学理念较为陈旧的教师的答疑过程中常常被忽略。很多时候，学生针对某个问题进行提问时已经有了自己的部分答案，更多的只是想从教师这里得到肯定或拓宽思路，如果老师答疑时习惯于用肯定的语气给学生单一的答案，只会让学生陷入新的困惑中。为此，答疑的过程中教师应该提供多样化、多选择的参考意见，多方向拓展引导学生的思维。

## 6. 考试

考试指通过书面或口头回答、现场操作等方式考查人的技能或知识水平。贵州省地方院校学前教育专业的考试主要存在两方面的问题：首先，考试方式单一。大多数学校考试的方式就闭卷笔试。从考试的字义解释我们可以知道考试的方式有书面或口头回答、现场操作等方式，但很多时候某些学校从管理层层面就片面理解了考试的定义，简单地认为考试就是书面方式，采用此闭卷考试方式考验学生记忆能力成为一种常态。其次，忽略学科性质规定题型数量和类型。有的学校把闭卷考试试卷的题型数量和类型都给予明确的限定，比如某高校就规定试卷必须起码包括五种题型，数量不能少于多少题，基本题型包括选择题、填空题、判断题、名词解释、简答题、论述分析题。在笔者看来，忽略学科的性质对所有科目的试卷做出规定较为死板，必须进行改革。

## 7. 教育教学研究

教育主要是指学校对儿童、少年、青年进行培养的过程，教学是指教师传授给学生知识、技能。研究的基本解释是：钻研、探求事物的性质、规律等；考虑，商讨。基于教育、教学以及研究的定义，笔者认为教育教学研究主要就是对教师培养学生过程的钻研，探求教育教学相关事件的性质、规律等。基于以上对教育教学研究的理解我们可以发现各级各类学校教师的教育教学研究不是独立于具体教学的研究，而是对日常教学活动的深层次思考与理解，以促进教学的最大效果化。

　　而经过调查笔者发现，贵州省新建地方院校的教育教学科研的现状相当不理想。首先，从管理层面而言，一些院校并不重视教师的科研，主要体现为：忽视教学科研相互促进的事实而单方面关注教学质量的提高；科研经费较少甚至是很多文件明确规定的匹配经费都未能实现；激励的措施明显倾向于教学方向，等等。其次，从教师层面，基于多方面的原因，一些教师从来没有承担过任何级别的教育教学项目，希望这样的高校教师成为理念先进的管理者或优秀的教师纯属无稽之谈。最后，教师教育教学研究的能力差直接反映在对本科生毕业论文的指导上，这种情况在学前教育专业技能课教师中表现得更为明显。从毕业论文的选题、研究方法的运用到研究基本过程开展有些老师可以说是任何建设性的建议都没有，高水平的论文指导更是谈不上。可见，教育教学研究不仅是提升个人专业水平的有效途径，更是提升教师教学水平的重要条件，高校不能搞科研，高校教师也不能搞科研。

## （二）实践教学

　　《普通高等学校本科专业类教学质量保证标准》明确提到，实践教学包括实验、实习、实训，课程设计、毕业设计（论文）等环节。实践教学要突出构建以提高学生创新能力、实践能力为核心的实践教学体系。学校应切实加强实践教学，满足专业培养方案中对学生创新能力和实践动手能力培养的要求。

　　教师是一种实践性很强的职业，需要具有较强的教学实践能力，与一些国家相比，我国教师的职前培养存在着理论与实践相脱离的问题。实践课与理论课相比微乎其微，学校很少组织学生开展教育调查、教学观摩、模拟教学等活动。就连对学生从教技能的锻炼起关键作用的教育见习和教育实习也存在着时间短、次数少、实习基地少、指导教师少、流于形式等诸多问题。[1]类似的问题在贵州省地方新建院校的学前教育专业也同样存在。

---

① 教育部师范教育司. 教师专业化的理论与实践[M]. 北京：人民教育出版社，2003：75-76.

## 1. 实习实训

实践经验是幼儿园教师入职工作的前提条件。[①]从学前教育专业性质的特殊性来看，学前教育是一门特殊的教育，教育对象是特殊的、身心发展不完备的幼儿，为此必须遵循一些特殊的原则，如保教结合的原则，"在日常工作中，幼儿园教师要时刻注意贯彻'保中有教，教中有保，保教一体化'的原则"。这些原则与要求的落实都需要大量的实践与经验，因而，实践经验的积累相比其他类别的教师显得更为重要。调查发现，目前贵州省地方新建院校学前教育专业的实习实训存在的不足主要体现在实习时间、实习要求、实习方式等方面。

据了解，目前贵州省地方新建院校的实习时间规定不一，有一个月、两个月或者一个学期等，从幼儿教师专业的特殊要求来看，这个时间是远远不够的。通过调研与分析，获得幼儿园教师资格之前应当有一年以上的幼儿园工作经验是比较理想的，一年的幼儿园工作可以让幼儿教师详细了解幼儿一年四季的生活和活动状况、幼儿的生活规律，可以比较全面地了解幼儿园的工作状况、每所幼儿园的园所文化，可以获得幼儿园教育能力的一定发展，如环境创设与利用、一日生活的安排与保育、游戏活动的支持与引导、教育活动的计划与实施、对幼儿的激励与评价、沟通与合作、反思与发展等。据调查，目前我国也有这样的做法，如湖南省长沙师范学院聘用教师的做法就是毕业生先到幼儿园工作1～2年才能成为正式教师，学者认为这种与国外先进理念接轨的做法值得推广。就师范类教育体制的现状来看，实习生不少于18周的实践体验是可以做到的。[②]

学前教育专业的实习分为集中实习和分散实习。相对而言，集中实习的效果较好。学院或系层面会给集中实习的学生找好实习单位，并派出带队教师到幼儿园跟踪指导，就实习相关问题与实习幼儿园沟通与配合，保障实习的有效性，实习单位幼儿园也会给每位实习生分配具体的指导老师，给予实习生从教学到其他幼儿园相关事务处理的指导。从调查结果来看，学生集中实习对学生保教能力的提高还是有明显的促进作

---

① 文君，郭铁成，双立珍. 幼儿园教师职业准入标准核心指标探讨[J]. 湖南师范大学教育科学学报，2013（6）：115-117.

② 孙向阳. 域外视野——国外学前教育理念解析[M]. 北京:北京少年儿童出版社,2011.

用的。而分散实习的效果往往比较差，很多时候取决于学生的自觉性，由于实习单位不定，时间不定，缺少老师监督，一些学生根本没有正式去幼儿园实习，没有任何的实习经历，只是为了填写材料找一家幼儿园出示一份实习证明即可，这种形式主义下入职的幼儿教师实际上在相当长时间内是不能胜任该职业的。而发达国家的做法完全不同，他们非常重视实践经验。以下以德国与美国为例：

德国学前师资培养的理念是，学历虽然重要，但是还要看在学校所学到的东西以及在实际工作中的表现，胜任的关键是"适合"和"够用"。德国注重实践，比如慕尼黑市立社会教育专业学院就招收具有初中毕业文凭的学生，通过 5 年的学习和培养，然后把他们送到幼儿园等教育机构工作。在这"5 年中，前两年去幼儿园实习，先获得一些实际经验，实习期间每月回校一次上理论课，实习结束时要通过一次理论考试，第 3、4 年回校接受正式的专业理论学习，第 5 年再去幼儿园实习"。[①]

美国师范教育者协会和全美幼儿教育协会共同制订的美国 0~8 岁儿童教师的任职资格标准，在第 5 项中提到了实践要求，即实习经验和个人的职业修养。这一组标准中要求"具备 300 小时的在不同幼儿教育机构中照管 2 个不同年龄儿童小组的经验；指导文化和经济背景不同、需要各异的家庭和孩子进行相互影响的经验以及与其他幼教工作者一起工作的经验"。[②]

## 2. 课程设计

幼儿园课程处于幼儿教育的核心，高校学前教育专业的教师必须指导该专业学生设计出有利于儿童发展的高质量有效的课程，切实提升学生课程设计的能力。幼儿园课程由四个重要部分组成，理论基础、课程目标、活动组织以及活动评价。从贵州省各地方院校学前教育专业开设的课程来看，有几门专业课程都会涉及课程设计，比如学前教育学、幼儿园课程论、幼儿教师教学法以及五大领域相关课程等。在一定程度上而言，多门课程涉及幼儿园课程设计，这对该专业学生的课程设计能力的形成是足够的，但从一些实习单位反馈的建议来看，学生的课程设计

---

① 孙向阳. 域外视野——国外学前教育理念解析[M]. 北京：北京少年儿童出版社，2011：21.

② 陈志超，曾红. 美国幼儿教师任职资格标准[J]. 学前教育研究，1995（1）：61-64.

能力还有待提高，主要体现为以下几个方面：

（1）理论基础欠缺

理论基础是对课程设计的理论解释，包括有关幼儿作为学习者观点、在幼儿学习中的教师作用、环境的作用、父母作用的观点看法等。它也包括在幼儿教师中众多的发展理论和流派中所坚持的一种或几种相关理论的结合。[①]课程设计要有特色、有深度自然少不了该有的理论支持，从学生实习过程中设计的课程来看，欠缺理论依据是一个突出的问题。当然，通过对教案文本的分析，或多或少也折射出一定的思想，但很多时候学生是处于一种只可意会不可言传的状态，不能很明确地把理论与课程的实质联系起来。原因主要有两个：一是对专业理论知识掌握不牢；二是把理论付诸实践的经验过少。

（2）目标定位不准

课程设计过程中目标的确定应包括整体的发展目标和幼儿在不同年龄阶段、不同领域的学习目标，通过统整实现对幼儿综合能力发展的促进。幼儿的发展是一个复杂的过程，不同年龄、性别、文化背景、经验都应该成为课程设计的重要考虑因素。而这方面的能力是学生在实习过程短时间内较难掌握的，学生反映的设计的课程在某个班实施不顺利的情况实际上就是目标定位不准的表现。课程目标定位要注意难易程度、核心经验、不同领域间的异同等问题，在学生上课及实习的过程中指导教师都应该给予更多的指导。

（3）过程结构欠严谨

从学生实习过程中设计的课程来看，过程结构欠严谨也是一个较为突出的问题。从表面上来看，活动的过程是一环扣一环的、连续的，但仔细一分析往往会发现有的环节和其他的环节内容是脱节的，甚至是对实现活动目标是起不到任何作用的。另外，各环节之间欠缺有效、顺畅的衔接也是课程结构欠严谨的一个表现。

（4）评价角度单一

对设计课程效果的评价是一个全面的过程，它要求仔细地记录幼儿在不同发展领域的进步，观察记录幼儿在活动中的表现、对课堂环境的

---

① 魏建培. 学前教育学[M]. 北京：科学出版社，2012：113.

利用等。①通过对教案的文本分析发现，学生在课程设计时所涉及的评价角度较为单一。比如评价的主体较为单一，往往只限于教师对幼儿的评价而忽略幼儿同伴之间的评价；评价的重点往往只关注结果而忽略过程；评价的对象往往只关注儿童忽略教学的环境设计、教玩具的准备等。

### 3. 毕业论文

毕业论文是本科毕业生科学研究能力的核心体现，也是本科院校教学实践的重要内容。本科生相对于重在教学实践的专科生而言其理论能力强一些，但相对于研究生而言又仅仅只是对理论研究领域浅浅地尝试了一下，并未得到更深层次的提升。而本科生对理论研究能力浅浅的尝试就是毕业论文的写作，一些学院的学前教育专业本科生就读该专业四年时间里对课程论文的写作较少，学生科研项目甚至从未涉足，因此学前教育本科生了解做教学科学研究的基本过程、领略教学科学研究奥妙的唯一机会就是毕业论文。毕业论文的重要性不仅是提高本科生理论研究水平的重要途径，同时还可以为其今后走上幼教职业生涯实践教学科研相互促进打下良好的基础。通过对一些院校学前教育专业本科生毕业论文的文本分析发现，毕业论文方面的实践教学实施的效果一般，主要体现为以下几个方面：

（1）毕业论文指导教师有待发展

毕业论文指导教师有待发展主要包含两个方面：一是毕业论文指导教师的数量有待提升。众所周知，本科生的毕业论文实际上是一个非常严谨的研究过程，从毕业论文的选题、开题报告、研究方法选用、调查实施到论文初稿、终稿的完成是指导教师和学生严守科研要求付出辛勤劳动的成果。要完成一篇有质量的毕业论文，不管是理论研究还是实践要求都需要学生和指导教师付出很多时间和精力，容不得半点的马虎。随着学前教育的蓬勃发展和学前教育本科的扩招，每年毕业的学生人数都较多，一个老师一年必须指导十个左右甚至更多的学生写作毕业论文，"按批量生产"的现象时常发生，毕业论文的质量可想而知。二是毕业论文指导教师的质量也有待提高。调查发现学前教育专业的博士全国范围内都较少，能到贵州省地方院校工作的学前教育专业博士更是少之又少，

---

① 魏建培. 学前教育学[M]. 北京：科学出版社，2012：114.

故地方院校毕业论文指导教师大多是硕士研究生，还有一定比例的本科生。

（2）毕业论文的指导质量有待提高

硕士研究生指导本科生的毕业论文按理不成问题，可有些硕士研究生是非学前教育的研究生，非本专业教师指导本专业学生自然就较为生疏了。比如研究方法的选择，由于学前教育专业教育对象的特殊性，研究调查的过程习惯于用作品分析法等较为间接的方法来分析儿童的思想，但在有的学科看来这却是不可行的，这就是所谓的隔行如隔山。还有一些院校的毕业论文指导老师是本科生，而且工作多年从不做科研，这直接影响了本科生毕业论文的整体质量。另外，由于政策管理的松弛，少部分教师为了省时省力对学生的要求较低，指导也较少，毕业论文的质量可想而知；

（3）毕业论文的管理政策有待完善

毕业论文是学前教育本科生学分组成的一部分，是学生获得学位证的一个必要条件，其重要性不言而喻。但调查中发现，一些院校行政部门对毕业论文的相关管理欠缺严谨。比如答辩过程的安排是否符合国家对论文的相关要求，是否体现公平性没有具体的行政部门对其审核，仅仅由几位答辩教师决定。又比如，一些院校每年的毕业论文层次参差不齐，即使质量再差不会不过，这样无疑给下一届的学生做毕业论文做了不好的示范：只是写了就能过。毕业论文的质量自然每况愈下，这也是管理政策不完善导致的直接结果。

## （三）第二课堂

《普通高等学校本科教学质量保证标准》提到，第二课堂通过开展丰富多彩的活动，例讲座、社团活动、课外科技活动、文体活动、社会调查、社会实践等，培养学生高尚的思想品德和良好的综合素质。

总体而言，贵州省很多院校的学前教育专业由于其专业的特殊性，第二课堂开展的活动还是较为丰富的，学前教育专业学生所学的舞蹈、手工、钢琴都可以在学院的社团活动、文体活动中发挥特长。学院的迎新晚会、欢送晚会中，学前教育专业各级各班的学生包揽了大部分节目；手工作品展也几乎是学前教育专业学生的专场。

但调查发现，贵州省地方院校学前教育专业第二课堂也存在一些有待改进的地方。比如，第二课堂活动的类型过于单一，偏重于文体活动和社团活动，而讲座、课外科技活动、社会调查与实践活动较少，有的学生甚至在校四年都没有参加过。存在的原因很多，资源是最主要的因素，讲座需要聘请专家学者，课外科技活动需要设备与经费支持，而社会调查与实践活动需要多方资源协调、推进才能实现。这些都是制约地方院校第二课堂活动开展的重要因素，对于发达地区而言这些都不是问题，而对于资源缺乏的地方院校而言却是困难重重。

## 四、幼儿教师培养质量：质量管理

### （一）质量监控

按照《普通高等学校本科教学质量保证标准》的解释，质量监控是教学的关键环节。例如，对课堂教学、实验与实习、毕业设计（论文）、考试等设置质量控制点，以质量控制点为重点，制定质量保证流程和实施条例，按照"检查—反馈—改进—建设—检查"的运行机制具体实施，使执行过程与监督过程形成一个循环闭合的流程。学校应建立完善的教学管理规章制度和质量监控机制，对主要教学环节的教学质量实施全方位有效监控；建立一支高水平的教学督导队伍，对日常教学工作进行检查、监督和指导；建立完善的评教、评学等制度等。

#### 1. 教学管理规章制度

贵州省地方新建院校的学前教育专业教学管理规章制度大多已经建立起来，学前教育专业教学管理规章制度往往隶属于系或者学院层面的教学管理规章制度，而系或学院层面的教学管理规章制度又是基于学校教务管理部门的教学管理规章制度。因此，各院校学前教育专业教学管理规章制度是否完善主要取决于学校教务管理部门。调查发现很少有院校的学前教育专业是基于专业的特殊性而另外制定一套专业所特有教学管理规章制度的，但在学前教育专业实际教学中所遇到的一些状况却让我们去思考和探讨的一个问题：专业特色的教学管理规章制度是否有必要制定？例如学前教育专业的舞蹈课，舞蹈动作的学习讲究连贯性，所以很多时候舞蹈老师基于教学需要往往把两节课连着上，课间 10 分钟教师和学生也都没有休息，如果这个老师在第二节课的时候提前下课了 5 分钟，但总上课时间是足够的，算不算教学事故？按照学校的教学管理规章制度，提前下课是教学事故。又比如，按照学校的教学管理规章制度老师必须在特定的地点完成相应的教学任务，教学督导检查的一个依据就是看这个教室有没有人上课，但若是绘画老师把学生带到教室外进行写生，又当如何处理呢？为此，笔者认为任何学院或专业的教学管理都应该以学校的教学管理规章制度为蓝本，可如果完全照抄照搬，一成不变地执行还是欠缺灵活性的，学院层面甚至专业层面的教学管理规章制度应该建立起来。

## 2. 质量监控机制

质量监控应按照"检查—反馈—改进—建设—检查"的运行机制具体实施，使执行过程与监督过程形成一个循环闭合的流程，完善的机制加上强有力的执行是质量监控有效性的保障。但调查发现，一些院校质量监控机制的执行出现脱节现象，进而导致低效或无效的结果。比如教学督导队伍检查教师上课的目的是反馈存在问题，然后教师针对问题进行改进并进一步建设教学与课程，以达到教学效果的最优化，之后教学督导人员再次对教师进行检查以确保其前期存在的不足已经得到解决。但很多时候，教师并没有及时得到相关的反馈，也没有进行改进与建设，原因是反馈的滞后性以及二次检查并未实行。所以，督导人员花费了时间去检查，但却未能促进教师教学效果的进一步提升。考试和毕业论文的后期质量检查也存在类似的问题，质量监控机制的建立是为了提高质量，而很多时候却是名实不符。

## 3. 教学督导队伍

教学督导队伍的建设是教学质量监控实施的必要条件，对质量高低进行评价和督导自然就要有评价者，而评价者的选择是一个关键。一些院校已经建立起学校层面的教学督导队伍和系层面或专业层面的督导队伍，但督导队伍的建设还有待进一步完善。

有一次，一位学校教学督导员随机走进我的课堂听课，整节课程完成和平时授课基本一样，既没有刻意去塑造有人在听课的氛围，也没有说把督导员当做不存在，总之一切都是那么地自然。课程结束后，督导员从教室最后一排走了出来，于是我就积极上前询问督导员希望他能给我的授课提些建议，可督导员一句话就把我打发了："我不是这个专业的，听不懂，没啥建议。"我暗自感叹："你听不懂具体内容，但你起码对我的教学方法、师生互动等方面有个人的想法吧，毕竟你也是一名教师，更纳闷的是你什么不懂，你在这静坐浪费你的宝贵时间是为何？"

——李老师自述

## 4. 评教、评学制度

评教、评学是高校教学质量评价的重要环节，通过对教师教的评价以及对学生学的评价来充分了解教学质量。贵州省很多地方院校也都建立起了评教、评学的制度，并付诸实施，但评价的手段却是极其形式化的。很多时候，学生拿到评价教师上课的表格，内容都没看就已经打上了分数；教研室负责人拿到教研室教师的备课质量评价表（见表 3.4），根据第一印象给了一个大概的分数，有时甚至是教师自己打分；作业与练习质量评价表（见表 3.5）有时都搞不清楚是该教研室负责人检查打分还是教务科负责人检查打分。相关科室和学校相关部门只关注表格收上来多少，不关心填写的内容，分析内容并给予实质性有价值的反馈更是不可能。这样的评教、评学制度建立起来的意义是不大的，对教学质量监督只能说是只有苦劳没有功劳。

表 3.4　某某师范学院备课质量评价表

| 教师 | 课程名称 | | | 授课班级 | | 授课学期 | |
|---|---|---|---|---|---|---|---|
| 评价单元 | 评价要素 | 分值 | 评价内涵 | | 评价方法 | | 评价得分 |
| 备课态度 | 01 钻研教学大纲 | 6 | 对本课程在专业培养中地位作用的理解，对重难点的把握 | | 查看教师的教案 | | |
| | 02 钻研教材 | 7 | 对教材结构、知识点的理解，对重难点的分析，对教材的挖掘开发程度 | | 查看教师教案，由各学院教研室组织评价 | | |
| | 03 备课进度 | 6 | 教学进度表上交时间，教案、讲稿检查及完备程序 | | 查看教师教案，由各学院教研室组织评价 | | |

续表

| 教师 | | 课程名称 | | | 授课班级 | | 授课学期 | |
|---|---|---|---|---|---|---|---|---|
| 评价单元 | 评价要素 | 分值 | | 评价内涵 | | 评价方法 | | 评价得分 |
| 备课内容 | 04 备内容 | 15 | | 是否与教学大纲相符，对教学内容的理解与熟悉程度，内容取舍是否得当，重点是否突出，是否能及时更新教学内容、反映新的科研成果 | | 查看教师教案，由各学院教研室组织评价 | | |
| | 05 备方法 | 15 | | 教学过程的完整性，教学方法是否得当，是否采用先进的教学手段，有无学法指导等 | | 查看教师教案，由各学院教研室组织评价 | | |
| | 06 备学生 | 10 | | 对学生知识水平、学习态度、学习能力、学习要求等方面的调查与研究情况 | | 查看教师教案，由各学院教研室组织评价 | | |
| | 07 备结构 | 10 | | 各章节在教学步骤、时间安排、组织教学、板书设计等方面的完整情况与质量 | | 查看教师教案，由各学院教研室组织评价 | | |
| | 08 备教辅 | 10 | | 对教具、演示器材的熟悉与准备情况，教参资料及有关案例的收集准备情况 | | 查看教师教案，由各学院教研室组织评价 | | |
| 备课效果 | 09 教学进度表 | 6 | | 教学进度表的规范与完成情况 | | 查看教学进度表，由各学院教研室组织评价 | | |
| | 10 教案 | 15 | | 教案的完成、更新情况，教案内涵的完整与形式的规范情况，是否有所创新 | | 查看教师教案，由各学院教研室组织评价 | | |
| 评价结论 | 评价得分 | | | | 评价等级 | | | |
| | 负责人签字 | | | | 评价日期 | | | |

续表

| 备注 | 按《某某师范学院备课质量评价表》中评价要素的内涵和评价方法，对照《备课环节质量标准》中 A、C 的标准，对教师的备课质量进行评价。《备课环节质量标准》中 A 标准为 100＞S≥85 分段、C 标准为 60≥S＞74 分段，低于 A 高于 C 为 B 即 85＞S≥75 分段，低于 C 为 D 即 60 分以下段；评价结果按优秀、良好、合格、不合格四级评定，优秀：100＞S≥85；良好：85＞S≥75；合格：74＞S≥60；不合格：S＜60。 |
|---|---|

表 3.5 某某学院作业与练习环节质量评价表

教师姓名：_____          教学单位：_____

课程名称：_____          教学学期：_____

| 评价基元 | 评价要素 | | 分值 | 评价内涵 | 评价方法 | 得分 |
|---|---|---|---|---|---|---|
| 对待作业态度 | 01 | 教师态度 | 6 | 教师对待作业与练习的态度及重视程度 | 查阅学生的作业与练习 | |
| | 02 | 学生态度 | 9 | 学生对待作业与练习的态度及重视程度 | 查阅学生的作业与练习 | |
| 作业质量 | 03 | 类型 | 6 | 作业与练习的类型与形式 | 查阅学生的作业与练习 | |
| | 04 | 内容 | 14 | 作业与练习内容是否体现了对基本知识的理解及基本技能、专业能力和创新意识的培养 | 查阅学生的作业与练习 | |
| | 05 | 难度 | 6 | 作业与练习的难度是否适中 | 查阅学生的作业与练习 | |
| | 06 | 数量 | 6 | 作业与练习的数量与次数是否适当 | 查阅学生的作业与练习 | |
| | 07 | 质量 | 8 | 学生作业与练习的质量 | 查阅学生的作业与练习 | |
| 批改质量 | 08 | 批改 | 24 | 作业批改方式和批改情况 | 查阅学生的作业与练习 | |

| 评价基元 | 评价要素 | | 分值 | 评价内涵 | 评价方法 | 得分 |
|---|---|---|---|---|---|---|
| 批改质量 | 09 | 记录 | 6 | 批改记录和成绩登记情况 | 查阅作业批成绩登记表 | |
| | 10 | 适时 | 6 | 作业与练习讲评及时情况 | 走访学生或召开学生座谈会 | |
| | 11 | 认真 | 9 | 作业与练习总结和讲评情况 | 走访学生或召开学生座谈会 | |
| 评价结论 | 评价得分：＿＿＿＿＿＿＿＿＿＿  评价等级：＿＿＿＿＿＿＿＿＿（优秀：85≤S＜100；良好：75≤S＜85；合格：60≤S＜75；不合格：S＜60）。 | | | | | |
| | 负责人签字 | | | | 评价日期 | |

## （二）质量分析

质量分析是对反映人才培养质量的各个指标，如生源质量、学生的学习状况、毕业生就业去向和就业质量、毕业生工作状况和成就感，用人单位的反映等进行定期的分析。笔者主要从生源质量、学生的学习状况、毕业生就业去向和就业质量以及用人单位的反映四个方面进行分析，而毕业生工作状况和成就感将在第五章"基于教师质量构成维度的幼儿教师发展质量"中论述。

### 1. 生源质量

幼师专业生源质量是影响培养质量的一个重要因素，生源入学前的学业分数、专业素养、专业意愿等直接影响该学生学习效果，进而影响培养质量。

（1）生源录取分数影响学前教育专业的培养质量

学生就读学前教育专业前的学业分数是影响学前教育专业生源质量的重要因素。大专及本科生源决定于高考分数，中专则取决于中考分数。

表 3.6　2014 年贵州高考各层次录取最低控制分数线

| 科目/批次 | 第一批本科 | 第二批本科 | 第三批本科 | 高职（专科） |
|---|---|---|---|---|
| 文史类 | 569 | 489 | 444 | 220 |
| 理工类 | 484 | 382 | 337 | 200 |

注：数据来源于高考网（http://www.gxeduw.com）

表 3.7　贵州省各本科院校 2014 年文史类学前教育专业录取情况

| 院校 | 考生类别 | 最高分 | 最低分 | 平均分 | 录取线差 |
|---|---|---|---|---|---|
| 贵州师范大学 | 文史类（职教师资方向） | 557 | 532 | — | |
| | 文史 | 565 | 532 | 523 | 34 |
| 铜仁学院 | 理工 | 382 | 360 | 379 | −3 |
| | 文史 | 488 | 445 | 484 | −5 |
| 遵义师范学院 | 理工 | — | 404 | — | |
| | 文史 | — | 504 | | |
| 贵州师范学院 | 理工 | 493 | 410 | — | — |
| | 文史 | 531 | 513 | — | — |
| 六盘水师范学院 | 文史 | 497 | 492 | — | — |
| 兴义民族师范学院 | 文科 | — | — | 488 | −1 |
| 贵州工程应用技术学院 | 文科 | 508 | 497 | 500 | 11 |
| | 理科 | 421 | 386 | 392.6 | 10.6 |
| 安顺学院 | 文史 | 482 | 462 | 471 | −18 |
| | 理工 | 432 | 390 | 396 | 14 |
| 黔南民族师范学院 | 文史 | 514 | 500 | — | — |
| 贵阳学院 | 文科 | — | — | 504 | 15 |
| 凯里学院 | 理科 | — | — | 386 | 4 |
| | 文科 | — | — | 492 | 3 |

注：数据来源于高考网（http://www.gxeduw.com）、各院校招生网及 http://www.gxeduw.com/news/2015/121281.html.

　　由于高考每年试题难易不同，每年的文史和理工类的录取分数都会有所浮动，因此学前教育专业录取分数的纵向比较对考量该专业生源质量的意义不大，因此笔者在此仅选取所获数据较为全面的 2014 年贵州省各本科院校文史类学前教育专业录取分数情况来分析学前教育专业的生源质量情况。

　　首先，据悉贵州省各本科院校 2014 年文史类学前教育专业录取批次均为第二批次，从表 3.6 可知 2014 年贵州高考第二批本科最低控制分数线文科为 489 分，理科为 382 分，从表 3.7 来看有铜仁学院学前教育专业文理以及安顺学院的文史最低录取分数明显低于贵州省的最低控制分数线。一些院校如六盘水师范学院、贵州工程应用技术学院等学前教育专业录取分数也不高，只是稍微高于省的最低录取控制线。

　　其次，从各院校的录取线差来看，有多个学院学前教育专业录取平均分都低于省的最低控制分数线，特别是安顺学院负 18 分。这也就意味着在各本科院校学前教育专业录取的生源中有很多并未达到省所定的录取最低控制线。很多学校采取降分录取的方式来实现该专业生源的满额目标，这样的做法必然会直接影响学前教育专业的生源质量，进而影响学前教育专业学生的培养质量。

　　另外，从贵州省 2014 年第二批本科学前教育专业录取分数还可以侧面反映出该省第三批本科、高职（专科）以及中专学前教育专业生源的质量更令人担忧，试想第二批本科都降分收揽了那么多愿意报考学前教育专业的学生，那三本、高职以及专科只能招收分数更低的生源。中专院校学前教育专业的生源质量更低，从对 X 师范院校五年制大专学前教育专业学生的访谈得知，该专业的很多学生都是中考成绩不理想而家长觉得该专业好就业而来就读的，不管是从就读意愿还是综合素质来看这样的学生势必影响今后幼师队伍的整体质量。

　　二本师范院校是贵州幼儿教师培养的主要机构，在此我们随机选择一所二本院校黔南民族师范学院本科各专业 2015 录取分数进行分析以了解学前教育专业生源质量在文史类专业中的情况。从表 3.8 可以看出：

表 3.8　黔南民族师范学院 2015 年贵州省普通类本科录取统计表

| 专业 | 科类 | 原计划 | 实际录取 | 平行志愿 | | 计划增减 |
| --- | --- | --- | --- | --- | --- | --- |
| | | | | 最高分 | 最低分 | |
| 经济学 | 文 | 15 | 23 | 502 | 490 | 8 |
| 思想政治教育（师范类） | 文 | 17 | 25 | 499 | 487 | 8 |

续表

| 专业 | 科类 | 原计划 | 实际录取 | 平行志愿 | | 计划增减 |
| --- | --- | --- | --- | --- | --- | --- |
| | | | | 最高分 | 最低分 | |
| 地理科学（师范类） | 文 | 15 | 16 | 497 | 487 | 1 |
| 汉语言文学（师范类） | 文 | 49 | 60 | 518 | 486 | 11 |
| 历史学（师范类） | 文 | 20 | 28 | 494 | 486 | 8 |
| 行政管理 | 文 | 17 | 21 | 502 | 486 | 4 |
| 小学教育（文科师范） | 文 | 19 | 24 | 498 | 486 | 5 |
| 教育学（师范类） | 文 | 40 | 49 | 493 | 485 | 9 |
| 人力资源管理 | 文 | 15 | 16 | 495 | 484 | 1 |
| 学前教育（师范类） | 文 | 23 | 24 | 500 | 484 | 1 |
| 广播电视学 | 文 | 15 | 17 | 490 | 483 | 2 |
| 社会工作 | 文 | 17 | 18 | 487 | 483 | 1 |
| 物流管理 | 文 | 19 | 19 | 488 | 483 | 0 |
| 农林经济管理 | 文 | 13 | 14 | 496 | 483 | 1 |
| 外国语言文学类 | 文 | 105 | 103 | 501 | 482 | -2 |
| 房地产开发与管理 | 文 | 28 | 29 | 497 | 482 | 1 |
| 旅游管理 | 文 | 17 | 21 | 489 | 482 | 4 |
| 酒店管理 | 文 | 30 | 32 | 489 | 482 | 2 |
| **文史类合计** | | 474 | 539 | 518 | 482 | 65 |

注：本资料来源于黔南民族师范学院招生网，2015-07-29，18：06.

第一，在文史类各专业中，学前教育专业录取最高分为 500 分，而文史类中录取分数最高的为 518 分，可以说明优秀的学生更愿意选择经济学、汉语言文学、行政管理等专业。

第二，从文史类各专业原计划和实际录取的比例来看，文史类较多的专业都有扩招的二本生源，比如汉语言文学、教育学、经济学、思想政治教育等专业都在原计划基础上扩招的比例较大，而学前教育扩招只有 1 人。可见，和其他文史类的专业相比，很多二本上线的学生就读学前教育专业的意愿并不高；

第三，通过对文史类师范类各专业进行对比我们可以发现，在思想政治教育、地理科学、汉语言文学、历史学、小学教育、教育学、学前教育七类教师教育类专业中，录取分数最低分的是学前教育，也就意味着较其他教师而言对幼儿教师的要求是最低的，而实际上这和目前的教育新观念是相违背的，我们都知道学前教育是"根"的教育，是基础的基础，其重要性不言而喻，可却恰恰相反对幼儿师资水平的要求却是较低的。

（2）生源的录取过程影响学前教育专业的培养质量

影响幼师专业生源质量的另一个重要因素就是录取过程。比如录取过程中缺少面试环节、录取学生性别失衡等问题都会直接影响专业的生源质量。

首先，缺少面试环节会降低学前教育的生源质量。学前教育专业是一本理论和实践相结合的专业，就读该专业既要把相关的专业理论课程学好，主要包括教育学、心理学以及教学教法等课程，还要学习在幼儿园课程组织过程中频繁用到的多项技能，包括舞蹈、音乐、手工以及钢琴等。可以说，社会对学前教育专业的师资要求是较高的，单是理论型或技能型的人才都不能满足基本需求。但这样的师资要求在专业培养的生源上却往往没有得到重视，很多院校在招收学前教育专业的学生时只是简单地从笔试分数来确定是否录取，并没有对学生的艺术涵养及资质进行考察，甚至有的学校没有面试仅凭高考分数来确定是否录取。通过访谈笔者了解到很多就读学前教育专业的学生主观意愿上很想把专业学好以成为优秀的幼儿教师，但付出较大努力后却事与愿违没有得到较大的进步，用学生的话来说就是"我真不是这块料，没有这方面的天赋"。由此而知，仅仅看高考、中考成绩的录取方式不仅使得学校得不到质量较高的生源，从另一个层面而言更是对学生的不负责，耽误学生的发展前途。

其次，录取学生性别失衡会降低学前教育的生源质量。幼教师资有其特殊性，由于历史和现实各方面原因，幼师男女性别失衡是一个长期存在的突出问题，幼儿园男教师的缺乏不仅会影响该单位的工作效率与质量，更会直接影响男幼儿的身心健康成长。好的生源应该是能最大限度满足该专业发展需要的生源，从录取环节来加大男性生源的比例也不失为一种较为理想的手段，比如可以通过降低男性生源的录取分数（男性生源的录取分数可比女性生源稍低）以及男性免费就读该专业等手段来减轻学前教育专业生源上的性别失衡。而且事实证明学前教育专业性别失衡确实会影响幼师培养的质量。下面对新升本院校兴义民族师范学院学前教育近年来男女学生的人数统计来说明。

　　学前教育专业是兴义民族师范学院第二批设置的本科专业，隶属于教育科学学院，在原黔西南民族师范高等专科学校学前教育专业基础上组建而成。2006 年开始招收三年制专科生，2011 年开始招收五年制专科生，2010 年开始招收本科生，为社会输送了很多学前教育专业合格人才。许多毕业生已成为幼儿园教育、教学骨干教师及教育管理工作者，或成为党政部门的管理工作者。通过对该校 2010 年招收学前教育专业本科生至今年共 6 年男女学生的统计可发现该专业近几年的生源都较好，每年都在 45 人及以上，特别是 2012 年和 2013 年都招收了双班，这对解决贵州省幼儿师资缺口大的问题起到了一定的促进作用。

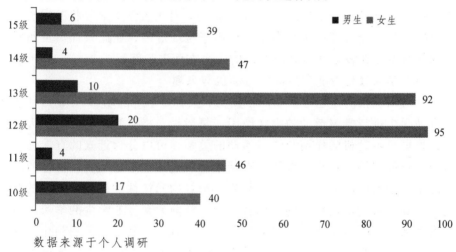

数据来源于个人调研

图 3.2　兴义民族师范学院学前教育本科各年级男女生人数统计图

　　从图 3.2 我们也可以看到，近几年该校学前教育专业生源的最大特点是男女比例严重失调，这其实也是全国幼儿师资男女比例严重失调的一个重要源头，也就是在幼师人才培养的环节就存在这样的问题，再加上很多男同学读了这个专业还不一定从事学前教育领域的现状存在更是加剧了幼儿园师资男女失调的问题。而且该专业男女生严重失调确实间接或直接影响了培养质量：

　　学前教育专业要学舞蹈，这是我最不愿意面对的一件事情。因为我们班男生少，舞蹈课上舞蹈老师就会把我们几个男生安排跟着女同学后面学习舞蹈动作，但性别上的差异让我们觉得很多的舞蹈动作适合女同学去学但并不适合我们男生去学，而且男同学的舞蹈服装以及一些勉为其难做出来的动作让我们觉得很不好意思。所以，舞蹈课中很多时候我们就是旁观者，站在一旁看着女同学跳舞就是我们最主要的事情。舞蹈能学好也就无从谈起了。

——学前教育专业 C 男同学的自述

### 2. 学生的学习状况

对目前中学生的学习状况可从多个方面进行衡量，在整合已有研究的基础上，中学生学习状况的衡量维度可以分为：学习动机、学习兴趣、学习策略、学习适应性、学习主观幸福感、学习自我效能感、学习倦怠、学习负担、学习心态九个方面。[①]笔者认为，对于大学生学习状况的衡量也可以从这九个维度来进行衡量，但由于维度过多，在此只针对贵州省学前教育专业在校生学习状况突出的几个方面进行阐释。

（1）学前教育专业学生的学习动机与兴趣

学习动机指的是学习活动的推动力，又称"学习的动力"。学习动机是推动学生进行学习活动的内在原因，是激励、指引学生学习的强大动力，根据学习动机的作用与学习活动的关系，可以分为近景的直接性动机和远景的间接性动机。近景的直接性动机是与学习活动直接相连的，来源于对学习内容或学习结果的兴趣。远景的间接性动机是与学习的社会意义和个人的前途相连的。调查发现，学前教育专业学生的学习动机和大多数当下大学生学习动机的情况基本一致，呈现出一种功利化的倾向，过于关注学习与个人前途的关系，较少表现出对学习内容或学习结果的兴趣。学生所修课程就体现了这一点，很多学生只学习专业开设的课程，特别是与其毕业和就业有直接关系的课程，很少会基于个人的爱好学习一项技能或选修一门课程。

（2）学前教育专业学生的学习适应性与策略

学前教育专业学生的学习适应性与策略都较差。调查发现，学前教育专业的学生除了出现其他专业学生都存在的学习适应性较差的问题

---

① 赵晶，陈传锋. 中学生学习状况的衡量维度探析[J]. 天津师范大学学报（基础教育版），2011（4）：22-25.

（如没有中学时期老师监督之后的迷茫与懒散）之外，还存在该专业学生所具有的学习适应性问题：没有任何专业技能基础的情况下同时学习多门技能课，在理论课程还不能耽误的情况下，很多学生表现出极其不适应的状态。有效的学习策略较为欠缺，往往不知道理论和技能该如何恰当处理，技能课中那么多门技能又该如何学习。

（3）学前教育专业学生的学习自我效能感和学习主观幸福感

学习自我效能感是指个体的学业能力信念，是个体对控制个体学习行为和学习成绩能力的一种主观判断。[①]调查发现，很多学前教育专业的学生表示对该专业的学习特别是技能课的学习存在力不从心的情况，对钢琴、舞蹈和手工课程的兴趣倒是有，但随着学习的进一步深入就发现"自己不是这块料"，即使付出再多的努力也没有学习好技能的天赋。特别是学前教育专业的男同学，舞蹈课上的他们就像局外人一般，可见，学前教育专业学生的学习自我效能感是较低的，很多时候他们会觉得自己既控制不了自己的学习行为，更控制不了自己的学习成绩。这样的问题引起我们的深思：学前教育学生的录用是否应该具备一些基本的技能基础？男幼儿教师的教学应如何开展才是有效教学？学习幸福感就是学生在生活中找到的一种快乐的感觉，学习主观幸福感包括学生的情感反应和对学习生活的满意程度。调查可知，较多学前教育专业学生的学习主观幸福感较低，主要原因是学业上的力不从心及其对今后就业可能存在问题的担忧。

## 3. 毕业生就业去向和就业质量

贵州省本科院校学前教育专业学生的毕业生就业去向和就业质量每个地方院校基本一致。就业去向比例最大的就是乡镇公立幼儿园，其次就是其他的事业单位或行业。近几年由于学前教育三年行动计划的进一步落实，在"每一个乡镇开设一所公立幼儿园"的推动下需要大量的幼儿教师，该专业学生就业的质量相对而言还是较好的，专业的人才促进了专业的更好发展。某学院学前教育专业2014届毕业生的就业情况如表3.9。

---

① 边玉芳. 学习自我效能感量表的编制与应用[D]. 上海：华东师范大学，2003.

表 3.9　学前教育专业 2014 年毕业生初次就业情况表

| 序号 | 姓名 | 性别 | 民族 | 学制 | 专业 | 就业单位名称 |
|---|---|---|---|---|---|---|
| 1 | 岑×× | 女 | 布依族 | 四年 | 学前教育 | 都匀市第二幼儿园 |
| 2 | 罗×× | 男 | 布依族 | 四年 | 学前教育 | 黔南州独山县影山镇鑫萌幼儿园 |
| 3 | 杨×× | 女 | 汉族 | 四年 | 学前教育 | 贵州大正基业有限公司 |
| 4 | 杨×× | 女 | 苗族 | 四年 | 学前教育 | 镇远县示范幼儿园 |
| 5 | 袁×× | 女 | 汉族 | 四年 | 学前教育 | 遵义市红花岗区教育局（幼儿园） |
| 6 | 马×× | 女 | 汉族 | 四年 | 学前教育 | 清镇市教育局（幼儿园） |
| 7 | 王×× | 女 | 苗族 | 四年 | 学前教育 | 平塘县幼儿园 |
| 8 | 陈× | 女 | 土家族 | 四年 | 学前教育 | 印江县事业单位（幼儿园） |
| 9 | 姚×× | 女 | 侗族 | 四年 | 学前教育 | 铜仁市万山区谢桥街道幼儿园 |
| 10 | 陈×× | 女 | 汉族 | 四年 | 学前教育 | 遵义市汇川区高坪镇中心幼儿园 |
| 11 | 白×× | 女 | 布依族 | 四年 | 学前教育 | 兴义市安达宝贝星幼儿园 |
| 12 | 蔡×× | 女 | 白族 | 四年 | 学前教育 | 毕节市七星关区大银镇中心幼儿园 |
| 13 | 杨×× | 女 | 苗族 | 四年 | 学前教育 | 兴义市幸福路幼儿园 |
| 14 | 彭×× | 女 | 侗族 | 四年 | 学前教育 | 兴义市幸福路幼儿园 |
| 15 | 漆× | 女 | 汉族 | 四年 | 学前教育 | 黔东南榕江县教育局（幼儿园） |
| 16 | 刘×× | 女 | 汉族 | 四年 | 学前教育 | 贵阳市南明区小碧幼儿园 |
| 17 | 杨×× | 女 | 苗族 | 四年 | 学前教育 | 兴义市剑桥英语学校 |
| 18 | 马× | 女 | 苗族 | 四年 | 学前教育 | 兴义市幸福路幼儿园 |
| 19 | 李×× | 女 | 汉族 | 四年 | 学前教育 | 兴义市幸福路幼儿园 |
| 20 | 赵×× | 女 | 汉族 | 四年 | 学前教育 | 兴义市花海午托园 |
| 21 | 杨×× | 男 | 土家族 | 四年 | 学前教育 | 兴瑞国际影城 |
| 22 | 杨×× | 女 | 白族 | 四年 | 学前教育 | 云南白药清逸堂实业有限公司 |
| 23 | 莫×× | 男 | 布依族 | 四年 | 学前教育 | 仁怀市教育和科学技术局（幼儿园） |
| 24 | 王×× | 男 | 汉族 | 四年 | 学前教育 | 仁怀市广坛镇中心幼儿园 |
| 25 | 曾×× | 女 | 汉族 | 四年 | 学前教育 | 黔东南剑河县教育局（幼儿园） |
| 26 | 宋×× | 男 | 汉族 | 四年 | 学前教育 | 仁怀市教育和科学技术局幼儿园 |

| 序号 | 姓名 | 性别 | 民族 | 学制 | 专业 | 就业单位名称 |
|---|---|---|---|---|---|---|
| 27 | 吴×× | 男 | 侗族 | 四年 | 学前教育 | 文具摊摊主 |
| 28 | 熊×× | 男 | 穿青人 | 四年 | 学前教育 | 黔西南卓越教育辅导班 |
| 29 | 陈× | 女 | 汉族 | 四年 | 学前教育 | 六盘水市希望幼儿园 |
| 30 | 周× | 男 | 彝族 | 四年 | 学前教育 | 晴隆县教育局（幼儿园） |
| 31 | 谭×× | 男 | 汉族 | 四年 | 学前教育 | 兴义市辞林书店 |
| 32 | 杨× | 女 | 仡佬族 | 四年 | 学前教育 | 遵义市正安县教育局（幼儿园） |
| 33 | 杨× | 男 | 苗族 | 四年 | 学前教育 | 兴义市幸福路幼儿园 |
| 34 | 王×× | 女 | 布依族 | 四年 | 学前教育 | 服装摊摊主 |
| 35 | 郭× | 男 | 汉族 | 四年 | 学前教育 | 贵州大正基业有限公司 |
| 36 | 刘×× | 女 | 苗族 | 四年 | 学前教育 | 贵州醇酒业有限公司 |
| 37 | 王×× | 女 | 布依族 | 四年 | 学前教育 | 兴义市教育局（幼儿园） |
| 38 | 杨× | 女 | 汉族 | 四年 | 学前教育 | 兴义市教育局（幼儿园） |
| 39 | 翟× | 男 | 白族 | 四年 | 学前教育 | 兴义市教育局（幼儿园） |
| 40 | 王×× | 女 | 汉族 | 四年 | 学前教育 | 兴义市教育局（幼儿园） |
| 41 | 王×× | 女 | 汉族 | 四年 | 学前教育 | 兴义市教育局（幼儿园） |
| 42 | 桑×× | 男 | 汉族 | 四年 | 学前教育 | 兴义市教育局（幼儿园） |
| 43 | 刘×× | 女 | 白族 | 四年 | 学前教育 | 兴义市教育局（幼儿园） |
| 44 | 刘× | 女 | 汉族 | 四年 | 学前教育 | 兴义市教育局（幼儿园） |
| 45 | 陈×× | 男 | 汉族 | 四年 | 学前教育 | 七星关区田坎乡中心幼儿园 |
| 46 | 陈×× | 男 | 汉族 | 四年 | 学前教育 | 仁怀市教育和科学技术局（幼儿园） |
| 47 | 莫× | 女 | 布依族 | 四年 | 学前教育 | 仁怀市教育和科学技术局（幼儿园） |
| 48 | 倪×× | 女 | 汉族 | 四年 | 学前教育 | 仁怀市教育和科学技术局（幼儿园） |
| 49 | 尹×× | 女 | 汉族 | 四年 | 学前教育 | 仁怀市教育和科学技术局（幼儿园） |
| 50 | 王×× | 女 | 汉族 | 四年 | 学前教育 | 义龙新区教育局（幼儿园） |
| 51 | 贺×× | 女 | 布依族 | 四年 | 学前教育 | 义龙新区教育局（幼儿园） |

如表 3.9《学前教育专业 2014 年毕业生初次就业情况表》所示，全

班共 51 人，其中 40 人签约幼儿园，11 人在其他领域就业。签约幼儿园的 40 位学前教育专业毕业生在初次就业时 90%以上是进入公立幼儿园，经过后来的二次就业后又有一部分毕业生从私立幼儿园考进公立幼儿园。初次就业在其他领域就业的 11 位毕业生中有自主创业的，有进托儿所、培训学校、书店以及公司的，经过后来的二次就业、三次就业以后又有一部分人进入公立幼儿园。总体而言，学前教育本科生的就业去向 90%以上都是进入幼教行业工作，且大部分的学生都能进入本专业的公立单位去工作，就业质量是较好的。且通过调查发现，近几年该学院学前教育专业学生的就业大多和 2014 届毕业生就业的情况差不多。另外，从毕业生就业情况，我们也可以看出贵州省农村幼儿教师严重缺乏的现实。

### 4. 用人单位的反映

贵州省地方本科院校学前教育专业学生毕业就职后，大多数的用人单位反映是良好的，主要体现为几个方面。首先，相对于大专和中专生而言本科生的理论水平较高，能在实践教学中对自己的教学行为进行理论层次的反思；其次，综合素质能力较好，本科生是经过高中系统知识的学习后进入高校学习的，其文化素养等方面相对较好；最后，本科生和大专和中专生比较，由于年龄和学历的因素显得更为稳重、踏实。当然，用人单位反映的一些问题我们也不能忽视：其一，本科生相对而言学习的理论课较多导致技能学习欠缺深入，没有特长；其二，男学生没有得到充分的培养，能力和潜力有待挖掘。

## （三）质量改进

《普通高等学校本科教学质量保证标准》明确提到，质量改进是针对人才培养过程中存在的问题，及时采取纠正与预防措施，并进行持续改进。学校应针对质量监控、质量评估和质量分析中发现的问题，制定纠正与改进措施，配备必要的资源，进行质量改进，并对纠正与改进措施的有效性适时进行评价。

总体而言，由于学前教育专业的快速发展，贵州省几乎每所师范院校都开设了学前教育专业，这一方面满足了乡镇幼儿园对大量幼儿教师的需要，促进了学前教育的发展；而另一方面学前教育专业人才培养过程中存在的诸多问题也是不容忽视。比如培养质量监控与评估制度的不完善，这是专业逐步发展和完善的过程，短时期快速解决是不现实的，但必须引起重视；教学资源较为欠缺问题，直接涉及的就是教学经费的问题，这需要国家、地方教育行政部门、财政部门以及学校等多方面的配合和努力。面对以上诸多的问题，很多院校学前教育专业在办学中都在不断地尝试解决、不断地改进，期待进一步的发展。

## 五、幼儿教师培养质量的层次比较与分析

贵州省幼儿教师培养的层次有硕士研究生、本科、大专和中专四个层次，硕士研究生层次的毕业生就业主要面向的是大中专院校，为此本研究只对面向幼儿园就业的幼儿教师培养层次的本科、大专和中专三个层次的院校进行分析。据初步调查发现贵州省内本科、大专和中专三个层次开设学前教育专业的院校较多，比如黔西南州兴义市内就有兴义民族师范学院（本科院校）、兴义市职业中等学校（公立职业高中）、兴义市神州电脑技能学校（民族中职）以及多个县市的职业高中都开设有学前教育专业。由于研究的精力有限，本研究随机抽取不同地区不同层次的三所学校进行分析，试图对本科、大专以及中专不同层次幼儿教师的培养质量进行比较和分析。

表 3.10　学前教育专业各层次幼儿教师培养质量比较

| 学校 | 兴义民族师范学院（本科） | 贵阳幼儿师范高等专科学校（大专） | 安顺城市服务职业学校（中专） |
|---|---|---|---|
| 培养目标 | 培养德、智、体、美全面发展，具有学前教育理论知识和技能，能在保教机构、教育行政部门以及其他相关领域从事保教、管理和研究等方面工作的应用型人才 | 本专业培养适应社会发展和学前教育发展需要，德、智、体、美全面发展，具有一定学前教育理论素养、较强学前教育实践技能和一定的学前教育研究能力，在幼儿园领域教学方面有突出特长，能胜任各类学前教育机构教育教学与管理工作的高素质幼儿教师 | 培养适应新世纪幼儿艺术教育的管理干部和骨干教师，以促进幼儿教师工作的发展及幼儿教育的改革 |

| 学校 | 兴义民族师范学院（本科） | 贵阳幼儿师范高等专科学校（大专） | 安顺城市服务职业学校（中专） |
|---|---|---|---|
| 能力目标与要求 | 1. 具有健康高尚的思想品德，热爱学前教育事业，具有高度的社会责任感，能够为人师表；<br>2. 具有良好的心理素质和健全的人格；<br>3. 掌握学前教育的基本理论和基本知识；<br>4. 掌握观察幼儿、分析幼儿的基本能力以及对幼儿实施保育和教育的技能；<br>5. 了解学前教育发展动态，熟悉幼儿教育的方针、政策和法规；<br>6. 具有一定的科学研究和管理工作能力 | 1. 职业素质要求：热爱社会主义祖国，拥护中国共产党，具有正确的世界观、人生观和价值观，遵守职业道德，热爱学前教育事业。<br>2. 知识结构要求：掌握基本理论和基本知识，具有扎实的艺术类专业基础知识和基本技能，具备相邻学科专业的基本素养，具备较高的综合文化素质。<br>3. 能力要求：掌握幼儿心理与教育发展的基础知识，具备观察、分析幼儿的基本能力以及对幼儿实施保育和教育的能力，掌握家庭教育指导方法，指导幼儿的膳食营养搭配，能够在幼儿园、幼教机构、家庭教育指导部门等相关领域从事相关工作 | 1. 幼儿教育管理人才：具备一定的幼儿教育管理知识，在艺术方面具有一定的知识和技能，具备一定的幼儿教育教学理论和方法。<br>2. 幼儿教育骨干教师，在艺术方面具有一定的知识和技能，具备一定的幼儿教育教学理论和方法，具备幼儿教师应有的道德品质 |
| 主要课程 | 学前教育学、幼儿发展心理学、人体解剖生理学、中外幼儿教育史、幼儿教育心理学、学前儿童卫生学、学前教育科学研究方法、学前儿童游戏论、学前儿童语言教育、学前儿童社会教育、儿童文学、幼儿园管理、学前儿童家庭教育、钢琴、声乐、舞蹈、美工基础等 | 幼儿卫生保健、幼儿心理发展、幼儿教育概论、幼儿游戏与玩具、幼儿园课程与教学、幼儿园班级管理、幼儿园环境创设、幼儿科学教育、幼儿健康教育、幼儿语言教育、幼儿社会教育、幼儿艺术教育、舞蹈、声乐、琴法、绘画等 | 德育课程、语文、数学、英语、体育与健康、计算机应用基础、幼儿园班级管理、游戏指导、绘画、音乐、舞蹈、手工等 |

备注：资料来源于个人调查与收集

首先，从本科和大专院校的培养目标、能力目标与要求来看，本科和大专院校学前教育专业培养的人才较为全面，中专培养的人才相对较为专注于某个领域或岗位。比如兴义民族师范学院和贵阳幼儿师范高等专科学校的培养人才都是全面发展、具备专业理论与技能的人才。但二者培养目标也有所不同，相对而言兴义民族师范学院培养的幼教人才更多强调的是全面发展，能力要求较为全面，培养包括保教、管理和研究等方面工作的应用型人才；而贵阳幼儿师范高等专科学校强调的是在幼儿园领域教学方面有突出特长的人才，能胜任各类学前教育机构教育教学与管理工作的高素质幼儿教师。由此也可以看出大专院校培养的幼教人才更多强调的是幼儿园管理与保教工作的实践能力，本科院校除此之外还强调科研，这与办学的层次是相吻合的。但我们也不得不承认，大专院校更专注于学生在幼儿园领域教学方面有突出特长的举动使得大专院校大部分的学生技能甚至比本科生都好。综上，本科和大专院校学前教育专业的人才培养可谓各有所长，本科层次培养的对所具备的理论和研究水平相对较高，发展的潜力也较大；而大专院校培养的人才在幼儿园领域教学方面有突出特长，更容易成为某个领域的专业人才。

其次，从大专和中专院校的培养目标、能力目标与要求来看，大专院校学前教育专业培养人才的质量比中专学校培养的幼教人才质量明显提高。比如贵阳幼儿师范高等专科学校培养的是全面发展的人才且强调在幼儿园领域教学方面有突出特长，而安顺城市服务职业学校培养的是适应新世纪幼儿艺术教育的幼教人才，从人才的整体素质来看大专就比中专要高出许多，这与中专学前教育生源学历与质量也是息息相关的。中专学校的生源没有经过高中阶段系统知识的学习，而这些欠缺的知识必须在中专三年中花费一个学期或学年来补充，这无疑给三年期间既要补上系统知识又要学习学前教育专业知识和技能的学生带来巨大的压力，且课程繁杂确实难以保证学习质量。且笔者了解到安顺城市服务职业学校第三年上学期即开始实习实训，实际上就又缩短了学生在校学习的时间，影响了培养的质量。

最后，从开设课程来看，本科和大专开设的课程都较为全面，中专的课程相对较为单薄且对核心课程的把握有所欠缺。兴义民族师范学院和贵阳幼儿师范高等专科学校开设的课程分为理论和技能两大类，理论课程基本能保证培养的人才专业理论知识与能力方面的质量；技能课程也能较好地满足作为一个幼儿园教师所必须具备的基本技能。而中专学校学前教育开设的课程主要包括德育课程、语文、数学、英语、体育与健康、计算机应用基础、幼儿园班级管理、游戏指导、绘画、音乐、舞蹈、手工等。其中综合能力知识的课程较多，但这是必须的，相对而言幼教理论与技能的课程较少，难以保证学前教育专业人才的理论知识与技能的质量。为此，中专学校在相当有限的时间内要对学生进行多方面知识的传授，在课程开设方面更应该慎重，保证每一门开设的课程都是核心的，以保证培养专业人才的基本质量。

通过对比发现，本科和大专培养的幼教人才质量相对较好，中专学校培养的人才质量有待提升。但结合本研究前面所论述的，贵州省地方本科院校学前教育培养的人才质量也存在较多的问题，因此不管哪个层次都需要教育行政部门从顶层设计的高度对各层次的幼儿培养质量做出合理现实的规范和要求，通过完善的制度与措施提升各级各类院校学前教育专业的培养质量，以促进全省幼教事业特别是农村学前教育的发展。

# 第四章 基于《幼儿园教师专业标准》
## 的幼儿教师入职质量

幼儿教师入职质量是对幼儿教师进入幼教行业前的最后把关，笔者基于《幼儿园教师专业标准》从幼儿教师资格认定制度、幼儿教师准入标准，以及幼儿教师聘用制度三方面来考察贵州省农村幼儿教师的入职质量。

## 一、关于《幼儿园教师专业标准》

### （一）《幼儿园教师专业标准》

《国家中长期教育改革和发展规划纲要》指出："严格执行幼儿园教师资格标准，切实加强幼儿园教师培养培训，提高幼儿园教师队伍整体素质，依法落实幼儿园教师地位和待遇。"这意味着幼儿园教师资格标准的落实是确保幼儿园教师队伍的质量，实现幼儿园教师的专业化的重要前提与有力保障。《幼儿园教师专业标准》（以下简称《专业标准》，见图4.1）正是应学前教育事业发展之需，在加快普及学前教育的新形势下为保障教师队伍质量和幼儿健康成长而出台的重要文件之一。教育部于2012年2月14日正式颁发《幼儿园教师专业标准（试行）》，这标志着我国幼儿园教师队伍建设进入专业化阶段，必将大力促进我国幼儿园教师队伍专业水平的提高。该《专业标准》的基本内容构架包含了专业理念与师德、专业知识和专业能力3个维度、14个领域。《专业标准》是国家对合格幼儿园教师专业素质的基本要求，是幼儿园教师开展保教活动的基本规范，是引领幼儿园教师专业发展的基本准则，是幼儿园教师培养、准入、培训、考核等工作的重要依据。

庞丽娟指出："建立教师专业标准体系，严格实施教师准入制度，对于提高教师队伍整体素质，提高教育质量，促进学前教育均衡发展和教育公平都将发挥重要作用。"①可见，《幼儿园教师专业标准（试行）》为我们实施教师准入制度，提升幼儿教师质量提供了重要依据。为此，基于《专业标准》对幼儿教师的质量进行考察，包括幼儿教师资格的认定和幼儿教师聘用的考核都是行之有效的，这也正是幼儿教师专业标准的意义所在。

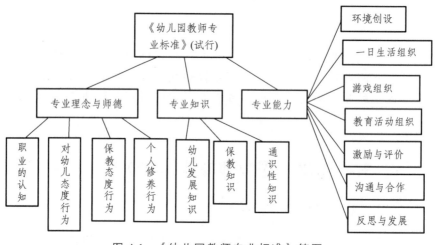

图 4.1 《幼儿园教师专业标准》简图

## （二）基于《幼儿园教师专业标准》的幼儿教师其他标准的制定

幼儿教师标准的制定是提高幼儿教师质量的一个重要依据，有了标准还能明确幼儿教师发展的方向和目标。很多国家都制定了完善的幼儿教师标准，如美国幼儿教师标准的制定较为完善且应用性较强，为其幼儿教师的培养、准入以及考核等提供了明确的依据。美国的幼儿教师标准包括《幼儿教育职业准备专业标准》《新教师许可、评估与发展的模型标准》等。《幼儿教育职业准备专业标准》和《新教师许可、评估与发展的模型标准》这两份幼儿园教师入职前后的专业标准确定了学前教育专业师范生（准教师）和幼儿园新教师应达到的基本专业要求，保证了美

---

① 庞丽娟.《幼儿园教师专业标准》的研制背景、指导思想与基本特点[J]. 学前教育研究，2012（7）：3-6.

国幼儿园教师队伍的质量，明确了准教师与新教师专业成长的方向，取得了较好的实践效果。[①]

《幼儿园教师专业标准》是国家对合格幼儿园教师专业素质的基本要求，是幼儿园教师开展保教活动的基本规范，是幼儿园教师培养、准入、培训、考核等工作的重要依据。但值得注意的是《幼儿园教师专业标准》是对合格幼儿园教师专业素质的基本要求，是幼儿园教师开展保教活动的基本规范，对在职幼儿教师的工作起到直接的指导作用，是幼儿园教师培养、准入、培训以及考核等重要依据，但却不是幼儿教师培养、准入的参考标准。为此，为更好地培养幼儿教师，提高幼儿教师准入等质量，在《幼儿园教师专业标准》制定完成的基础上，我们还必须制定规范的幼儿教师培养标准以及幼儿教师准入标准等。

《幼儿园教师专业标准》制定完成为我国幼儿教师的培养指明了基本的方向，《幼儿园教师专业标准》基本内容构架包含了专业理念与师德、专业知识和专业能力 3 个维度、14 个领域，为我们成为一名合格的幼儿教师提供了明确的参考条例，比如专业能力的一日生活的组织与保育领域中提到"科学照料幼儿日常生活，指导和协助保育员做好班级常规保育和卫生工作"。幼儿教师做到这一点是其成为合格幼儿教师的标准，但从《幼儿园教师专业标准》我们却不能准确地领悟到要达到这个目标需要获得的知识及知识转化方法。因此，我们必须在《幼儿园教师专业标准》的基础上制定《幼儿教师职业准备标准》，明确准备进入幼教行业的准幼儿教师们在学习阶段应该获得的相关知识和能力，同时也可以为幼儿师范教育制定相关政策和课程结构提供参考，以实现从培养阶段就对幼儿教师的质量进行严格把关。

对幼儿教师职业准备标准的制定，我们可以从美国的《幼儿教育职业准备专业标准》得到一些启示。《幼儿教育职业准备专业标准》是美国幼儿教育协会（简称 NAEYC）制定的，其制定的一系列有关学前儿童教育的文件，对美国学前教育的开展具有普遍的规范作用。20 世纪 90 年代初，NAEYC 联合美国师范教育者协会，制定了从事 0~8 岁儿童教育工作的教师的任职标准 。以此为基础，NAEYC 针对学前教育从业人员的

---

① 徐利智. 美国幼儿园准教师和新教师专业标准述评[J]. 幼儿教育（教育科学）: 2012 (6): 1-4.

不同受教育水平，设计了三种职前准备专业标准（见表 4.1）。

表 4.1　NAEYC 对学前教育职前准备的三种标准

| 制定时间 | 标准级别 | 对应学历 |
|---|---|---|
| 2001 年 | 初级证书标准 | 本科 |
| 2002 年 | 高级证书标准 | 硕士或博士 |
| 2003 年 | 副学士学位标准 | 专科 |

以上三种职前准备专业标准适合不同教育层次的学前教育专业师范生，且都从专业知识、专业技能和专业倾向三个维度确定了六项核心标准及其关键内容（见表 4.2）。①

表 4.2　《幼儿教育职业准备专业标准》的核心标准与关键内容

| 核心标准 | 关键内容 |
|---|---|
| 标准 1：促进儿童学习 | 1. 了解年幼儿童的个性和需求；<br>2. 了解儿童发展和学习过程中的诸多影响因素；<br>3. 利用有关儿童发展的知识来创设健康、尊重、支持和富有挑战性的学习环境 |
| 标准 2：建立家庭和社区之间的联系 | 1. 理解不同家庭和社区的特点；<br>2. 通过尊重和互惠的关系来支持和帮助家庭和社区；<br>3. 让家庭和社区参与到儿童的发展和学习中来 |
| 标准 3：观察、记录、评价及支持幼儿和家长 | 1. 理解评价的目标、益处和用处；<br>2. 会利用观察、记录和其他合适的评估工具和方法；<br>3. 理解并实践相关的评估理论，促进每个儿童的健康发展；<br>4. 知道并建立与家长以及其他专业人士的合作伙伴关系 |
| 标准 4：利用有效的方法与儿童及其家庭沟通 | 1. 了解积极的关系和支持性的互动是开展学前教育工作的基础；<br>2. 了解学前教育的有效策略和工具；<br>3. 运用各种适宜儿童发展的教与学的方法；<br>4. 对自身实践进行反思，促进每个儿童的健康发展 |

---

① NAEYC. NAEYC standards for early childhood professional preparation programs [EB/OL]. (2011-12-10).http://www.naeyc.org.

| 核心标准 | 关键内容 |
|---|---|
| 标准5：利用学科知识来建构有意义的课程 | 1. 了解学科内容知识及学科资料；<br>2. 利用核心概念、查询工具以及学科教学的组织方式建构学科内容；<br>3. 利用自身的知识、合适的早期学习标准以及其他资源来设计、实施和评估对儿童来说有意义且有挑战性的课程 |
| 标准6：成为专业人士 | 1. 能够自觉融入学前教育工作；<br>2. 知道并能主动利用相关的伦理标准和其他职业指南；<br>3. 参与持续的、合作性的学习，促进自身教育教学能力的提升；<br>4. 对学前教育工作持有反思性、批判性和专业性的态度；<br>5. 支持合理的学前教育实践和政策 |

## 二、基于《幼儿园教师专业标准》的幼儿教师资格认定制度

教师资格是国家对专门从事教育教学工作人员的基本要求，是公民获得教师职位的前提条件。教师资格制度是国家对教帅实行的一种法定的职业许可制度，它规定了教师资格的基本条件、教师资格认定程序等。我国教师资格制度的发展较晚，国家在 1993 年 10 月 31 日颁布的《中华人民共和国教师法》中才提出"国家实行教师资格制度"，1995 年国务院正式颁布《教师资格条例》，直至 2000 年 9 月教育部发布《〈教师资格条例〉实施办法》教师资格制度实施工作才在全国正式启动。2001 年 8 月教育部印发《教师资格证书管理规定》，教师资格制度得到进一步发展；2001 年 5 月教育部印发《关于首次教师资格工作若干问题的意见》，之后教师资格认定开始面向社会，并转入正常化和制度化。

实施教师资格制度对于教师队伍建设和教育事业的发展具有十分重要而深远的意义，是社会文明进步、教育事业进入新的发展阶段的重要标志。首先，实施教师资格制度是国家依法治教，使教师的任用走上科学化、规范化和法制化轨道的前提，是依法管理教师队伍、把住教师队

伍人口关，从根本上提高教师队伍整体素质的法律手段。其次，实施教师资格制度是形成开放式、社会化的教师培养体系的重要环节和制度保障，有利于形成高质量的教师储备队伍，有利于吸引全社会优秀人才从教。再次，实施教师资格制度，是推动教育人事制度改革、实施教师聘任制、调整和整顿教师队伍的制度性措施，有利于解决不合格教师问题，优化教师队伍。最后，实施教师资格制度有利于体现教师的职业特点，提高教师的社会地位，使教师地位、教师队伍素质和教育质量形成良性循环。[①]

幼儿教师资格认定制度是我国教师资格制度的一部分，为此我们首先要明确教师资格和教师资格制度才能对幼儿教师资格认定制度进行深入的了解与分析。关于教师专业标准与教师资格认定的关系，目前国际上主要有三种：第一种模式以美国为代表，其专业标准与教师资格标准相分离。在将教师职业专门化的背景下，以教师资格获取为起点，不断实现教师专业的发展。第二种模式以英国、日本为代表，其专业标准与教师资格标准相统一。这种模式将达到教师专业标准做为取得教师资格的前提，保证了教师的专业水平以及教师资格证的权威性。第三种模式以澳大利亚、中国香港地区为代表，其专业标准体现了分类分级的特点，即通过将教师专业标准分为若干范畴，并辅以每一范畴以总体标准和阶段标准，以利于对教师内部进行分层次评估。[②]

## （一）基于《幼儿园教师专业标准》的幼儿教师资格类别鉴定

### 1. 资格层次中的幼儿教师

我国的教师资格分为七类，即幼儿园教师资格；小学教师资格；初级中学教师和初级职业学校文化课、专业课教师资格（统称初级中学教师资格）；高级中学教师资格；中等专业学校、技工学校、职业高级中学文化课、专业课教师资格（统称中等职业学校教师资格）；中等专业学校、

---

① 教师资格认定工作问答[EB/OL]. [2015-01-06]. http://jxjyxy.gznu.edu.cn/info/1103/1075.htm.
② 昌利娜.《幼儿园教师专业标准（试行）》解读[J]. 早期教育（教科研），2012（5）：14-17.

技工学校、职业高级中学实习指导教师资格（统称中等职业学校实习指导教师资格）；高等学校教师资格。从层次来看，幼儿园教师资格是最低层次的一种教师资格。

《教师资格条例》第五条还规定，取得教师资格的公民，可以在本级及其以下等级的各类学校和其他教育机构担任教师；但是，取得中等职业学校实习指导教师资格的公民只能在中等专业学校、技工学校、职业高级中学或者初级职业学校担任实习指导教师，高级中学教师资格与中等职业学校教师资格相互通用。这就意味着除了取得中等职业学校实习指导教师资格的公民不能在幼儿园担任幼儿教师外，其他等级的教师都可以在幼儿园担任幼儿教师。正如李玉琴所言，我国的教师资格制度中还包含着结合国情和时代精神的创新内容。比如很多国家的教师资格制度中规定各种教师资格不能相互融通，只能在与某种教师资格相应层次的学校任教。而我国教师资格可以向下融通，是因为我国的中小学，尤其是农村的中小学合格教师缺乏。[①]

教师资格向下通融是根据历史发展实际情况需要所制定出来的一种鼓励性措施，但随着时代的进步、教育的发展，这种规定必须及时做出调整。传统观念认为学前教育是一个不需要专业化的行业，甚至一度成为下岗女工和无业女性再就业的最佳选择，而随着教育研究的进一步发展我们发现学前教育不仅重要，而且特殊的教育对象使得其成为专业性特别强的一个领域，不专业的幼儿教师导致的小学化问题已屡见不鲜。已有研究表明，当前我国"幼儿教师资格制度的不完善突出地表现为对幼儿园教师职业专业性的保障不力……资格要求重学历轻专业，高一级教师资格简单地'向下融通'"[②]。为此，进一步从我国教师资格的层次来规范各级各类学校教师的资格是提升幼儿教师素质的重要手段，更是促进学前教育专业性发展的关键。

## 2. 学历层次中的幼儿教师

目前我国幼儿园教师资格申请制度对学历的要求是比较低的，中专及以上学历即可。而发达国家则要求幼儿园教师必须取得学士学位，即

---

① 李玉琴. 中国教师资格制度述评[J]. 西南民族大学学报（人文社科版），2004（9）：385-388.
② 庞丽娟. 中国教育改革 30 年[M]. 北京：北京师范大学出版社，2009：214.

达到本科学历。日本的幼儿园教师主要由 300 多所 4 年制大学和 2 年制短期大学培养，还有为在职教师提供的研究生教育的大学。日本幼儿教师的职前培养制度，采取学历与履修学分相结合的办法，这样既保证了幼儿教师的基本素质，也保证了专业素质。"在英国，合格的学前教育教师必须是读完教育学的学士学位获得者。"[①]

笔者认为只有具备大专以上层次的学历才能胜任幼儿教师这一职业，原因有二：一是文化知识水平的要求。一个人获得学历的过程也是不断丰富知识、提高修养、完善个性品格的过程，只有经过高中阶段知识的系统学习而进入大学专业学习的学生其文化知识水平才是基本达标的；二是幼儿园教师不是某一学科的专业教师，他们担负着幼儿全面的教育工作，其教育内容涉及科学、社会、语言、艺术、健康多个领域。为此，要具有广博的文化知识，而只有大专学历及以上学生的知识水平、学识修养、个性品质等才能基本上能满足幼儿园教师这一职业的要求。

另外，不同学历层次幼儿教师的资格界定应该有所区别，从资格证、工资及其他方面凸显学历的重要性，这既是有效利用教师资源的有效途径，也是幼儿教师不断提高学历的动力。为此我们可以借鉴美国师范教育者协会的做法，为具备不同学历的幼教专业人才颁发不同层次的资格证书。如表 4.3 所示。

表 4.3　NAEYC 对学前教育职前准备的三种标准

| 制 定 时 间 | 标准级别 | 对应学历 |
|---|---|---|
| 2001 年 | 初级证书标准 | 本科 |
| 2002 年 | 高级证书标准 | 硕士或博士 |
| 2003 年 | 副学士学位标准 | 专科 |

以上三种职前准备专业标准适合不同教育层次的学前教育专业师范生，且都从专业知识、专业技能和专业倾向三个维度确定了六项核心标准及其关键内容。[②]

---

① 孙向阳. 域外视野——国外学前教育理念解析[M]. 北京：北京少年儿童出版社，2011.
② NAEYC. NAEYC standards for early childhood professional preparation programs [EB/OL]. (2011-12-10). http://www.naeyc.org.

### 3. 学科知识中的幼儿教师

幼儿教师资格类别鉴定还必须注重对申请者学前教育专业学科知识与技能的考查。目前很多幼儿园教师及培养单位还存在严重的偏重艺体课现象，不知不觉地走入了一个误区，认为当一名幼儿园教师就是会唱、会弹、会跳、会画即可，导致了一批幼儿教师虽能歌善舞，自身有很高的艺术素养却不会教育幼儿和组织幼儿园活动。合格的幼儿园教师不仅要具备广博的人文、社会、科学等综合知识，还必须具备扎实的幼儿教育专业能力，而专业能力不是指弹、唱、跳、画等艺术技能，而是指《幼儿园教师专业标准》中提出的专业能力：如环境的创设与利用、一日生活的安排与保育、游戏活动的支持与引导、教育活动的计划与实施、沟通与合作、反思与发展等。康建琴在《幼儿教师专业能力标准框架的初步构建》中，也从"了解幼儿、环境创设、活动设计与组织、教学策略、资源利用、专业发展"六个方面提出了要求。

幼儿教师资格类别鉴定必须基于《幼儿园教师专业标准》从教师资格层次、学历层次以及学科三方面入手，严格把关，通过类别鉴定制度实现幼儿教师质量的保障。

## （二）基于《幼儿园教师专业标准》的幼儿教师资格取得途径

贵州省幼儿教师资格证的取得主要经过考核和资格审查两个环节。不管是省考还是国考，幼儿教师资格取得的考核和资格审查这两个环节都是必须严格把关的。

### 1. 考核质量

2015 年，我国全面推行教师资格全国统考，提高教师入职门槛，并打破教师资格终身制，实行定期注册制度，这不能不说是提升教师质量的一个有力保障。而在这之前，各省对教师资格申请的管理是各有政策的，基本的是学历要求，师范专业获得学历学位的同时自动获得各学科的教师资格证书，非师范生则需要《教育学》《教育心理学》的笔试成绩。贵州省每年组织两次非师范专业毕业人员申请教师资格教育学、教育心理学培训、考试。春季为三月初报名，四月底考试。秋季为十月初报名，十一月底考试。从贵州以往的教师资格证取得的途径来看，不管是师范生还是非师范生都是较为容易的，有的教师甚至可以同时获得几个教师资格证，这也就意味着幼儿教师资格证也会落入很多非专业人士手中，这显然是阻碍学前教育的专业化发展的。

那么，教师资格证实施全国统考是不是就意味着幼儿教师资格的质量得到根本性的保障了呢？笔者认为，教师资格全国统考过程的一些关键性问题也需慎重对待才能确保教师资格证的含金量，包括教师资格考试标准的制定以及考试的信度、效度等问题。比如，每年统考中的试卷是否全面反映了幼儿教师的专业理念和道德、专业知识以及专业能力，改卷过程中的标准是否统一、合理，等等。

### 2. 资格审查

对于申请认定教师资格的人员应具备哪些条件，《中华人民共和国教师法》第十条明确规定："中国公民凡遵守宪法和法律，热爱教育事业，具有良好的思想品德，具备本法规定的学历或者经国家教师资格考试合格，有教育教学能力，经认定合格的，可以取得教师资格。"具体包括思想品德条件、学历条件、身体条件、普通话水平等。贵州省教师资格报名审查中也包括这些条件，但对于具体条件合格与否却缺乏有力的保障措施。比如思想品德条件，规定申请认定教师资格的人员应按《教师资格条例》第十五条第四款的规定提供有关本人思想品德方面的证明材料。那么，什么样的证明材料才足以证明这个申请者的思想品德是过关的呢？仅凭一份没有明确依据的证明材料显然是不够的。另外，身体条件应该成为一个合格教师的基本条件，但心理健康这个关键因素却往往被忽视。对于一个幼儿教师而言心理健康更是重要，这对杜绝虐童事件的发生不能不说是一个根本性的措施。

### （三）基于《幼儿园教师专业标准》的幼儿教师资格认定程序和方法

实施全国统考之前，贵州省的幼儿教师资格认定程序和方法和其他省份基本一致，都是归为教师资格其中的一类进行认定，具体工作程序如下：（1）申请人向教师资格认定机构或者依法接受委托的高等学校提出申请，领取有关资料和表格、根据认定机构的时间及安排完成各项程序。（2）申请人在规定的时间向教师资格认定机构或者依法接受委托的高等学校提交基本材料。（3）教师资格认定机构或者依法接受委托的高等学校对申请人提交的材料进行初步审查。（4）教师资格专家审查委员会通过面试、试讲的方式考察非师范教育类专业毕业的申请人的教育教学基本素质和能力，提出审查意见。（5）教师资格认定机构根据教师资格专家审查委员会的审查意见，在受理申请期限终止之日起 30 个法定工作日内作出是否认定教师资格的结论，并将认定结果通知申请人。[①]

　　从具体的工作程序来看，实施全国统考之前师范教育类专业毕业的申请人其教师资格认定的程序和方法较为简单，主要就是提供所需的完整材料即可。需要提交的基本材料有《教师资格认定申请表》、身份证原件和复印件、学历证书原件和复印件、《贵州省教师资格申请人员体格检查表》、普通话水平测试等级证书原件和复印件、《申请人思想品德鉴定表》、相片、户籍原件、复印件和工作单位证明（见图 4.2）。实际上这些材料是每一个师范教育类专业毕业的申请人都有的材料，需要后期补充的材料只有《贵州省教师资格申请人员体格检查表》和《申请人思想品德鉴定表》。《贵州省教师资格申请人员体格检查表》必须经教师资格认定机构指定的县级以上（含县级）医院出具。调查发现医院出具的体检表监管机制存在疏松的现象。并且，体检表的体检项目更多是对幼儿教师身体方面的发展，而对幼儿教师的心理发展却缺少科学可靠的衡量。这就也意味着，有可能有部分身体健康但心理存在问题的幼儿教师进入幼教领域，这是必须引起我们重视的一个问题。

　　另外，由申请人工作单位或者其户籍所在地乡（镇）政府或街道办事处提供的《申请人思想品德鉴定表》（见 4.4）也是较为容易被人们忽视的一项内容，很多时候出具鉴定表的的地方政府或街道办事处根本不了解或不认识这个人，那么其为教师资格申请人出具的思想品德鉴定表对考查其思想品德是否良好是毫无意义的。

---

① 贵州师范大学继续教育学院. 教师资格认定工作问答[EB/OL]. [2012-01-06].http://jxjyxy.gznu.edu.cn/info/1103/1075.htm.

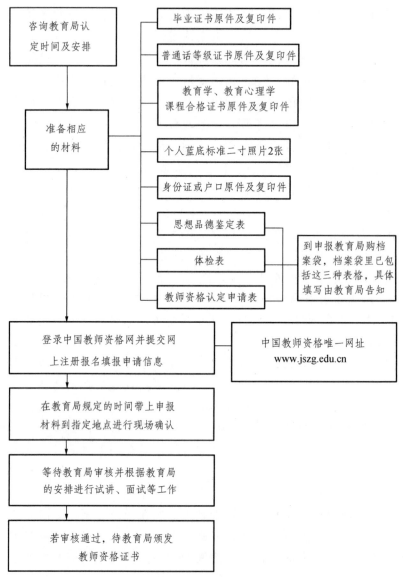

图 4.2　中学、小学、幼儿园教师资格申报流程

表 4.4　贵州省教师资格证申请人思想品德鉴定表

| 1 | 申请人姓名： | | 性别： | | 工作单位： | |
|---|---|---|---|---|---|---|
| 2 | 常住地址： | | | 邮编： | | 电话： |
| 3 | 身份证号码： | | | 申请资格种类及学科： | | |

| 4 | 工作、政治思想表现 | | | | |
|---|---|---|---|---|---|
| 5 | 热心社会公益事业情况 | | | | |
| 6 | 遵守社会公德情况 | | | | |
| 7 | 有无行政处分记录 | | | | |
| 8 | 有无犯罪记录 | | | | |
| 9 | 其他需要说明的情况 | | | | |
| 10 | 鉴定单位 （全称） | | | | |
| 11 | 鉴定单位地址 | | 电话 | | 邮编 |

（单位）填写人（签名）： 填写日期： 年 月 日

（加盖单位组织人事部门公章）

本表由中华人民共和国教育部监制

说明：1. 表中第1-3栏由申请人填写；第4-11栏由申请人所在工作单位或者所在乡镇（街道）填写（其中第8栏也可以由公安派出所或警署填写）。

2. "编号"由教师资格认定机关填写。

3. 填写字迹应该端正、规范

4. 本表必须据实填写。

实施全国统考之前，非师范教育类的申请人其申请幼儿教师资格认定的程序和方法较为复杂，需提供学习教育学、心理学课程的合格证书的原件和复印件，比师范生增加了面试、试讲的环节。教师资格专家审查委员会通过面试、试讲的方式考察非师范教育类专业毕业的申请人的教育教学基本素质和能力，提出审查意见。而实际上，短短一段试讲都是申请人经过充足准备后演示出来的过程，从中很难对申请人的教育教学基本素养和能力做出全面、准确的判断。我们可以参考国外的一些做法，比如要求幼儿教师申请人必须有在幼儿园保教实习或工作的经历，比如半年或一年的时间要求，并提供材料。教师资格专家审查委员会通过审查其材料和随机问题作为补充材料来判断其是否有能力和资格成为幼儿教师。

2015年后，贵州省的幼儿教师资格认定按照国家的要求，所有申请教师资格证包括幼儿教师资格证的申请者必须通过笔试和面试两个环节，对进入幼教行业的申请人进行了更为全面细致的把关。经过两年总共四次教师资格统考政策的实施，教师资格申请慢慢趋向体制化和完善化，但这两年幼儿教师资格证申请的笔试和面试过程中的一些问题也引起了笔者的思考。首先，关于笔试。笔试包含了综合素质、保教知识与能力两门，这两门考试试题所囊括的内容是否能有效地考查一位幼儿教师所必须具备的相关知识与能力，这是决定其笔试有效性的关键。其次，关于面试。我们可以通过一位考生的自述来了解一些国考中面试的情况：

　　我选择的是离我们学校较近的一个面试点，主要还考虑到贵阳的面试点人肯定很多，耽误时间。我们提前一天去的，按照通知面试开始的时间是上午 8:00，可当我们提前到达指定的面试等候室时，一个组织老师都没有来，差不多九点的时候一个负责安排的老师到了，然后我们按照要求来到随机指定的面试教室。面试官姗姗来迟，可更让人不可思议的是面试官刚坐下，就说："你们先等一下，我们也不知道面试评分标准，先去咨询一下再过来。"考试的过程中，一个考官还笑场了……

——L 考生自述

　　教师资格证实行全国统考按理来说是提高教师专业化、实现高质量目标的有效途径，可是环节设计再全面、内容再多如果关键细节问题没有解决好，质量也就无从谈起了。考官的基本素质会影响考生的情绪与发挥（考官笑场）；考官的专业性会影响其对考生水平的判断，如学前教育专业教案如何写、教具有何要求等。另外，面试题目是否吻合《幼儿园教师专业标准》，面试过程中又如何才能全面考察考生的能力，而实践能力、师德等又该如何评判。类似诸多的问题都有待进一步的思考与解决。为此，针对国考实施的过程包括出卷、改卷、面试官以及面试要求等都必须制定更为具体、详细且有效的监督机制，以此来推进国考的顺利有效开展。

　　另外，还有少部分特殊的幼儿教师资格认定程序和方法有待解决，那就是小学转岗到幼儿园岗位工作的教师。2015 年 3 月 5 日贵州省教育厅办公室发文指示：为适应"学前教育三年行动计划"发展要求，我省部分不具备幼儿教师资格的中小学教师转岗到幼儿园岗位工作，2014 年省教育厅已组织这部分教师参加了幼儿教师资格"两学"（学前教育心理学、学前教育学）的培训和统一考试，对取得教师资格"两学"统一考试合格证书的转岗教师，要按照相关文件要求，尽快组织完成教师资格认定工作。可调查中发现，到目前为止还有部分在幼儿园工作的小学教师没有实现转岗，主要是培训课程考试不合格。这部分教师有的在带班，有的还作为园长在管理幼儿园的发展。访谈中发现这部分教师大多有工作意向不够坚定的情绪：

我本来就是一个小学教师，习惯了小学的教学方法，来到幼儿园确实有些不适应。也在努力学习学前教育专业的先进教学理念，充实自己，以更好地成为一名幼儿园教师。可有时候又觉得很迷茫，因为到现在为止我的岗位还是在原来的小学，没有转岗到现在工作的幼儿园，总觉得哪天政策一变我又回到小学去工作了。这几年一直都是这样的状态，对我个人职业发展还是有不良影响的。

——D 园长自述

由此可见，幼儿教师资格老政策和新政策过渡时期所遗留下来的一些现实问题还有待政府、教育部门以及幼儿园多方面协力来解决，因为幼儿教师是幼儿园教育的核心。

## （四）基于《幼儿园教师专业标准》的幼儿教师证书管理

2015 年贵州省幼儿教师证书管理随着全国教师证书管理的推进也从原来的教师资格终身制走向定期注册，不仅可以引导幼儿教师不断自我更新与完善，通过聘任（聘用）、考核、退出等管理制度保障幼儿教师的合法权益，而且既相对稳定又可以合理更新的动态管理机制对保证幼儿教师师资队伍的整体质量起着划时代的意义。跟着教师证书科学化管理的发展潮流，幼儿教师证书管理过程的一些关键性问题也必须引起我们的重视，正所谓细节决定成败。

### 1. 历史遗留问题的正确处理

从长期效应来看，幼儿教师资格全国统考的实施对提升贵州省幼儿教师整体质量是无须质疑的，但从之前师范生毕业就自动申请、非师范生增加《教育学》《教育心理学》的笔试成绩以及小学教师通过学前教育心理学、学前教育学两门课程的培训与考试转岗到幼教这多种形式完全一下子过渡到全国统考，期间历史所遗留的一些问题我们也必须进行细致合理的处理，不能简单地照搬照抄执行。"主要表现在制度执行的过程中，地方政府不发挥主观能动性，不寻求制度执行的有效途径和措施，不创造制度执行所需要的环境、条件、时机，只是机械地照搬照抄上级下达的制度和规章，不顾本地实际，原原本本传达，原封不动落实。制度照搬表面上看起来似乎是在积极地、不折不扣地执行制度，实际上却是对制度目标的实现起着消极的作用。"[1]比如，之前非师范生通过《教育学》《教育心理学》这两门课程的笔试成绩就可以申请到幼儿教师资格证的在职幼儿教师，她们并没有经过学前教育专业的系统学习甚至是短期的培训和进修，这部分幼儿教师的幼儿教师资格证是否也应该实行定期注册的政策？以此来激励在职的非专业的幼儿教师更为主动地通过各种培训、进修来学习幼教专业理论知识与技能，这对幼教师资队伍的提高是至关重要的。还有就是小学转岗教师，上文所提到的那位园长，她从小学转岗到幼儿园已经很多年了，多年在幼教领域的学习和实践也让她成为了一个较为专业的幼教人才，可因为没有在之前实施的政策中顺利转岗，如果现在要求其通过参考全国统考获取幼儿教师资格证来实现转岗，这无疑是困难的。正如园长所言："年纪大了，记忆力不行了，考理论没有把握了。"

这也就意味着，教师资格证管理的过程中如果政策不够细致、到位，可能会导致一部分统考之前就进入幼教领域的不合格教师继续留在这个行业；或者让一些优秀的幼教人才被拒于幼教大门之外而导致人才流失。这些都会直接影响幼教师资队伍的整体质量，需要慎重考虑与引导，避免在教师资格管理上不作为我们才能有所作为。

## 2. 定期注册质量的把关

教育部颁布了《中小学教师资格定期注册暂行办法》，中小学教师资格每 5 年注册一次，注册条件以师德表现、年度考核和培训情况为主要依据。贵州省幼儿教师资格证管理也按照此办法执行。有了国家层面的政策引导，幼儿教师证书管理就明确了基本方向，但制度政策下的具体实施还须我省行政教育部门的进一步筹划和落实。教师资格注册以师德表现、年度考核和培训情况为主要依据，那么我们就必须从这三方面入手确保相关证实材料的真实性和有效性。师德表现的实质和评判标准应

---

① 李振志. 地方政府的制度规避现象探析[J]. 重庆城市管理职业学院学报，2008（4）：35-38.

该有明确的指向；年度考核的过程要实现公开化、透明化、公平化；培训的质量和层次也应有细致的说明和评价体系。而这些专业性和技术性的具体业务都应该在教育行政部门的指导和监管下，引进专业性的社会团体来承担，确保实施过程的规范性和有效性。正如胡福贞等人指出：在美国，教师、律师、医生以及其他许多专业人员的培养与资格许可大都是由专业人员组成的专业组织来承担的。在我国，政府部门却在教育事业决策中占据了主导地位，这对政策制度创新与进步有着不利影响，因为教育行政部门作为政府的职能部门之一，主要任务是发挥宏观管理与服务等职能。在专业领域知识与信息相对欠缺的情况下，更需要专业研究团体的支持与参与。[①]

# 三、基于《幼儿园教师专业标准》的幼儿教师准入标准

我国幼儿教师专业化发展较为缓慢，由于一直缺乏正式的幼儿教师专业发展标准导致幼儿教师行业准入门槛较低，极大地影响了幼儿教师特别是农村幼儿教师的基本质量。为此，制定幼儿园教师准入标准，严把幼儿园教师入口关是提升幼儿教师师资队伍质量的重要举措。《幼儿园教师专业标准（试行）》的实施为我们对幼儿教师准入的重要环节的严格把关提供了重要依据。

目前我国还没有专门的《幼儿园教师职业准入标准》。《幼儿园教师专业标准》是合格幼儿园教师的专业标准，而不是准入标准。《幼儿园教师专业标准》在"实施建议"中明确指出：要"制定幼儿园教师准入标准，严把幼儿园教师入口关"。[②]由此可见，《幼儿园教师专业标准》是幼儿教师准入的重要依据，但并不是准入标准，我们必须依据《幼儿园教师专业标准》制定幼儿园教师的准入标准，以此为基础提升幼儿师资的质量。对于幼儿教师职业准入标准的制定我国已有学者做出了尝试，如

---

① 胡福贞，唐桂英. 我国幼儿教师资格制度规避现象及其消解[J]. 学前教育研究，2012（3）：3-8.

② 文君，郭铁成，双立珍. 幼儿园教师职业准入标准核心指标探讨[J]. 湖南师范大学教育科学学报，2013（6）：115-117.

姜协武[①]基于《幼儿园教师专业标准》从 4 个维度、26 个领域初步构建了《幼儿园教师职业准入标准（建议稿）》，简称"426 标准"。其指标体系如表 4.5 所示。

表 4.5　"426 标准"的指标体系

| 维度 | |
|---|---|
| 1. 基本资历 | （1）身份（2）学历（3）教育实习（4）资格培训 |
| 2. 基本素养 | （5）身体素质（6）心理素质（7）思想品德（8）职业道德（9）教育法律法规（10）科学文化素养（11）艺术素养（12）语言素养 |
| 3. 专业理念与情感 | （13）职业理解与情感（14）幼儿观（15）幼儿教师观（16）幼儿教育观（17）幼儿发展的知识（18）幼儿保育和教育的知识（19）观察了解幼儿的能力（20）环境创设与应用能力（21）一日生活组织与保育能力（22）游戏活动支持与引导能力 |
| 4. 专业知识能力 | （23）教育活动的设计与实施能力（24）激励与评价能力（25）沟通与合作能力（26）自我发展能力 |

我们可以看到，姜协武等人构建的《幼儿园教师职业准入标准》和《幼儿园教师专业标准》是一脉相承的，《幼儿园教师职业准入标准》完整地包含了《幼儿园教师专业标准》的专业理念与师德、专业知识与专业能力三个方面。这也就意味着一个即将进入学前教育领域的人必须具备作为幼儿园教师的专业标准。而具备幼儿园教师专业标准只是个体进入这个行业的必要条件而非充分条件，正如姜协武构建的准入标准所示，基本资历和基本素养也是必须的。基本资历包括身份、学历、教育实习和资格培训；基本素养包括身体素质、心理素质、思想品德、职业道德、教育法律法规、科学文化素养、艺术素养以及语言素养。例如，一个就读学前教育专业的学生毕业时基本能达到《专业标准》所囊括的专业理念与师德、专业知识与专业能力三个方面，但其身体素质较差或思想品德较差自然应该被排除在幼教领域外；又比如一个在职幼儿教师具备作

---

① 姜协武，双立珍，文君. 关于幼儿园教师资格认证的探讨[J]. 教育探索，2015（7）：118-121.

为幼儿园教师所需要的专业理念、专业知识与专业技能，但其心理素质较差，甚至存在心理疾病，这样的教师是必须排除在幼教行业外的，如此才能避免更多虐童事件的发生。

《幼儿园教师职业准入标准》应该在聘用幼儿教师之前的资格审查中严格执行。特别是在我国教师资格一贯实行"向下通融"原则的情况下。"在'向下融通'原则的默许下，出现了师范生'就高不就低'的无限制申请和非师范生的避重就轻行为。'打擦边球'与'寻求制度空白点'的共性在于它们均带有机会主义特征，钻制度的空子，以试探的形式进行，如果遇到困难或阻力，即全身而退，回到制度规定的行为边界内。特别是在当前农村幼儿教师严重不足的情况下，不少地方便以培训合格证代替幼儿教师资格证，降低专业要求，致使不少保育员或中小学富余教师、下岗女工等以突击培训的方式进入幼儿教师队伍，从而使幼儿教师资格准入关口形同虚设。"[1]

一些中小学教师或其他行业的人可能是其行业的专业人才，但不见得其可以成为一名合格的幼儿教师，正所谓"术业有专攻"。一部分人通过短期的培训或两门教育类课程的考试名正言顺地进入幼教行业，甚至还担任重要的岗位，这样的非专业才人只会让幼儿园的发展偏离专业化、高质量的正常轨道。为此，我们必须制定并实施《幼儿园教师职业准入标准》，以此为标准对进入幼教行业的人才特别是没有学前教育专业背景的人才进行全方面的考察，改变教师资格证含金量不高的情况，以提高教师职业准入门槛，从源头上确保幼儿师资队伍的质量。

## 四、基于《幼儿园教师专业标准》的幼儿教师 聘用制度

幼儿园教师是履行幼儿园教育工作职责的专业人员，需要经过严格的培养与培训，具有良好的职业道德，掌握系统的专业知识和专业技能。《幼儿园教师专业标准》是幼儿园教师培养、准入、培训、考核等工作的重要依据，为此幼儿教师聘用制度包括入职考试资格审核、入职考试（笔

---

① 胡福贞，唐桂英. 我国幼儿教师资格制度规避现象及其消解[J]. 学前教育研究，2012（3）：3-8.

试、面试、录取)、聘用等环节都应该以此为蓝本,对幼儿教师的聘用进行严格把关。

## (一)入职考试资格审核

### 1. 审核内容

从贵州省各县市幼儿教师招聘考试的公告来看,各地幼儿教师入职考试资格审查包含的内容基本相同,主要包括户籍、思想道德、身体、年龄、学历学位、资格证等方面。下面我们将以贵州省铜仁市石阡县 2012 年幼儿教师招聘考试报考条件来了解贵州省幼儿教师入职考试资格的审核内容。

**贵州省铜仁市石阡县 2012 年幼儿教师招聘考试报考条件**

1. 本县户籍(生源)的全日制普通中等专业学校及以上未就业毕业生,全日制普通高校本科及以上学历未就业毕业生不限户籍。报考人员须具有教师资格证,其中:中专学历人员必须具有幼儿教师资格证。

2. 在石阡县服务的西部计划志愿者、"三支一扶"计划大学生、"一村一名大学生工程"选聘生和"选聘高校毕业生到村任职"不限户籍。

3. 忠诚党的事业,具有良好的职业道德,热爱教育工作。

4. 具有正常履行职责的身体条件,符合《贵州省公务员录用体检通用标准(试行)》要求。

5. 年龄要求:报考人员年龄要求为 35 周岁以下(1977 年 11 月 30日以后出生)。①

贵州省铜仁市石阡县 2012 年幼儿教师招聘考试报考条件包括户籍、学历、思想道德、身体条件以年龄要求。笔者认为这些条件是较为宽松的,特别是本地生源更是容易满足。且有效解决了当地幼儿教师师资不足的现状。但其中的一些具体要求对保障该县幼儿教师师资队伍基本质量却是不尽人意的。首先,报考条件 1 中规定中专学历人员必须具有幼儿教师资格证,但并未对专业背景作出具体要求,可能会导致各类专业甚至与学前教育毫不相关的人才只要有幼儿教师资格证都涌进幼教行业;其次,全日制普通高校本科及以上学历未就业毕业生不限户籍,报

---

① 青年人教师资格考试网. http://www.qnr.cn/zy/Teacher/zhaopin/201212/894838.html.

考人员须具有教师资格证，实际上体现的就是我国教师资格证可以"向下延伸"的原则，这个原则产生的后果在前文已论述过，这里不再重复；最后，报考的身体要求是具有正常履行职责的身体条件，符合《贵州省公务员录用体检通用标准（试行）》要求。我们都知道幼儿教师教育对象幼儿的特殊性要求幼儿教师的身体要求比其他事业单位工作者的要求要苛刻得多，依据《贵州省公务员录用体检通用标准（试行）》来要求幼儿教师是远远不够的。

### 2. 审核程序

贵州省各地各单位的资格审查一般都由区事业单位招聘领导小组组织，招聘单位具体负责。比如毕节市七星关区要求，招聘单位根据报考人员填写的《报名表》对照《招聘方案》和职位所需的资格条件进行资格审查，经资格审查合格予以确认。对审查不合格的，应说明理由；对照片质量不符合要求的，应提示报考人员重新提交。通过资格审查的报考人员，不得再报考其他职位。因资格审查不严导致不符合条件的报考人员进入考试环节的，该报考人员考试成绩作无效处理并追究初审有关人员责任。资格审查贯穿整个公开招聘工作的始终，在公开招聘过程任一环节发现应聘人员资格条件不符合招聘简章要求的，随时取消其应聘资格。①

从审核的程序及其要求来看，毕节市七星关区招聘单位的审核还是较为严格的，不仅仅对应聘人员提出具体要求，对各单位审核者也提出了要求并通过追究有关人员责任来达到严厉监管的作用。细看审核具体内容我们不难发现招聘单位是根据报考人员填写的《报名表》对照《招聘方案》和职位所需的资格条件进行资格审查，那么《招聘方案》和职位所需的资格条件就是能否招聘到合格专业人才的关键了。特别职位所需的资格条件的拟订，首先要避免因人设岗才能保障幼儿教师招聘的质量。

## （二）入职考试

贵州省幼儿教师入职考试是幼儿教师聘用制度的重要内容，主要包

---

① 毕节市七星关区 2016 年第七批面向社会公开招聘事业单位工作人员实施方案 [EB/OL]. [2016-11-23]. 毕节市人力资源社会保障网.http://gzbj.lss.gov.cn/art/2016/ 11/23/art_323_38078.html.

括笔试、面试、录取三方面。入职考试必须基于《幼儿园教师专业标准》对笔试、面试、录取三个基本项目进行严格操作。

首先，笔试。笔试主要是通过书面的形式对学生的专业知识、专业理念以及专业实践能力进行考察。贵州各地每年的幼儿教师招聘都有不同考试科目，一般都是考学前教育专业的核心课程，比如幼儿教师心理学、学前教育学、《指南》等，但有些考试科目对考核应聘者的学前教育专业知识与能力却是低效甚至是无效的。比如，2014 年某市的幼儿教师招聘笔试科目和公务员考试科目一致，幼儿教师的工作内容和工作性质和公务员是完全不同的，怎能用同一试卷进行考核呢？这对幼儿园考察准幼儿教师的专业知识与能力是无效的。

其次，面试。贵州省幼儿教师招聘和其他省份一样，一般都要经过面试。面试的内容主要包括试讲、才艺展示和结构化问答。第一，试讲。试讲是面试者了解应聘者教学理念、语言能力、教学能力等的最为有效地直接的途径，但前提是面试者必须是专业的，如果让一个小学老师来评价优秀幼儿园教师所组织的活动有可能评价较低，因为没有系统的知识传授，也没有规范的板书。为此，专业的面试者是非常重要的，试讲时间的保障也是一个条件，短短几分钟很难看出应聘者的真正实力。第二，才艺展示。如 2016 年某幼儿园的面试中的朗诵、绘画、舞蹈实际上都是属于才艺展示。学前教育专业的三大技能是琴法、绘画和舞蹈，为何该市幼儿园忽略对面试者琴法的考察而用朗诵代替笔者无从得知了。另外，不管是试教和舞蹈面试内容如果要更有效地考察应聘者的实际能力采取现场随机出题的方式是最好的，由考生自行准备的面试内容是经过考生多次练习后的演示，并不能有效反映其真实的教学能力。总而言之，才艺展示的内容和方式直接影响面试的质量。第三，结构化问答。面试中所谓的结构化问答实际就是由面试者出题、应聘者来给出答案的方式考察应聘者的语言表达能力、思维能力以及专业知识。笔者曾有幸被邀请去参加一个县的幼儿教师招聘考试，面试的三个题目分别是"四有、三者"；"教学实践如何体现'以学生为主体'"以及"怎样关注留守儿童"。这些一定程度上对应聘者的师德师风、理论运用到实践的能力以及社会问题分析能力都进行了很好的考察，让考生根据学前教育专业的实际做法来阐释相关问题，可惜实际过程中该教育局给了我们"标准答案"，特别是"四有、三者"很少学生能得高分，因为标准版答案就是要求记忆的。为此，笔者认为面试中的结构化问答应该更为灵活处理，避免和笔试考核目的重复。

**某市幼儿园关于 2016 年面向社会公开招聘工作人员面试内容的公告**

面试内容包括试教、朗诵、绘画、舞蹈 4 个内容，每位考生依次进入试教、朗诵、绘画、舞蹈面试考场进行面试。其中试教和舞蹈面试内容由考生自行准备。试教面试考场不提供多媒体设备。舞蹈面试考场只提供音响设备，考生必须准备好相应储存音乐的 U 盘。朗诵、绘画面试内容由考生现场抽题，即兴发挥，考生无需准备纸笔和其他设备。每个考生面试时间分别为：试教 10 分钟、朗诵 3 分钟、绘画 8 分钟、舞蹈 4 分钟。考生面试成绩=试教×40%+朗诵×20%+舞蹈×20%+绘画×20%。[①]

最后，录取。录取要最大限度地体现公开公平、透明有效等原则，实现聘用人员的高质量目标。比如公示等程序，这方面很多幼儿园都做得较好。

## （三）聘用

聘用是对进入幼教领域人员的最后一个关卡，其对幼儿园教师质量的保障也起着不可估量的作用。通过对贵州省幼儿教师聘用的调查发现，其过程主要包括政审和聘用审批。

首先，政审。我们以 2016 年兴义市事业单位公开招聘工作人员考察政审报送材料来分析政审的有效度。2016 年兴义市事业单位公开招聘工作人员考察政审报送材料进入考察政审的考生需提供以下材料：学籍档案；报考职位所需相关证件；个人现实表现材料；计生证明；考察政审表；学历证书备案表。[②]这些材料一定程度上对在聘用环节保证幼儿教师的质量起着有效的作用，但一些材料却显得过于形式化，比如，个人现实表现材料，要求应聘者以书面形式提交毕业后至今的个人小结一份，并手写签上姓名，这样的个人表现材料能起到什么作用是值得我们深思的。又比如，考察政审表。《2016 年兴义市事业单位公开招聘工作人员考察政审表》"思想政治及综合表现"一栏，由考生户籍所在地城镇居委会、

---

① 贵州公务员考试网. http://www.gzgwy.com/bj/10404.html.
② 中公事业单位网. http://www.zgsydw.com/guizhou/20161206/238798_1.html.

社区（村）填写由经办人签名并加盖居委会或社区（村）委员会公章；"遵纪守法情况"一栏，由考生户籍地所在公安机关基层派出所填写鉴定由经办人签名并加盖公章。这些很多时候对考察应聘者的思想政治和遵纪守法情况起不到多大的作用。

其次，聘用审批。聘用审批的程序各地也基本相同，比如毕节市七星关区的要求：对公示期满无问题或反映的问题不影响聘用的，招聘单位根据相关规定办理聘用审批手续，报区人社局审批后，再报市人社局备案。被聘用人员应在规定时间内到招聘单位报到，拒不报到的，取消聘用资格。新聘用人员试用期为一年，试用期满考察合格的，签订聘用合同，并报同级人事部门进行合同鉴证；考察不合格者，取消聘用资格。在整个招聘中因应聘人员自动放弃或体检、考察政审、公示结果不合格等原因造成招聘岗位空缺的，不作顺延递补。①

聘用审批明确提到："新聘用人员试用期为一年，试用期满考察合格的，签订聘用合同，并报同级人事部门进行合同鉴证；考察不合格者，取消聘用资格。"而实际上，几乎没有老师因为考察不合格被取消聘用资格的，实施的力度和监管机制有待完善。

---

① 毕节市七星关区 2016 年第七批面向社会公开招聘事业单位工作人员实施方案 [EB/OL]. [2016-11-23]. 毕节市人力资源社会保障网.http://gzbj.lss.gov.cn/art/2016/11 /23/art_323_38078.html.

# 第五章　基于教师质量构成维度
# 的幼儿教师发展质量

## 一、农村在职幼儿教师质量研究概述

### （一）概念界定

对教师质量概念的厘定是考查在职幼儿教师质量的前提。钟守权认为教师现代化的职能决定了教师质量在理论上由三个层面构成，一是综合素质层面，这是教师素质研究的传统领域，是教师质量构成的基础和前提；二是社会化人的发展层面，反映了教师人格社会化、现代化的基本面貌；三是教育教学的实际质量，是衡量教师队伍质量建设成效的核心指标，教师质量建设的各个层面最终落实到这一点上。①金维才采用内涵式的界定方式，将教师质量界定为教师的一些特性满足利益相关者（学生、社会、政府、用人单位等）要求的程度。其中，教师的一些特性指的就是教师的基本素质等，"利益相关者"主要指学生、社会、政府、用人单位以及教师自身等。②在教师质量的内容构成方面，钟守权拟定了教师质量构成的五个具体内容，包括教师的文化质量、工作质量、生活质量、社会交往质量和流动质量。金维才认为教师质量的内容包括生命质量、知识质量、教艺质量、关系质量、工作质量等五个方面。综合来看，二者对教师质量的内容划分既存在不同，也有较大的相似性，如二者的"社会交往质量"和"关系质量""生活质量"和"生命质量""文化质量"和"知识质量"等都有较大的重合性，而且二者的划分维度都比较模糊。通过对两位学者关于教师质量内容的五个方面进行理解和比较，笔者认为钟守权拟定的教师质量构成的五个具体内容，包括教师的文化质量、

---

① 钟守权. 教师质量研究引论[J]. 中小学教师培训，1999（3）：1-3.
② 金维才. 观点变革：从教师素质观到教师质量观[J]. 安徽师范大学学报（人文社会科学版），2010（1）：3.

工作质量、生活质量、社会交往质量和流动质量，较为全面地考究本研究中幼儿教师质量的各个维度。而笔者认为"生命质量"比"生活质量"有着更为丰富、深刻的内涵，也更能丰富地体现幼儿教师质量。因此，笔者认为教师质量构成的内容应该包括文化质量、工作质量、生命质量、社会交往质量和流动质量五个方面。

## （二）研究方法

对农村在职幼儿教师质量的考察主要采用文献分析法、问卷法、调查法、作品分析法。

文献分析法的主要目的是通过广泛收集有关在职教师质量的已有研究，了解在职幼儿教师质量的研究现状，在此基础上对学者的已有研究进行梳理，确定农村在职幼儿教师质量的基本框架和调查维度等。

问卷调查法的目的是以量化的方式来呈现农村在职幼儿教师的质量现状。笔者认为教师质量构成的内容应该包括文化质量、工作质量、生命质量、社会交往质量和流动质量五个方面。为此，本研究主要是从文化质量、工作质量、生命质量、社会交往质量和流动质量五个方面来考量在职幼儿教师的质量，基于已有学者对每个方面所包含的子要素的界定制定问卷来全面考察农村在职幼儿教师的质量。

调查法的主要目的是以质性研究的方法，作为问卷法的一个重要补充，通过研究者与被研究者直接的语言交流与沟通对被研究者的行为观察等方式，有效捕捉到农村在职幼儿教师质量更为全面、深层次的信息。

作品分析法主要目的是通过对被研究者的文本材料进行分析，从中提取有利于研究的相关信息，不但可以丰富原始材料，而且更有助于从更为直观的实证材料来论证量化研究的结果。

## （三）研究对象

农村在职幼儿教师包括乡镇的所有在职教师。从幼儿园的层次来看，目前贵州省主要包含三类，一是镇中心幼儿园的幼儿教师，这是农村在职幼儿教师的主力，是贵州近几年力求一个乡镇开办一个中心幼儿园的成果；二是村级幼儿园，幼儿园和幼儿教师数量都较少；三是附在小学的学前班教师，学前班数量较多，几乎每所村小都有，但学前班教师多为小学教师兼任。从幼儿园的性质来看，主要包括公立和私立两类，基于镇中心幼儿园教师占农村在职幼儿教师的比例较大且相对于私立幼儿园更为集中、稳定，代表性也较强，为此农村在职幼儿教师质量的调查对象主要以公立镇中心幼儿园教师和村级幼儿教师为主。

对贵州省农村在职幼儿教师的抽样采取随机抽取的方法。首先是对贵州省各地区进行随机抽取，主要集中在黔西南、毕节、遵义、铜仁、黔东南、黔南六个地区，然后从每个地区随机抽取数个农村幼儿园的幼儿教师做为调查对象。本次调查涉及 6 个地区，15 个县（市），50 个幼儿园。其中《农村幼儿园教师总体情况调查表》主要涉及 21 所农村幼儿园；《农村在职幼儿教师质量调查问卷》共发问卷 800 份，回收有效问卷 650 份，有效率达到 81%。

# 二、农村在职幼儿教师质量的整体调查

贵州省农村在职幼儿教师质量的整体调查主要是通过《幼儿园教师总体情况调查表》来实现，通过调查相关的基本信息包括幼儿园性质、幼儿人数、教师的人数、性别、编制、学历、教龄以及专业来从整体上了解农村幼儿教师的质量。

## （一）从幼儿园性质考量幼儿教师质量

上文已提到从性质来看，幼儿园主要包括公立和私立两类，基于镇中心幼儿园教师占农村在职幼儿教师的比例较大且相对于私立幼儿园更为集中、稳定，代表性也较强，为此对农村在职幼儿教师质量的调查对象主要以公立镇中心幼儿园教师和村级幼儿教师为主。为此，本研究的农村在职幼儿教师基本上属于公立幼儿园的正式幼儿教师，其代表性较为突出，可以有效地反映全省幼儿教师质量的基本情况。

## （二）从师幼比考量幼儿教师质量

幼儿是幼儿教师的受教育对象。师幼比是考量幼儿教师整体质量的一个重要指标。一般而言，师生比越低，幼儿教师越能完成较高效率的保教工作，就越能满足幼儿发展的需求，教师的工作质量也相对较高。反之，师幼比越高，较少的幼儿教师较难满足诸多幼儿高质量保教的需求，自然意味着教师的工作质量较低。另外，师生比还会直接或间接影响农村在职幼儿教师的文化质量、生命质量、社会交往质量以及流动质量。

　　为进一步规范各类幼儿园的用人行为，国家教育部网站于 2013 年 1 月 23 日发布《幼儿园教职工配备标准（暂行）》。该标准规定，各地新设的全日制幼儿园，教职工与幼儿的比例需达到 1∶5～1∶7，已设的全日制幼儿园，在 3 年内逐步达到《幼儿园教职工配备标准（暂行）》要求。根据该标准，幼儿园教职工包括专任教师、保育员、卫生保健人员、行政人员、教辅人员、工勤人员。幼儿园保教人员包括专任教师和保育员。全日制幼儿园每班配备 2 名专任教师和 1 名保育员，或配备 3 名专任教师；半日制幼儿园每班配备 2 名专任教师，有条件的可配备 1 名保育员。寄宿制幼儿园至少应在全日制幼儿园基础上每班增配 1 名专任教师和 1 名保育员。单班学前教育机构，如村学前教育教学点、幼儿班等，一般应配备 2 名专任教师，有条件的可配备 1 名保育员。从对贵州省幼儿园的调查来看，多数幼儿园没有稳定、固定的保育员、卫生保健人员、工勤人员，这类工作多由专任教师、行政人员或教辅人员兼任。如专任教师兼任完成保育员的工作；行政人员兼任完成卫生保健人员的工作；教辅人员或专任教师完成工勤人员的工作（会计、采购等）。因此，农村在职幼儿教师基本上等同于教育部对幼儿园教职工的定义。调查的结果如表 5.1 所示。

表 5.1　贵州省不同地区县（市）农村幼儿园的师生比

| | 幼儿园名称 | 幼师总数 | 幼儿总数 | 师生比 |
|---|---|---|---|---|
| 1 | 黔西县协和镇中心幼儿园 | 11 | 167 | 1∶15 |
| 2 | 大方县八堡乡中心幼儿园 | 14 | 318 | 1∶23 |
| 3 | 从江县光辉中心幼儿园 | 6 | 62 | 1∶10 |
| 4 | 雷山县望丰乡中心幼儿园 | 6 | 67 | 1∶11 |
| 5 | 印江县板溪镇中心幼儿园 | 13 | 138 | 1∶11 |
| 6 | 平塘县克度镇中心幼儿园 | 20 | 400 | 1∶20 |
| 7 | 遵义市高坪镇中心幼儿园 | 20 | 328 | 1∶16 |
| 8 | 正安县土坪镇中心幼儿园 | 28 | 387 | 1∶14 |
| 9 | 仁怀市坛厂镇幼儿园 | 20 | 180 | 1∶9 |
| 10 | 兴仁县鲁础营中心幼儿园 | 10 | 110 | 1∶11 |
| 11 | 兴仁县巴铃镇中心幼儿园 | 26 | 212 | 1∶8 |
| 12 | 晴隆县马场乡中心幼儿园 | 14 | 270 | 1∶19 |
| 13 | 晴隆县光照镇中心幼儿园 | 18 | 180 | 1∶10 |

续表

| | 幼儿园名称 | 幼师总数 | 幼儿总数 | 师生比 |
|---|---|---|---|---|
| 14 | 晴隆县碧痕镇中心幼儿园 | 16 | 252 | 1：16 |
| 15 | 望谟县乐元镇中心幼儿园 | 18 | 219 | 1：12 |
| 16 | 普安县南湖第一幼儿园 | 13 | 352 | 1：27 |
| 17 | 普安县盘水窝沿幼儿园 | 6 | 137 | 1：23 |
| 18 | 兴义市白碗窑镇中心幼儿园 | 11 | 209 | 1：19 |
| 19 | 兴义市则戎乡中心幼儿园 | 13 | 215 | 1：17 |
| 20 | 兴义市清水河镇中心幼儿园 | 8 | 104 | 1：13 |
| 21 | 安龙县龙广镇中心幼儿园 | 34 | 594 | 1：17 |

资料来源：研究者的实地调查

从表5.1来看，调查的21所农村幼儿园中，师生比最高的是兴仁县巴铃镇中心幼儿园，师生比为1：8，基本符合国家教育部的要求；其次就是仁怀市坛厂镇幼儿园1：9。其他的幼儿园师生比都在1：10以下，且师生比达到1：16的幼儿园有10个，这也就意味着一半左右的幼儿园师生比都严重不达标，最低的师生比达到1：27。可见，目前贵州省的农村幼儿园师生比能达到国家教育部1：5～1：7的是少之又少，要从整体上提高农村幼儿园教师的整体质量首先必须从师生比入手。而按照省教育厅对学前教育的发展规划来看，普及学前教育成为一种必然，也就说入园的幼儿园人数还会逐渐增加，这也就意味着要提高农村幼儿园的师生比的较为现实的方法就是增加幼儿园的教职工人数。比如加大培养专任幼儿教师，按比例配齐保育员，聘请专门的卫生保健人员和工勤人员才能从整体上提高幼儿园教师的整体质量。

## （三）从教师性别考量幼儿教师质量

教师性别失衡的话题多年来一直引起人们的关注，近年尤甚，如中小学教师性别比例严重失衡，已成为中国东部大省山东省今年两会上的热议话题之一。有人大代表担忧，教师队伍"阴盛阳衰"会让教出来的男孩不像男子汉，长期来看可能会影响到民族的未来。而教师性别失衡的问题最为突出的是在学前教育阶段，中国传统思想观念以及幼儿教师社会地位等因素的影响，使得幼儿教师成为大部分男性不愿涉足的领域。如图5.1所示：

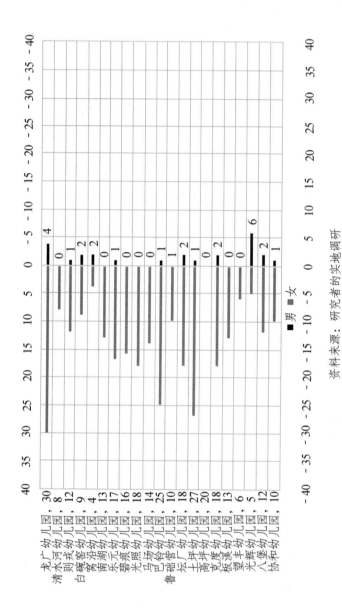

图 5.1　贵州省各地区县（市）农村幼儿园的男女教师分布对比图

资料来源：研究者的实地调研

从图 5.1 可以看出，在农村幼儿园教师性别的失衡现象较为严重，在所调查的 21 所幼儿园中，没有男性幼儿教师的幼儿园就有 9 所，比例达到 43%，而在有男性幼儿教师的幼儿园里男女幼儿教师比例最低达到 1：27，这样的比例显然是不能满足幼儿园正常教学的。幼儿园缺乏男性教师的负面影响较多，比较突出表现为：第一，男性幼儿教师的缺乏会直接导致中国学前教育趋于阴柔化，使得越来越多的男孩，体质和气质不像男子汉；第二，男性幼儿教师的缺乏会影响幼儿的性别角色认知，幼儿园是一个人性格形成的主要时期，而在这个阶段幼儿接触的都是女性幼儿教师可能会导致孩子们性别角色认知的缺失或不完善，从而不能很好地完成其社会化过程；第三，男性幼儿教师的缺乏会直接影响幼儿园的教学质量，比如幼儿园的诸多户外活动、体育活动是男性幼儿教师的强项，让女幼儿教师去完成自然达不到良好的效果。

男性幼儿教师缺乏的现状短时间内我们是难以改变的，按理来说物以稀为贵，这些男性幼儿教师更应该充分体现男性幼儿教师在幼儿园的存在价值，但在调查中发现，在一些幼儿园里极为稀少的男性幼儿教师的价值并未得到真正的体现：

L 幼儿园一共 38 位幼儿教师，只有 4 位男性，4 位男老师负责的工作分别是监管安全、保教主任、后勤主任，还有一位借调到小学做老师。

实际上男性幼儿教师在幼儿园主要的价值体现在对幼儿阳刚之气的影响与锻炼，比如在强度较大的室外活动中男性幼儿教师的作用就可以充分地显现出来，可这个 L 幼儿园却把男老师安排做后勤主任，且在幼儿园男老师极为稀缺的情况下还借调一名男教师到小学去任教，这着实是不合理的。

## （四）从教师编制考量幼儿教师质量

教师编制是教师社会地位的一个重要体现，在编教师拥有的编制为事业编，即在编老师为事业单位工作人员，入职后按照相关规定，享受事业单位工作待遇。非在编教师即为临聘人员或者称作合同工，一般称作代课老师。编制教师优势主要体现为两个方面：第一，教师的编制属于全额拨款事业单位编制，享受事业单位工作待遇；第二，有编制的教师工资由基本工资、津补贴、职称工资等组成。职称工资可以随着职称升高而升高，工龄增加工龄工资也增加；第三，有编制的教师工作更有保障，更稳定，可以调动，退休后享有相应的社保和职业年金。

表 5.2　贵州省不同地区县（市）农村幼师编制统计表

| | 幼儿园名称 | 幼师总数 | 有编制（百分比） | 无编制（百分比） |
|---|---|---|---|---|
| 1 | 黔西县协和镇中心幼儿园 | 11 | 11 | 0 |
| 2 | 大方县八堡乡中心幼儿园 | 14 | 14 | 0 |
| 3 | 从江县光辉中心幼儿园 | 6 | 5（83%） | 1（17%） |
| 4 | 雷山县望丰乡中心幼儿园 | 6 | 6 | 0 |
| 5 | 印江县板溪镇中心幼儿园 | 13 | 13 | 0 |
| 6 | 平塘县克度镇中心幼儿园 | 20 | 15（75%） | 5（25%） |
| 7 | 遵义市高坪镇中心幼儿园 | 20 | 20 | 0 |
| 8 | 正安县土坪镇中心幼儿园 | 28 | 28 | 0 |
| 9 | 仁怀市坛厂镇幼儿园 | 20 | 20 | 0 |
| 10 | 兴仁县鲁础营中心幼儿园 | 10 | 10 | 0 |
| 11 | 兴仁县巴铃镇中心幼儿园 | 26 | 26 | 0 |
| 12 | 晴隆县马场乡中心幼儿园 | 14 | 11（79%） | 3（21%） |
| 13 | 晴隆县光照镇中心幼儿园 | 18 | 18 | 0 |
| 14 | 晴隆县碧痕镇中心幼儿园 | 16 | 14（88%） | 2（12%） |
| 15 | 望谟县乐元镇中心幼儿园 | 18 | 18 | 0 |
| 16 | 普安县南湖第一幼儿园 | 13 | 13 | 0 |
| 17 | 普安县盘水窝沿幼儿园 | 6 | 6 | 0 |
| 18 | 兴义市白碗窑镇中心幼儿园 | 11 | 11 | 0 |
| 19 | 兴义市则戎乡中心幼儿园 | 13 | 13 | 0 |
| 20 | 兴义市清水河镇中心幼儿园 | 8 | 8 | 0 |
| 21 | 安龙县龙广镇中心幼儿园 | 34 | 34 | 0 |

资料来源：研究者的实地调查

从表 5.2 来看，在调查的 21 所农村幼儿园里，就有 4 所幼儿园存在无编制的幼儿教师，占比例的 19%，这就意味着在整个贵州省农村幼儿园中大概还有 19%的农村公立幼儿园存在没有编制的幼儿园教师，这些幼儿教师的工资待遇问题必然会直接影响其教师质量。同时，从上表也可以看出，部分幼儿园无编制教师在幼儿园的比例也较高，如平塘县克度镇中心幼儿园无编制的幼儿教师达到了 25%，这些无编制幼儿教师在职称晋升和工龄方面，一般无法保证，大大降低其对工作的积极性。从一定意义上来说，这么大比例的无编制幼儿教师必然影响此幼儿园教师队伍的整体质量，进而影响幼儿园的保教质量。近几年国家层面虽然在改革，但实际操作中无编制教师仍然与在编教师存在很大差异。

同时，我们还不能忽略这样的一个事实，本研究调查的幼儿园都是公立幼儿园，相对于私立幼儿园而言幼儿教师的编制问题要好得多。在调查中发现，农村的私立幼儿园的教师基本上是没有编制的，只是幼儿园聘请的临时教师，少部分有编制的幼儿教师也并不是幼儿园全日制的专职教师，只是不定时对幼儿园某些业务进行处理。也就是说如果把农村私立幼儿园的无编制幼儿教师统计到幼儿教师总数中，农村幼儿教师无编制的比例会更大。无编制的幼儿教师往往属于临聘人员，无法晋升，无法调动，往往也无职称，更无职称工资（非在编有职称也常无法聘任）。这些无编制的幼儿教师退休后按照与当初所在单位签订的合同处理，在私立幼儿园中，一般享受社保待遇；而在公办幼儿园，一般不帮其缴交社保或者只缴交部分如工伤保险。农村无编制幼儿教师的地位待遇低的现状势必影响农村幼儿教师师资队伍的整体质量。

## （五）从教师学历考量幼儿教师质量

教师的学历是幼儿教师质量的重要影响因素，具有较高的学历的幼儿教师相对而言其综合素质、专业素质及自我学习能力都较强，也就意味着其质量较高。教育部规定取得幼儿园教师资格，应具备幼儿师范学校毕业及其以上学历，也就是中专及以上学历。从农村幼儿教师调查的样本来看，农村幼儿教师的学历要求基本达到中专水平及以上。如表 5.3 所示。

表 5.3 贵州省不同地区县（市）农村幼师学历统计表

| 幼儿园名称 | 幼师总数 | 本科及以上 | | 本科以下 | |
|---|---|---|---|---|---|
| | | 人数 | 百分比（%） | 人数 | 百分比（%） |
| 黔西县协和镇中心幼儿园 | 11 | 4 | 36 | 7 | 64 |
| 大方县八堡乡中心幼儿园 | 14 | 1 | 29 | 13 | 71 |
| 从江县光辉中心幼儿园 | 6 | 1 | 17 | 5 | 83 |
| 雷山县望丰乡中心幼儿园 | 6 | 1 | 17 | 5 | 83 |
| 印江县板溪镇中心幼儿园 | 13 | 0 | 0 | 13 | 100 |
| 平塘县克度镇中心幼儿园 | 20 | 7 | 35 | 13 | 65 |
| 遵义市高坪镇中心幼儿园 | 20 | 8 | 40 | 12 | 60 |
| 正安县土坪镇中心幼儿园 | 28 | 7 | 21 | 22 | 79 |
| 仁怀市坛厂镇幼儿园 | 20 | 6 | 80 | 4 | 20 |
| 兴仁县鲁础营中心幼儿园 | 10 | 16 | 0 | 10 | 100 |
| 兴仁县巴铃镇中心幼儿园 | 26 | 0 | 23 | 20 | 77 |
| 晴隆县马场乡中心幼儿园 | 14 | 6 | 21 | 11 | 79 |
| 晴隆县光照镇中心幼儿园 | 18 | 3 | 67 | 6 | 33 |
| 晴隆县碧痕镇中心幼儿园 | 16 | 12 | 19 | 13 | 81 |
| 望谟县乐元镇中心幼儿园 | 18 | 3 | 6 | 17 | 94 |
| 普安县南湖第一幼儿园 | 13 | 10 | 77 | 3 | 23 |
| 普安县盘水窝沿幼儿园 | 6 | 2 | 33 | 4 | 67 |
| 兴义市白碗窑镇中心幼儿园 | 11 | 6 | 55 | 5 | 45 |
| 兴义市则戎乡中心幼儿园 | 13 | 6 | 46 | 7 | 54 |
| 兴义市清水河镇中心幼儿园 | 8 | 1 | 13 | 7 | 87 |
| 安龙县龙广镇中心幼儿园 | 34 | 17 | 50 | 17 | 50 |
| 总计 | 325 | 111 | 34 | 214 | 66 |

资料来源：研究者的实地调查

从表 5.3 所示，结合访谈可知，目前农村在职幼儿教师基本达到中专及以上的学历，本科学历的幼儿教师有 111 人，占总数的 34%，本科以下学历的幼儿教师有 214 人，占总数的 66%。可见，目前贵州省农村在职幼儿教师本科学历及以上的比例并不高，且一部分幼儿教师的本科学历是通过函授或自考的途径获得的，这和全日制本科的质量还是存在一定的差距。从调查来看，几乎百分之百的农村在职幼儿教师的学历都达到了中专及以上，但中专和中专进修为大专的比例较大，这个学历相对于其他行业要求而言是较低的。据了解，发达国家要求幼儿园教师必须取得学士学位，即达到本科学历。日本的幼儿园教师主要由 4 年制大学和 2 年制短期大学培养，还有为在职教师提供研究生教育的大学。在英国合格的学前教育教师必须是读完教育学的学士学位获得者。

笔者认为，只有具备大专以上层次的学历才能胜任幼儿教师这一职业，主要原因在于幼儿园教师不是某一学科的专业教师，他们担负着幼儿全面的教育工作，其教育内容涉及科学、社会、语言、艺术、健康多个领域，因此幼儿教师必须要具有广博的文化知识。大专学历的幼儿教师接受过高中课程和大专三年的专业训练，知识水平、学识修养、个性品质等基本上能满足幼儿园教师这一职业的要求。

## （六）从教师教龄考量幼儿教师质量

关于教师专业化理论的研究较多，对我们影响较大的是美国学者斯特菲的教师职业/生命周期理论，该理论将教师的职业社会化过程分为 6 个阶段：实习教师阶段、新教师阶段、专业化教师阶段、专家型教师阶段、杰出教师阶段和退休教师阶段。[①]每位教师都必经的阶段包括实习教师阶段、新教师阶段、专业化教师阶段、退休教师阶段，学前教育教师也不例外。我们一般把工作三年及三年以下的教师归为新教师阶段，新教师阶段是教师职业社会化中的一个适应困难期，很容易体验到强烈的职业焦虑和无助感。这也就意味着处于新教师阶段的幼儿教师由于各方面的原因其教学能力相对专业化教师而言处于劣势，自然也会影响其保教效果。对被调查的农村在职幼儿教师进行统计发现，工作 3 年以下的幼儿教师比例较大，如图 5.2 所示：

---

① 魏建培. 学前教育学[M]. 北京：科学出版社，2012：89-90.

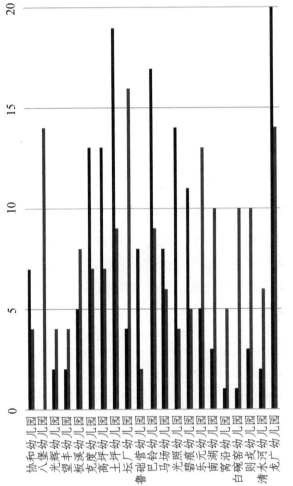

图 5.2 贵州省不同地区县（市）农村幼儿教师教龄统计图

从图 5.2 可看出，调查的 21 所幼儿园中，新老师比老教师多的幼儿园有 11 所，占总幼儿园的半数以上。有的幼儿园如八堡乡幼儿园 14 位幼儿教师都是工龄不满 3 年的新老师。调查中也发现，很多新开幼儿园就是新老师，很多幼儿园负责人——园长都是一个刚参加工作 20 岁左右的年经人。很多幼儿教师就表示处理幼儿园日常业务的时候，没有一个有经验的人来指导，为此在幼儿园发展的过程中难免会出现很多问题。如对教师绩效考核问题，一个幼儿教师就谈到了她们幼儿园的做法：

我们园长今年 29 岁，但她也是前年才来到我们幼儿园。她的专业是学前教育，是五年制大专毕业（初中毕业读五年学前教育），之前一直在市里一个发展相对较好的私立幼儿园工作，所以相对于公立幼儿园而言她其实是相当于一个新教师和新管理者。去年她针对教师年终绩效考核问题自己制定了一套方案，结果被我们全体教师全票否决。因为这个方案根本不适合公立幼儿园教师的考核，比如教师的绩效要和所带班级的幼儿人数直接挂钩，这显然是私立幼儿园为保住生源的一个重要措施，而对公立幼儿园而言，由于户籍要求、幼儿园条件限制以及家长的意愿等原因我们不可能强制幼儿来上我们幼儿园。诸如此类的很多问题都很难解决，而我们没有一个有经验的管理者来引导，包括教辅站的管理人员都束手无策。教辅站管理人员甚至直接表态："幼儿园事务你们自己看着办吧，毕竟我不是这个专业的。"

——某老师自述

由此可见，关于农村幼儿教师质量的提高我们还不能忽略一个重要的问题：就是不同教龄教师的恰当配比，因为这不仅关系到年轻幼儿教师专业发展的问题，还会直接影响幼儿园的保教质量。

## （七）从教师专业考量幼儿教师质量

教师是一个专门的职业，同医生、律师一样必须经过严格的、持续不断的专业训练，才能成为合格的教育专职人员，幼儿教师更是如此。学前教育的教师不仅和一般教师职业一样具有双专业性（具备所教学科的专业知识和技能，解决"教什么"的问题；具备传递知识技能的技巧，解决"如何教"的问题。），还有与一般教师职业不同之处：学前教育的教师不是某一学科的教师，而是担负着幼儿全面教育工作，教育内容更是涉及自然、社会、语言、艺术、健康五大领域以及弹跳唱基本艺术技能。为此，学前教育的教师需要具备较为广阔的多学科知识，也就意味着其专业性是较强的，而不像长期以来社会所误认为的幼儿教师所教知识浅薄，学术性与专业性不强。高质量的幼儿教师首先必须具备专业性，而现实显示在幼教队伍中还是存在着较大比例的非专业人员，农村的非专业幼儿教师比例更大，如图5.3所示：

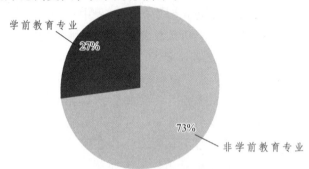

资料来源：研究者的实地调查

图5.3　贵州省不同地区县（市）农村幼师专业统计图

从调查的325名农村幼儿教师来看，就读学前教育专业的教师有238名，占总数的73%；非学前教育专业的教师是87名，占总数的27%。这些非专业的幼儿教师多为小学转岗教师，涉及的学科较为广泛，包括中小学各学科专业、艺术各学科专业等，比如物理、化学、语文、数学、生物、美术、声乐、钢琴、小学教育、护理学等。更令人担忧的是这些农村幼儿园非专业的幼儿教师还多为工龄较长的教师，多为幼儿园的管理者，比如遵义地区的一所幼儿园园长是音乐专业，保教主任是英语专业，这对幼儿园的发展路向及具体的保教工作都起着主导作用，影响也甚为深远。

# 三、农村幼儿教师的文化质量

钟守权提出："教师的文化质量，是指教师的综合素质构成，即教师的思想道德素质、科学文化素质、生理心理素质有机统一的状况。学历、职称、教龄、年龄、性别等是反映教师文化质量的几个显性窗口，个性、气质、兴趣、特长等则是体现教师文化质量的几个隐性标尺。文化质量既可以反映教师个体的素质状况，又可以展现不同层次、不同区域教师群体素质的构成状态，教师文化质量是构成教师质量的基础和前提。[①]因此，幼儿教师的文化质量主要是幼儿教师的综合素质，基本构成包括思想道德素质、科学文化素质、生理心理素质三方面，在《幼儿园教师总体情况调查表》中，笔者已经整体上从性别、学历、专业、教龄四个方面探讨了农村幼儿教师的文化质量，在此笔者不再对此四类文化质量因素进行分析。因此，对农村在职幼儿教师的文化质量的探讨将从九个要素来进行，基本结构如图 5.4 所示。

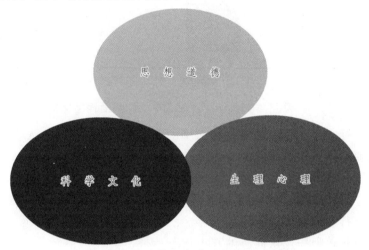

图 5.4　幼儿教师文化质量基本构成

注：思想道德主要包括是否热爱幼教事业和幼儿教师职业道德；

科学文化主要涉及职称、是否有幼教资格证；

生理心理主要包括年龄、个性、气质、兴趣爱好与特长。

## （一）幼儿教师的思想道德

思想道德是幼儿教师文化质量内涵较为深刻的一个体现要素，对于幼儿教师思想道德的调查，主要通过幼教事业的热爱程度和幼儿教师职业道德这两个核心问题来进行考察。

## 1. 幼儿教师对幼教事业的热爱程度

农村幼儿教师对幼教事业的热爱程度直接体现了幼儿教师对幼儿教

---

① 钟守权. 教师质量研究引论[J]. 中小学教师培训，1999（3）：4.

师身份的认同，幼儿教师只有实现自我内在的专业身份认同，才能采取符合教育变革的根本行动，教师个体的专业自主才能成为现实，也才能让自己的职业生命得到绽放。通过抽样调查发现，农村在职幼儿教师的的身份认同现状一般，如图 5.5 所示。

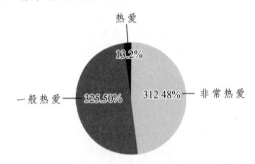

图 5.5 贵州省农村幼师对幼教事业的热爱程度比例图

通过对 650 名农村在职幼儿教师的调查我们可以发现，A 类 312 名幼儿教师表示对幼教事业非常热爱，占总数的的 48%；B 类 325 名幼儿教师表示一般热爱，占总数的 50%；C 类 13 名幼儿教师明确表示不喜欢幼教事业，占总数的 2%。总体而言，幼儿教师职业认同程度一般，非常热爱这个行业的幼儿教师不到一半。三个典型个案可以让我们了解这三类农村幼儿教师职业认同感的基本状态：

我很喜欢做幼儿教师，原因很多，主要是这几个方面：首先，我喜欢孩子，我觉得和孩子待着简单、快乐；其次，我的家人都很支持和赞许我的工作，特别是我老公，他说找一个做幼儿教师做老婆自己的孩子教养就不成问题了，这里离我家也近；再次，整体而言，现在幼教这个行业的工资待遇虽然整体比公务员或其他事业单位要差点，但起码和中小学老师都差不多了……

——A 类的 Z 教师

我对我现在这个工作的感情是爱之不易，弃之不舍，一般喜欢。我是本地人，农民家庭出身，读个大学本来就不容易，好不容易考上个大学被调剂到学前教育专业，与家里人一心想让我当初中、高中的老师的意愿不吻合，家人和自己就一直对这个专业耿耿于怀。可考上了就必须读，家里承担不起复读的钱，读了这个专业毕业的时候你也只能考幼儿园，其他单位很少要这个专业。怎么着，这是公立单位，工资一般但比出去干私立单位要强，可农村地方较边远，生活确实是单调、不便，等有机会还是要往城里考。

——B 类的 Q 教师

我不喜欢我现在的工作，我性格比较内向，我始终认为性格外向的人才适合做幼儿教师。读大学的时候技能课学得不好，组织一些活动总觉得不是那么顺利。我不喜欢和孩子待着，太吵了，繁杂事情很多，没有足够的耐心做不来。现代社会对这个幼师的要求挺高的，动不动就有人投诉你对孩子不好，工资待遇还很低。在农村地方生活无聊，且离家又远，有钱都没地方花，找个合适对象还不容易……

——C 类的 G 教师

弗瑞德在一篇探讨优秀教师素质结构的论文中提出了教师改变的洋葱头模型，他认为外界对教师的影响和改变是分成不同层次的。首先是环境，其次是行为和能力，最后是信念、身份认同和使命。最核心也是最重要的是使命。在这个模型中，内层与外层之间相互影响，外层环境的改变相对容易，内层的改变相对较难。教师的改变最重要的还是要归根于内层的改变，即信念、身份认同、使命的改变。[1]幼儿教师的专业身份认同对教师的专业发展以及教师质量都起着关键的作用，因此，我们要提高幼儿教师的质量，包括文化质量、工作质量等首先就必须从幼儿教师改变的深层次出发，从提升幼儿教师对幼教事业的热爱程度开始。

## 2. 幼儿教师对职业道德的认知

职业道德是幼儿教师思想道德的较为直接和显性的要素，"师德"是教师道德的简称，主要是指教师职业道德，教师职业道德是指教师从事教育活动形成的比较稳定的道德观念、行为规范和道德品质的总和，调节着教师与他人，教师与集体及社会、教师与自我的相互关系。教师职业道德的基本构成包括教师职业理想（对教师工作的选择以及达到何种成就的追求）、教师职业责任（对学生、家长和社会负责）、教师职业态度、教师职业纪律（恪守教师职业纪律、意志及决心）、教师职业技能、教师职业良心（教师建功立业的精神支柱）、教师职业作风、教师职业荣誉（推动教师更好地履行职业义务以及教育和鼓励社会各阶层的人们尊

---

① 魏建培. 学前教育学[M]. 北京：科学出版社，2012：83.

师重教）。

首先，从问卷的答案可以看到，大部分的幼儿教师都习惯用"五心"来概括幼儿教师的职业道德，但对"五心"的具体内容存在不同的看法。爱心、耐心、细心、关心、精心、恒心、童心、责任心、事业心、上进心等都被包含在幼儿教师的"五心"之内。目前学术界对幼儿教师的"五心"的界定也众说纷纭，比如央宗认为优秀的幼儿教师要具备五心，包括爱心、耐心、童心、责任心、前进心；马海霞认为幼儿教师要有热心、爱心、耐心、细心和恒心；也有学者认为幼儿教师应具有爱心、细心、耐心、责任心和童心。因此，从这个角度而言，幼儿教师对职业道德的认知是基本了解的，只是没有更为深入的探讨。

其次，少部分幼儿教师的答案较为宽泛，如表 5.4 所示：

表 5.4  贵州省各地区县（市）幼儿教师对职业道德的认知统计表

| 涉及领域 | 职业道德基本观点 |
|---|---|
| 思想品德 | 热爱祖国、正确的价值观与人生观、有道德、有理想 |
| 教育理念 | 为人师表、教书育人、师德、专业知识与技能、幼儿为主体、一视同仁、教育与教学的各种能力、依法执教、终身学习、以身作则 |
| 职业理想 | 爱岗敬业、乐教勤业、积极创新、工作态度 |
| 人际关系 | 热爱学生、尊重家长、喜欢孩子、关心集体、团结互助、热爱每一位幼儿 |

教育部颁布的《幼儿园教师职业道德规范》中明确提到了幼儿教师的师德包括四个方面：第一，热爱幼儿、尊重幼儿；第二，为人师表，堪为人师；第三，尊重家长，廉洁从教；第四，团结协作，豁达大度。总体而言，所调查的幼儿教师对幼儿园教师职业道德的四个方面的内容都有涉及，但很少的幼儿教师能全面回答，也就是说幼儿教师对其职业道德的认知是较为模糊与片面的。师德的价值体现为多个方面，比如可以纯化社会风气，影响、塑造人的心灵，师德更是教师心中精神的太阳，即使众多世俗事务所烦扰还能以"教师是太阳底下最光辉的事业"的信念为支柱，进而勇往直前。因此，农村幼儿教师的师德需进一步加强，这是提高教师质量的关键，更是促进农村学前教育发展的有力保障。

## （二）幼儿教师的科学文化

科学文化是幼儿教师文化质量最为显性和核心的一个体现要素，幼儿教师的科学文化可以通过学历、专业、职称、教龄、资格证等显性因素来反映，是幼儿教师文化质量构成的重要内容。上文中笔者已经从整体上基于学历、专业、教龄因素对幼儿教师的质量进行了探讨，在此重点从职称和幼儿教师资格证来分析农村幼儿教师的科学文化知识。

### 1. 农村幼儿教师的职称

1986 年开始建立的以中小学教师职务聘任制为主要内容的中小学教师职称制度，对调动广大中小学教师的积极性、提高中小学教师队伍整体素质、促进基础教育事业发展发挥了积极作用。随着中小学人事制度改革的深入推进、素质教育的全面实施和教师队伍结构的不断优化，现行的中小学教师职称制度存在着等级设置不够合理、评价标准不够科学、评价机制不够完善、与事业单位岗位聘用制度不够衔接等问题。但职称制度对于加强教师队伍建设，提高教师教学水平确实存在积极作用，在一定程度上，教师的职称是教师工作能力和教学水平的一个基本判断。幼儿教师职称等级目前一般认为是四等，分别是幼教高级（中级职称）、一级（初级职称）、二级（初级职称），还有一种是类型是未定，即未评职称。从抽样调查的农村幼儿教师来看，幼儿教师职称评聘的现状并不理想，如图 5.6 所示。

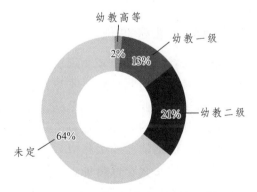

图 5.6 贵州省农村幼师职称比例图

如图 5.6 所示，贵州省各地区县（市）部分农村幼师各级职称比例较为悬殊，调查的 650 名幼儿教师中，幼教高级职称的只有 11 人，占总数的 2%；幼教一级职称是 85 人，占总数的 13%；幼教二级是 135 人，占总数的 21%；还有职称未定的是 419 人，占总数的 64%。首先，从幼教职称等级我们可以看到，幼教高级职称相当于是其他教育阶段的中级职称，没有相对应的高级职称，从这方面来看幼儿教师的社会地位和待遇确实和其他阶段教师有一定的差距。其次，幼儿教师的一级和二级职称反映了在幼教行业中的学历层次，大部分教师还是中专、大专学历，因为中专、大专出来就是二级职称，占总数的 21%，而本科出来就是一级职称，占总数的 13%，明显比二级职称的比例要低很多。再次，幼儿教师中评上相当于中级职称的幼教高级职称较少，只有 11 人，只占总数的 2%。这在一定程度上反映了幼儿教师科学文化知识的缺失，因为教师职称评级实际是对一个教师业务的评价，更是教师知识积累的过程。最后，调查的农村幼儿教师中职称未定的比例较大，占总数的 64%。幼儿教师职称未定存在多种原因，主要原因有教师工作时间短，教龄不够；教学业务不够优秀；积极性不高以及评级条件与程序存在缺陷等。未评级的农村幼儿教师中有一部分是年龄较大、工作时间较长的老师，主要是因为这些老师之前的工作单位是私立幼儿园或其他私立单位，工作多年以来才考到公立幼儿园。从访谈中发现，这部分幼儿教师虽然工作时间长但并不见得教学业务就好，实际上其职前所学专业知识甚至是在慢慢减少，且又没有应届新老师的积极性，这对农村幼儿师资队伍质量提高以及农村新建幼儿园的发展是极其不利的。

## 2. 农村幼儿教师的职业资格证

幼儿教师资格证是幼儿教师得以正式上岗的一个必要条件，但由于近年来学前教育的迅速发展导致幼儿教师供不应求，很多幼儿园在没有足够师资的情况下只能聘用一些非专业的或某些条件略差的教师，其中一部分就是没有幼儿教师资格证的教师。在调查中发现，有些幼儿教师所学专业并非是学前教育，但到幼儿园工作以后为了更好地提高工作质量，提升自我，大多考取了幼儿教师资格证，但仍有少部分的教师是没有资格证的。调查中发现，幼儿教师 650 人中，有 42 名幼儿教师没有幼教资格证，占总数的 6%，这部分幼儿教师的存在对整个幼教师资队伍的质量以及幼儿园的保教质量在一定程度上是存在消极影响的。

### （三）幼儿教师的生理心理

幼儿教师的生理和心理是幼儿教师文化质量的主客观结合的体现因素，我们主要从幼儿教师的年龄、个性、气质、兴趣、爱好以及特长来进行分析。

#### 1. 农村幼儿教师的年龄

农村幼儿教师的生理发展我们主要从年龄来进行分析，正常而言，幼儿教师的年龄越大教龄就越长，教学经验就越多，也就意味着幼儿教师的整体质量越好。抽样调查发现，整个幼儿教师师资队伍是偏年轻化的，如表 5.5 所示：

表 5.5　贵州省幼儿教师各年龄阶段人数统计表

| 年龄阶段 | 20 岁以下 | 20～25 岁 | 26～30 岁 | 31～40 岁 | 40 岁以上 |
|---|---|---|---|---|---|
| 人数 | 11 | 340 | 247 | 40 | 12 |
| 比例 | 2% | 52% | 38% | 6% | 2% |

从表 5.3.2 可以看到，幼儿教师年龄在 20 至 25 岁的阶段最多，占总数的 52%，其次就是 26 至 30 岁，占总数的 38%，也就意味着 20 至 30 岁的幼儿教师是农村幼儿教师的主力军，这部分教师总体而言教龄都较短，中专毕业的教龄相对年长些，本科毕业的工作经验都相对缺乏。另外，31 岁以上的幼儿教师的比例是 8%，这部分教师教龄较长，多为幼儿园的管理者，按理来说应该是能成为幼儿园发展很有见地的领路人，可遗憾的是这一部分教师很多是从小学转岗过来的非学前教育专业的老师，他们具有的教学经验是教小学的经验，学前教育专业知识的缺乏会使其在工作中时常产生困惑，对年轻幼儿教师发展的引导自然效果较低。

#### 2. 农村幼儿教师的个性与气质

农村幼儿教师的个性与气质是幼儿教师心理的内在体现，同时也是影响幼儿教师文化质量的重要因素。

（1）农村幼儿教师的个性

在我国的心理学与教育学领域中，"个性"一词经常用来指称两个不同的概念：一是心理学上作为"人格"同义词的广义上的"个性"，指"一个人的比较稳定的心理特征";二是哲学上作为"共性"反义词的"个性"。本研究中的个性意指第一种定义,即农村幼儿教师的个性指的是幼儿教师比较稳定的心理特征,是"人格"的同义词。

　　心理学家的研究表明,根据人们处理人际关系的基本倾向大多数人的个性都可以被归类为四种基本类型:分析型、主导型、温和型和表达型。这四种处理人际关系的习惯性倾向如图 5.7 所示。

　　有学者认为,不同个性的人适合从事不同领域的工作:分析型人士相对而言不表露感情,且在决策中喜欢问很多问题来获取足够信息,对其有吸引力的职业是精算、会计预算、计算机编程和工程师;主导型个性的人相对不表露感情且趋向于告诉别人该怎么做,对其有吸引力的职业是销售经理、推销员、企业主或行政官员;表达型个性的人具有高度的情绪化和爱倾诉的特征,吸引他们的职业通常包括表演、市场营销、广告;温和型的个性是情绪化的本性与好问和喜欢取悦别人的特性混合而成,合适的职业是在稳定的环境下工作,比如管理型工作、公共服务和生产工作。因此,我们也可以认为某些个性类型特别适合做幼儿教师,而有的个性确实不合适。

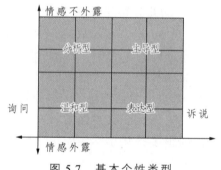

图 5.7　基本个性类型

　　注:分析型——倾向于不表现感情;主导型——倾向于表现感情;
　　　温和型——倾向于告诉别人怎么做;表达型——倾向于问很多问题。

　　通过调查发现,有少部分农村幼儿教师明确表示自己的个性不合适幼教行业:

　　我的个性属于较为内向型的,且不喜欢也不善于在别人面前表达自己,特别是不熟悉的人。在幼儿园上班我最怕的事情就是和各种不同类型的家长沟通交流。读书期间需要学习学前教育专业理论和专业技能两类课程，我对理论课考试自信满满，成绩都不错，可技能课每次我都是班里表现倒数的几位，我就是不喜欢在大众面前表现自己，所以我一直认为我不适合做幼儿教师。

——C老师

当然，我们首先要了解并准确判断自己个性属于哪一种类型，并对自己个性类型所具有的优缺点充分了解，才能提高自己的心理素质，提升自我的文化质量。从调查的结果来看，农村幼儿教师对自己的个性多归类为温和型，其他类型也有一定的比例，如图5.8所示。

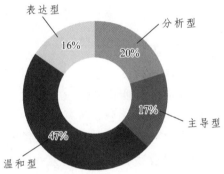

图 5.8 贵州省各地区县（市）幼儿教师个性比例图

如图 5.8 所示，被调查的农村幼儿教师多把自己的个性归类为温和型，共 308 人，占总数的 47%；其次有 132 位幼儿教师认为自己的个性属于分析型，占总数的 20%；较少的为主导型和表达型，分别是 109 和101 人，占总数的 17%和 16%。依据学者对个性类型与职业的关系研究，我们可以看到四种个性类型中表达型和温和型这两种个性比较适合幼教行业。表达型个性的人具有高度的情绪化和爱倾诉的特征，而做为一名幼儿教师要有充分的表达欲望才能很好地处理自己和他人（同事、幼儿、家长）的关系；温和型的个性是情绪化的本性与好问和喜欢取悦别人的特性混合而成，合适的职业是在稳定的环境下工作，幼儿教师相对而言就是一个较为稳定的工作环境，且好问是做好一个优秀教师的基本特质，幼儿教师实际上还是一个取悦同事、幼儿、家长等很多人的工作。总体而言，温和型个性的人是比较适合做幼儿教师的，而被调查的幼儿教师中有差不多一半的人都属于温和型的个性，这对于塑造幼儿教师的文化质量是极其关键的。因为，人的行为会经常受到个性特征的影响，一个幼儿教师的个性决定其行为表现，而这种行为表现自然会体现在教育教学的行为中。幼儿的学习与行为显然与教师教育教学行为有关，间接地也受幼儿教师个性的影响。

当然，个性（同义"人格"）具有稳定性的本质特征，即俗话所说的："江山易改，秉性难移"，这里的"秉性"就是指人格。但强调人格的稳定性并不意味着人格在人的一生中是一成不变的，随着生理的成熟和环境的改变，人格也可能产生或多、或少的变化。[①]因此，幼儿教师的个性是幼儿教师个人所不能决定的，但如果我们能认清自己的个性或人格属于哪一种类型，并通过自我学习、自我成长努力把自己的个性朝着更适合幼儿教师这个职业的方向进行塑造，争取成为一名快乐的、优秀的幼儿教师是可能的。

（2）农村幼儿教师的气质

气质是表现在心理活动的强度、速度、灵活性与指向性等方面的一种稳定的心理特征。即我们平时所说的脾气、秉性。人的气质差异是先天形成的，是人的天性，无好坏之分。气质不能决定一个人的成就，任何气质的人只要经过自己的努力都能在不同实践领域中取得成就。[②]依据已有学者对人的气质类型以及适合工作的研究我们发现，虽然任何气质的人经过自己的努力都能在不同实践领域中取得成就，但个体的气质类型决定了其心理特征，并持有相对应的典型表现，不同的典型表现确实存在较为适合的职业。如表5.6所示：

表5.6 气质类型与适合职业类型表[③]

| 气质类型 | 胆汁质<br>（兴奋型） | 多血质<br>（活泼型） | 粘液质<br>（安静型） | 抑郁质<br>（抑制型） |
|---|---|---|---|---|
| 心理特点 | 坦率热情；精力旺盛，争强好胜，热情直率、表里如一，但遇事欠思量，鲁莽冒失，易感情用事 | 活泼好动，善于交际；思维敏捷；情绪情感易变等，但缺乏耐心和毅力，稳定性差 | 稳重,考虑问题全面；安静,沉默,善于克制自己；善于忍耐,但主动性较差，行动迟缓 | 沉静、对问题感受和体验深刻；持久；情绪不容易表露，但反应迟缓，软弱胆小，优柔寡断 |

---

① ② 彭聃龄. 普通心理学（修订版）[M]. 北京：北京师范大学出版社，2004：426-427.

③ 主要参考彭聃龄. 普通心理学（修订版）[M]. 北京：北京师范大学出版社，2004：435-436.

续表

| 气质类型 | 胆汁质（兴奋型） | 多血质（活泼型） | 粘液质（安静型） | 抑郁质（抑制型） |
|---|---|---|---|---|
| 典型表现 | 具有强烈的兴奋过程和比较弱的抑郁过程，情绪易激动，反应迅速，行动敏捷，暴躁而有力等 | 敏捷好动，善于交际；富有精力而效率高；精神愉快，朝气蓬勃；兴趣广泛，情感易变等 | 态度持重，交际适度，情感不易激动、发脾气，能自制，也不常常显露自己的才能 | 有较强的感受能力，易动感情；外表行为非常迟缓，优柔寡断，容易恐惧 |
| 适合职业 | 管理工作、外交工作、驾驶员、服装纺织业、餐饮服务业、医生、律师、运动员等 | 导游、推销员、节目主持人、演讲者、外事接待人员、演员、市场调查员、监督员等 | 外科医生、法官、管理人员、出纳员、会计、播音员、话务员、调解员、教师、人力人事管理主管等 | 校对、打字、排版、检察员、雕刻工作、刺绣工作、保管员、机要秘书、艺术工作者、哲学家、科学家 |

从表5.6可以看出，最适合做教师的是粘液质（安静型）气质的人，这类型人的心理特点是稳重，考虑问题全面；安静，沉默，善于克制自己；善于忍耐。这些特征是极其有利于教师教学和管理工作的。稳重才能成为真正有学识可以让学生学习的人；考虑问题全面才能更好地管理班级，处理好师生关系、同事关系以及与家长的关系；安静是一个学者应具有的基本品质，不为世俗环境所烦扰、静心学习才有能力教好学生。

通过抽样调查我们可发现农村幼儿教师气质的分布比例较为有利于提升农村幼儿教师的文化质量，如图5.9所示：

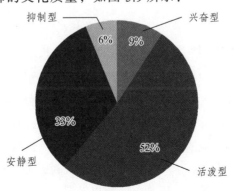

图 5.9　贵州省幼儿教师气质比例图

从图 5.9 可以看出，农村幼儿教师的气质比例分别是：兴奋型（胆汁质）为 61 人，占总数的 9%；活泼型（多血质）为 337 人，占总数的 52%；安静型（粘液质）为 212 人，占总数的 33%；抑制型（抑郁质）为 40 人，占总数的 6%。总体来看，农村幼儿教师的气质类型比例较大的是活泼型和安静型，结合图 5.9 可知，较适合做教师职业的人其气质类型是安静型，在此不重复论述。而活泼型

气质的幼儿教师所占比例是最大的，但笔者认为这并不影响这类幼儿教师成为优秀的幼儿教师，原因有二：其一，心理学家认为气质不能决定一个人的成就，任何气质的人都可以经过自己的努力在不同实践领域中取得成就。换句话说除了最适合做教师的安静型气质的人可以成为优秀幼儿教师，活泼型气质的人也可以；其二，活泼型气质的人心理特征是活泼好动、善于交际、思维敏捷等，这些心理特征正是幼儿教师所需具备的。幼儿教师和其他教育阶段的教师还是有区别的，幼儿教师的教育对象为幼儿，幼儿活泼好动，必须通过多形式的活动组织方式才能实现高质量的教学活动。再者，活泼型气质的人适合的职业有节目主持人、演讲者、演员、外事接待人员等。实际上，幼儿教师可以说是这些角色的综合体，幼儿教师是幼儿园教学活动的"节目主持人"；是童话故事的"演讲者"；是角色游戏中优秀的"演员"；是幼儿、家长以及参观者的"接待员"。另外，从图 5.9 我们也可以看到，农村幼儿教师中属于兴奋型、抑制型气质的比例较小，分别是 9% 和 6%，从这两类气质类型人的心理特征和典型表现来看，这两类人确实不适合做幼儿教师，但是这两种类型气质的少部分幼儿教师可以通过自我调整、自我学习在幼教领域中获得更大的成就。

### 3. 农村幼儿教师的兴趣、爱好与特长

农村幼儿教师的兴趣、爱好与特长是体现幼儿教师文化丰富与否的显性窗口，更是体现其文化质量的重要因素。从调查中发现有少部分幼儿教师表示自己无兴趣爱好与特长，大部分幼儿教师的兴趣、爱好与特长主要和学前教育专业有关，比如弹、唱、画、跳等。当然，也有一些较为高雅、简单的兴趣爱好。从下图可看出农村幼儿教师的兴趣爱好与特长大致可以分为文化学习、运动、生活以及新媒体四类。如图 5.10 所示。

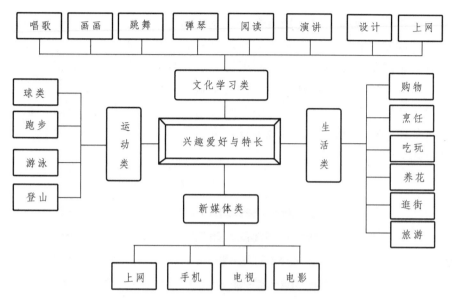

图 5.10 贵州省农村幼儿教师的兴趣爱好与特长

通过调查可以发现，首先，农村幼儿教师的兴趣爱好丰富程度一般，不至于很单调，但也没有城市生活丰富；其次，农村幼儿教师的兴趣爱好和所学专业的关系较为密切，这对幼儿教师的专业发展是起积极作用的；最后，农村幼儿教师实现兴趣爱好的条件较为有限，比如很多幼儿教师表示自己特别喜欢弹钢琴，可在农村幼儿园一架钢琴都没有。在农村幼儿教师的兴趣爱好多因地制宜，比如养花、跑步等，幼儿教师只能根据条件来选择兴趣爱好，久而久之自然会降低兴趣爱好的品质和丰富性，进而影响其文化质量。

## 四、农村幼儿教师的工作质量

教师的工作质量，是指教师教育教学的实践能力和效果，包括教书育人的经验、教科研成果、人格在师生乃至社会上的影响力、所教学生的优秀率、所教学生的成才率等具体内容。[①]幼儿教师的工作质量同样也可以从教学经验、教科研成果、所教学生优秀率等内容来体现，但幼儿教师的工作性质和其他阶段教师的工作相比又具有一定的特殊性，为此

---

① 钟守权. 教师质量研究引论[J]. 中小学教师培训，1999（3）：4.

基于钟守权对教师工作质量的界定以及《幼儿园教师专业标准》对幼儿教师专业能力的分类，笔者认为从保教经验、教科研成果、所带班级幼儿表现、幼儿教师环境创设与利用能力、一日生活组织和保育能力、游戏活动组织的能力、教育活动设计与实施能力、激励与评价能力、沟通合作能力以及反思与发展能力来对农村幼儿教师的工作质量进行考察则更为全面。从抽样调查的结果来看，贵州省农村幼儿教师的工作质量整体情况如图 5.11 所示。

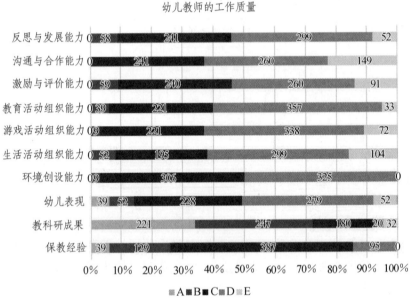

幼儿教师的工作质量

图 5.11　贵州省农村幼师工作质量比例图

注：1. 保教经验、教学科研成果和所带班级幼儿的突出表现的 A＝非常少；
B＝比较少；C＝一般；D＝比较多；E＝非常多。
2. 环境创设能力、生活组织能力、游戏活动组织能力、教育活动组织能力、激励评价能力、沟通合作能力以及反思发展能力的 A＝非常差；
B＝比较差；C＝一般；D＝比较好；E＝非常好。

## 1. 保教经验

保育和教育是幼儿园工作的两大任务，因此幼儿教师工作质量的衡量实际上就是要从保育和教育这两个方面来进行。从图 5.4.1 来看，抽样调查的 650 名幼儿教师中，有 387 名幼儿教师认为自己的保教经验一般，占总数的 60%；有 129 名幼儿教师认为自己的保教经验比较少，占总数的 20%；有 95 位幼儿教师认为自己的保教经验比较多，占总数的 15%；39 名幼儿教师认为自己的保教经验非常少，占总数的 6%；没有一位幼儿教师认为自己的保教经验非常多。这个整体情况与幼儿教师年龄和教龄是基本吻合的，多数的幼儿教师教龄较短，自然会存在保教经验不足的状况。总体而言，农村幼儿园较为缺乏一些具有丰富保教经验的幼儿教师，这不仅关系到年轻幼儿教师教学经验的学习，也会直接影响幼儿园整体的教学质量和发展路向。

## 2. 教科研成果

对幼儿教师而言，应着重开发引导教师的教科研活动，这不仅是他们保教经验的总结和升华，而且可以对其他幼儿教师的教育教学有较强的影响和辐射力，更是幼儿教师自我发展、自我提高的重要渠道。从图 5.11 来看，抽样调查的 650 名幼儿教师中，有 221 名幼儿教师认为自己的教学科研成果非常少，占总数的 34%；247 名幼儿教师认为自己的教学科研成果比较少，占总数的 38%；认为自己的教学科研成果一般的是 130 名，占总数的 20%；只有 20 名幼儿教师认为自己的教学科研成果比较多，32 名幼儿教师认为自己的教学科研成果非常多，分别占总数的 3% 和 5%。总体而言，抽样调查中 72% 的农村幼儿教师都认为自己的教学科研成果较少，原因是多方面的。通过对农村幼儿教师的访谈我们也可以了解到一些实际情况。

Z 老师：我对科研确实不感兴趣，幼儿园工作很多又繁杂，每天都像打仗一样，上班时间把正常工作处理好就很不错，下班后累了一天实在不想花时间搞科研……

X 老师：科研是什么我到现在也没有搞清楚，大学的时候平时也没怎么接触，只是毕业的时候写个毕业论文，还是拼凑完成的，就算想做科研，但没有有科研经验的老师带实在不知道从何下手。

L 老师：总听别人说教学科研是相互促进的，可我个人总摸不到门路，我个人觉得教学就是教学，和科研扯不上关系，科研应该是更高层次的科研人员来完成的事情，和一线教师关系不大。

从这三位幼儿教师的表述我们基本能了解在农村一线幼儿教师对教学科研的三种基本状态：其一，工作太忙，没有兴趣；其二，有兴趣，没门路；第三，对教学科研二者的误解。

可喜的是，在调查中我们发现了一些农村幼儿教师对科研还是很感兴趣的，且已经完成或在做一些教科研项目，如 X 老师在研的"民族地区农村幼儿园"三二一"教学实践探索"教育科学规划课题，参与在研的"关于激励机制"优的 N 次方"在教育教学实践中的应用与研究"教育科学规划重点课题。这也就意味着教科研在农村幼儿园一线教师中已不是一种虚幻的事情，且调查中也发现一些幼儿园对幼儿教师做科研也非常地支持，一些课题没有经费，幼儿园在经费极为困难的条件下也给了老师一定的经费支持，这无疑是对农村幼儿教师做科研的较为有效的一种激励。

总体而言，农村幼儿教师的教科研还是不理想的，成果较少、老师兴趣不浓、没有更多学习的机会、工作太多且繁杂等都是造成农村幼儿教师教科研较差的直接原因。另外，根据了解也发现，农村幼儿教师的教科研还存在成果审查不严格，研究思路与方法不够清晰，领导不够重视以及经费不到位等问题。

### 3. 所带班级幼儿突出的表现

教师的工作质量一般可以通过所教学生的优秀率、成才率来衡量，可对于幼儿教师而言却不现实，原因是学前教育是基础教育的"基础"，重点在于培养幼儿良好的学习习惯而不是真正的学科知识，难以通过考试分数来衡量。另外，学前教育的影响具有长远性，也就是幼儿教师的工作质量要在幼儿后期的发展中才能显现出来。为此，在此笔者只能通过幼儿教师所带班级幼儿突出表现来简单衡量幼儿教师的工作质量。

从图 5.11 来看，幼儿教师认为自己所带班级幼儿突出表现非常多的是 52 人，占总数的 8%，认为比较多的是 279 人，占总数的 43%；认为一般的是 228 人，占总数的 35%；认为比较少的是 52 人，占总数的 8%；认为非常少的是 39 人，占总数的 6%。从幼儿突出表现来看，认为自己所带班级幼儿突出表现较好的占总数的 51%，我们可以认为农村幼儿园教师的工作质量一般，认为本班幼儿突出表现较多的仅占一半左右。

### 4. 环境创设与利用的能力

《幼儿园教师专业标准》提到幼儿教师要具备环境创设与利用的能力，包括营造良好师生关系、同伴关系等心理环境，营造良好的班级氛围，创设促进幼儿成长的教育环境以及提供学教具引导支持幼儿的主动活动。总体而言，幼儿教师要创设和利用的环境不仅包括物质环境（教室内外环境布置、学教具），还包括人际关系（师幼关系、幼幼关系）以及班级氛围等心理环境。

从贵州省农村幼儿教师抽样的调查结果来看（见图5.11），没有幼儿教师认为自己环境创设和利用的能力非常差；19人认为比较差，占总数的3%；306认为一般，占总数的47%；325人认为比较好，占总数的50%；没有幼儿教师认为自己环境创设与利用的能力非常好。总体而言，农村幼儿教师对自我环境创设和利用的能力评价较为合理，即存在做得好的方面，但也有很多地方做得不够，这和调查过程中笔者了解到的情况是相吻合的。

图 5.12-1　绿色植物进园

图 5.12-2　废旧物成摆设

图 5.12-3　单调的室内外环境布置

农村幼儿园的物质环境（如组合图 5.12 所示），相对城市幼儿园而言是较为简单的，资金、材料的缺乏以及幼儿教师的精力都是导致此现状的主要原因。但调查发现，农村幼儿教师因地制宜地创设环境的能力还是较好的，如图 5.12-1 所示幼儿教师把乡村植物搬进了幼儿园，教室走廊是各种废弃材料瓶子种的植物，厕所简陋的墙也因为绿色的点缀呈现出生气。通过利用乡村处处可见的植物来装扮简单的物质环境确实是创设农村幼儿园的一个很好的方法，既经济又环保，还让生活在自己熟悉植物中的幼儿倍感亲切与温馨。但农村幼儿教师对环境的创设和利用也存在很多的问题，如图 5.12-2 所示，从照片中我们可以看到货架上有很多收集来的废旧物，有辣椒酱空瓶、洗洁精空瓶、牛奶空纸盒和鸡蛋包装皮等，这些材料可以在物质环境布置中发挥很大的作用，但却只是当废品摆设着未利用。又如图 5.12-3 所示，幼儿园教室内外的环境布置包括教室主题墙、教室顶墙、走廊大面积使用的材料就是纸，各种颜色材质的纸，而实际上像走廊这种时刻遭遇风吹雨淋的地方并不适合用纸来布置。

幼儿园的心理环境，包括人际关系（师幼关系、幼幼关系）以及班级氛围等心理环境的创设，相对物质环境而言并未得到应有的重视。很多幼儿教师关注更多的只是教室漂不漂亮，教玩具多不多，很少会关注到班级的氛围和幼儿的心理。调查过程中，一个小男孩静坐的场景笔者仍印象深刻：

### 男孩被静坐：位置不够

下午 3:00 左右，我走进一个小班教室。这个教室不大，勉强能容得下这些孩子，孩子坐在自己的板凳上吃苹果，偶尔有一两个小孩小声说话，整体而言还是很安静的。带班老师告诉我班上一共 26 个孩子，和中班、大班相对比几乎少了一半，还是挺好带的。通过观察也发现，这个班级的孩子确实纪律较好，孩子和孩子之间的冲突行为也较少，教师的威信可以让每一个幼儿服从。见到陌生人到来，人来疯的孩子们就有起哄的苗头，老师一声喝止，马上安静下来。当我轻轻踱步到教室后面，我才发现有一个男孩安静地单独一个人挨着教室墙坐着，我蹲下微笑地问小男孩："你怎么一个人坐这里啊？是不是被老师罚静坐了啊？"（在幼儿园孩子不听话时老师习惯罚孩子单独静坐）小男孩睁大眼睛看了看我，无语地低下头又无聊地看着其他孩子。休息期间，我跟带班老师了解情况，带班老师告诉我："这个小男孩相对来说是比较调皮的，不过今天没有犯错。之所以让他自己坐教室后面是因为我们班一共 26 个孩子，今天有一个孩子请假，一个桌子可以坐 6 个，四个桌子坐满刚好剩下一个，就让他自己坐后面了，不用多放一个桌子，教室太小。"整个下午，直到家长接园，其他孩子走了带班老师才让小男孩坐到桌子旁的位置上。

静坐在幼儿园是一种惩罚措施，类似于以前的禁闭，当一个孩子做出不适宜行为时幼儿教师可以让孩子离开活动或停止交往，并让他坐下来看别人玩。静坐实际上也是一种冷暴力，经常被处罚的孩子会在心理上受到伤害，所以专家建议静坐的策略不能像别的方法那样频繁地被使用。从这个案例中我们可以看到，这位带班幼儿教师并未意识到当这个男孩没有犯错时把他单独放置在教室后面坐着其实是一种不恰当的惩罚。这首先会对小男孩的心理造成困惑或伤害，孩子可能一天都在想着我没有犯错为什么老师罚我一个人坐；其次还会对班级规则的建立造成困扰，其他的孩子就会感到疑惑，遵守规则也有可能被罚，不遵守规则也不一定被罚。

## 5. 生活组织和保育的能力

学前儿童身心发展不完善，生活经验缺乏，加上他们好奇、好动以及爱探索的特征，使得对现实生活中的危险事务不能及时有效地做出判断并预见其后果，进而导致其自我保护能力较差。为此，保护幼儿生命安全和促进幼儿健康成长始终是幼儿园工作的主要任务，保育工作应在幼儿园工作中占据重要的位置。关于一日生活组织和保育能力的调查，从问卷结果来看，299 位幼儿教师认为自己的能力比较好，占总数的 46%；

104 位幼儿教师认为自己的能力非常好，占总数的 16%；认为自己能力一般的有 195 位教师，占总数的 30%，认为自己能力比较差的有 52 人，占总数的 8%；没有幼儿教师认为自己的能力非常差。整体来看，有 62% 的幼儿教师认为自己一日生活和保育能力较好，认为比较差的才 8%，这个状况对于正在发展中的农村幼儿园而言还是较为乐观的。但通过对农村幼儿教师的调查我们可以发现，幼儿教师在一日生活组织和保育工作中存在的问题还是较为严重的，当然这些问题有主观因素也有客观因素，我们重点从日常生活组织和保育工作两方面分析。

（1）日常生活组织

日常生活活动是指学前教育机构中满足儿童基本生活需要的活动，主要包括餐饮活动、睡眠活动、盥洗活动、入厕活动、整理活动、散步、自由活动等。[①]儿童的年龄特点决定了日常生活的重要性，日常生活的每一个环节、每一个方面既是幼儿学习的内容也是儿童学习的途径。

调查过程中发现，很多的农村幼儿教师反映农村孩子比城里孩子的自理能力、自我活动能力等都较强，幼儿教师也很有意识去培养幼儿的生活能力。如在李老师带的小班，孩子收拾整理物品的能力就较强，我们看到了一个很有秩序的场景：

下午 4:30 接园时，很多家长已经在幼儿园大门等候着，闹哄哄的一片。教室里的孩子听到声音也已经有点坐不住了，有的孩子不自觉就起身收拾自己的书、笔等物品等着家人接园。时间一指向 4:30，幼儿园大门一开，很多家长就快速地跑进来，直接冲向孩子（速度很快，且乱）的教室门口排队接孩子。一位接着一位的家长拿着接送牌等待着，老师每拿到一个接送牌就念一个孩子的名字，教室里的孩子从窗户看到家长情绪也相当的高涨，竖起耳朵听着老师念，一念到自己的名字赶紧背上书包，一把提起自己的椅子（塑料椅子）奔到教室后墙，到固定的位置后举起椅子叠放上去就跑到家长前面来。"李老师，再见"；"李老师再见"……随着一声声的再见，孩子们被接走的越来越多，教室后排的椅子也叠加得越来越高，以至到后面的小孩必须高高踮起脚尖经多次尝试才能把椅子叠上去。如图 5.13 所示。

---

① 郑键成. 学前教育学[M]. 上海：复旦大学出版社，2010：103.

图 5.13　幼儿整理的椅子

从图 5.13 我们可以看到，由于叠加的椅子越来越多，每一垒椅子都较大角度地向前倾斜，在孩子叠加椅子的过程中笔者还多次看到椅子摇晃严重及时加以扶持，唯恐倒下伤害到孩子。可在整个过程中，老师都没有注意到椅子的问题，经提示后才发现存在的危险。

农村幼儿园的孩子由于父母较忙且疏于管理，很多孩子的自理能力和自我活动能力都较好，幼儿教师也意识到了这一点。比如孩子攀爬能力、跑跳能力都较强，力气大，胆子也大，这些确实是孩子能力得到良好发展的重要体现。但农村幼儿教师也往往容易忽略孩子这些优势能力所存在的安全隐患也较大，比如孩子的攀爬能力不仅用来爬滑滑梯还爬墙爬树，危险系数也就更大了。为此，幼儿教师的日常生活组织能力要充分结合农村幼儿园的环境和农村幼儿的特点来进行加强，因地且因材来进行施教。

（2）保育工作

幼儿教师的保育工作实际上主要涉及的就是日常生活组织的内容，在此我们主要从保育工作的保育意识、卫生保健和安全保障这几个方面来探讨农村幼儿教师的保育工作。

第一，保育意识。相对于其他各项工作来说，幼儿园对保育工作的重视程度与发展不够，特别是农村幼儿园。

作为幼儿园的负责人，目前我对我们幼儿园的保育工作最为担心。由于经费问题，我们请不起保育员，这也就意味着原来两教一保的工作都由两个幼儿教师来负责。但我们每个班的孩子都超标，两个老师根本忙不过来，加上农村孩子的自理能力较强，很多的保育工作还做得较为马虎。可实际上，不管小中大哪个年级保育工作都是非常重要的。我还发现一个问题：一些较为年轻的"90后"中专幼儿教师，责任意识不强，又是家里的娇娇女，一些脏点累点的保育工作根本不愿意去做，这也是目前我们保育工作的一个难题……

——H园长

第二，卫生保健。卫生保健是幼儿园保育工作的重点，比如对幼儿进行晨检（摸摸额头、看看眼睛、照照喉咙、查查指甲和口袋），发现异常情况及时处理。如发烧、患传染病或携带不安全的玩具等。通过调查发现，农村幼儿园极少有专门的保健医生，所以很多应该由专业的保健医生做的事情都附加在幼儿教师的身上，比如晨检、给生病的孩子服药等。有些较大规模的幼儿园会专门指定一些较有经验的老教师做晨检工作，而有的幼儿园因为师资不够直接就省略了晨检工作，这对群体生活中的幼儿而言是极其危险的，个别幼儿的生病由于交叉感染很容易传染给其他的幼儿。一些园长还反映现在很多学前教育专业毕业的教师卫生知识较为缺乏，很多连基本的急救常识都没有，这也是导致卫生保健工作质量较差的一个重要原因。

第三，安全保障。安全保障是保护幼儿生命安全的前提，也是幼儿园保育工作的重中之中。幼儿安全涉及很多方面，比如食品安全，我们将从两个具体案例来了解农村幼儿园幼儿教师食品安全措施的实施现状。

### 图片上的四季豆

我们今天调查的 P 幼儿园是一个走上正轨的幼儿园，用园长的话来说就是：一些市里的园长要调查农村幼儿园，走了一圈到了我们幼儿园就说只有我们这才能称得上是幼儿园，其他的最多只能算是一个教学点。可就是在这样一个正规的农村幼儿园里也没有专门的食堂管理和采购人员，全幼儿园的各个方面的管理都是园长一个人完成，食堂采购由 C 男教师兼任。当问及如何给幼儿配餐时，这位负责采购的年经男教师马上表示自己没有营养学方面的知识，主要是依据荤素进行搭配。当我们走到食堂门口，呈现在我们眼前的首先是食品图片，各种图片上展示的都是色香味俱全的菜色。园长一一给我们介绍各类菜色的名称，当园长指到一张四季豆的图片正要介绍时，脸色不对了，转向负责贴照片的 C 老师说："这里怎么会有这张照片啊？四季豆引发幼儿中毒或进食问题的事故已有多起，赶紧撕下来。"然后面对我们解释说："我们实际的菜谱中是没有四季豆的，因为四季豆没有彻底煮熟的话是有毒的，而且四季豆的豆米幼儿如果不嚼碎容易哽到喉咙。"

在这个案例中，幼儿园的实际菜谱中有没有四季豆我们暂时无从考究，但存在的隐患确实是不容忽视的。首先，如果这个幼儿园真的有四季豆这道菜，那就意味着孩子在吃四季豆的过程中存在中毒或哽住的危险；其次，如果幼儿园没有四季豆这道菜，但却有菜谱的图片，起码说明幼儿园食堂管理存在不严密的问题。

### 制度下的漏洞

良好的食品安全管理必须是在完善的食品安全制度下实现的，所以食品安全制度的建立是非常必要的。Q 幼儿园的食品安全的规章制度张贴在厨房正面的墙壁上，包括了《食堂卫生检查制度》《配餐制度》以及《食品采购、验收员职责》等，我们摘录每个制度中的一个条件进行分析就可以了解到这些制度下漏洞百出的现状：

（三）管理人员及保健医生每天对食堂卫生进行检查，每周组织全园大检查，并做好记录。

——《食堂卫生检查制度》

（二）认真执行食品验收制度，每天对配货中心送来的货品进行验收、过秤，严把食品卫生质量关、数量关。

——《食品采购、验收员职责》

（四）凡存放熟食品的容器要消毒后才能使用。

——《配餐制度》

首先，《食堂卫生检查制度》规定管理人员及保健医生每天对食堂卫生进行

检查，可这个幼儿园既没有专门的食堂管理人员也没有保健医生，按时按质对食堂进行检查的工作自然就也形同虚设了。其次，《食品采购、验收员职责》条例规定采购人员要认真执行食品验收制度，每天对配货中心送来的货品进行验收、过秤，严把食品卫生质量关、数量关。可这个幼儿园的采购工作是通过三个班六位幼儿教师每天轮流一个人背着背篓去赶集随机采购的方式来完成的。按老师说的：乡下地方有什么卖的就吃什么，什么营养就谈不上了。调查当天正值当地玉米大量丰收，幼儿的午点就是一人一根玉米棒。按照常规，采购的食品要留样 48 小时，要是出现事故有样可查，但老师经常忘记留样。最后，该幼儿园的《配

餐制度》规定凡存放熟食品的容器要消毒后才能使用，可调查发现很多农村幼儿园连消毒柜都没有或者坏了没有使用。

从种种的现象我们可以看到农村幼儿教师担负的工作职责要比城市正规的幼儿教师多得多，他们既是教学老师也是保育员，既是幼儿教师还是食堂采购员、财务管理人员、保健医生，正可谓是集诸多角色于一身。正是这么复杂的身份让幼儿园教师的一日生活组织和保育的质量很差，也就越显幼儿教师的生活组织和保育能力差。当然，农村幼儿教师生活保育能力较差的事实存在既有客观原因也有主观原因，年经幼儿教师保教经验的不足也是导致生活组织保育质量较差的主要的主观原因。

### 6. 游戏活动组织的能力

游戏活动组织能力主要指幼儿教师对游戏活动的支持和引导的能力，《幼儿园教师专业标准》提到游戏活动的支持和引导能力是指幼儿教师提供符合幼儿游戏的条件，包括时间、空间、材料，并鼓励幼儿自主游戏，引导幼儿在游戏中获得多方面的发展。从调查结果数据（图 5.11）来看，没有农村幼儿教师认为自己的游戏活动组织能力非常差；19 位幼儿教师认为自己游戏活动组织能力比较差，占总数的 3%；221 位幼儿教师认为是一般，占总数的 34%；338 位幼儿教师认为是比较好，占总数的 52%；72 位幼儿教师认为是非常好，占总数的 11%。从调查结果来看，农村幼儿教师的游戏活动组织能力比较强，特别是对地方性民族民间儿童游戏的开发与利用。如组图 5.14 所示。

图 5.14-1 游戏园本教材图

5.14-2 游戏材料园本教材

图 5.14-3 园本教材的游戏　　图 5.14-4 墙面游戏宣传栏

图 5.14-1 和图 5.14-2 都是农村幼儿园自主开发的园本游戏教材，幼儿园从园所层面出发（如图 5.14-4 幼儿园墙面的游戏宣传栏），充分调动幼儿教师的积极性，收集本地特色的民间儿童游戏，编成册做为幼儿园游戏活动的蓝本。从图 5.14-3 我们可以看到教材中对每一种民间儿童游戏的介绍都非常地详细，包括游戏材料、材料的制作步骤、成品图、玩法以及功能等，为每一位指导游戏的幼儿教师提供了可操作的说明和过程。农村幼儿园扎根乡下自然就更接近乡土文化，农村幼儿教师对地方性民间游戏的开发有地域的便利性。同时，利用农村现有的游戏材料来玩幼儿熟悉的儿童游戏也解决了农村幼儿园游戏材料缺乏和单一的问题，从这一个层面来看农村幼儿教师游戏组织能力还是较强的。

但在调研中也发现，农村幼儿教师在组织儿童游戏的过程中也存在一些需要改进的问题。比如，幼儿教师游戏指导过渡，使得孩子失去主动探索的机会；游戏玩法说明不够具体和明确，导致幼儿在游戏中无所适从；提供游戏材料后具体指导不够，导致幼儿游戏效果不佳等。

### 7. 教育活动计划设计与实施的能力

《幼儿园教师专业标准》提到幼儿教师要具备教育活动的计划与实施的专业能力，包括制定阶段性的教育活动计划和具体活动方案；在教育活动中观察幼儿，根据幼儿的表现和需要调整活动，给予适宜的指导；在教育活动的设计和实施中体现趣味性、综合性和生活化，灵活运用各种组织形式和适宜的教育方式以及提供更多的操作探索、交流合作、表达表现的机会，支持和促进幼儿主动学习。从调查结果（图 5.11）来看，没有幼儿教师认为自己的教育活动组织能力非常差；39 位幼儿教师认为自己教育活动组织能力比较差，占总数的 6%；221 位幼儿教师认为一般，占总数的 34%；357 位幼儿教师认为比较好，占总数的 55%；33 为幼儿教师认为非常好，占总数的 5%。单独从数据来看，农村幼儿教师活动组织能力较好，60% 以上的幼儿教师都认为自己的教育活动组织能力较好，认为差的才 6%。当然，在农村幼儿园非专业的长教龄幼儿教师和偏年轻的幼儿教师比例较多，其组织的教育活动基本能实现目标，但组织过程中所呈现出来的一些问题也是不容忽视的。

（1）教育活动计划设计能力

首先，教育活动计划设计内容较为混乱。主题活动是围绕某一中心，以主题所蕴含的基本事件、事实、现象为中心形成的一种课程设计。比如图 5.15 所示关于人的主题活动设计：

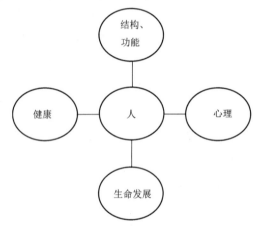

图 5.15　人的主题活动

按照主题活动设计的基本框架我们来看这位教师做的本周本班课程计划。

第十六周班级课程计划

| 上周情况分析 | | | 由于端午放假，上周的教学有所调整 |
| --- | --- | --- | --- |
| 主题名称 | | | 主题五："大树朋友" |
| 本周活动重点 | 自由活动 | 活动区 | 活动中要遵守规则，有良好的合作能力，懂得谦让和分享 |
| | | 户外活动 | 走吊桥、戏水池、玩滑梯 |

续表

| 本周活动重点 | 教学活动 | 1. 了解每个季节树木的变化，在活动中让幼儿知道每个季节的树都是不一样的<br>2. 让幼儿发挥自己想象，想象出树叶能做什么样的物品 | | | |
| | 生活游戏 | 区角活动、戏水区<br>游戏中遵守规则，注意安全，懂得保护自己 | | | |
| 家长工作 | 1. 天气炎热，请家长注意幼儿个人卫生。<br>2. 家长带孩子认识各种各样的树。 | | | | |

课程安排

| | 星期 | 一 | 二 | 三 | 四 | 五 |
|---|---|---|---|---|---|---|
| 上午 | 共同性活动 | 《小树和小蚂蚁》 | 《运木材》 | 复习《你我手牵手》：珍贵的礼物 | 复习《你我手牵手》：一起生活的动物 | 复习《你我手牵手》：拉拉钩 |
| | 选择性活动 | 操作记录单 | 操作记录单 | 国学：古诗《望庐山瀑布》 | 国学：古诗《望庐山瀑布》《咏柳》 | 泥塑活动 |
| 下午 | 选择性活动 | 绘本故事 | 《小树喝水》 | 民间游戏：划龙舟 | 故事欣赏 | 民间游戏：背人 |
| | 自由活动 | 戏水池 | 音乐小游戏 | 绘画活动 | 音乐小游戏 | 七巧板拼图 |
| 餐前游戏 | | 音乐活动 | 手指游戏 | 儿歌欣赏 | 手指游戏 | 手指游戏 |

资料来源：调查者调查收集

主题名称为"大树朋友"，但整个课程计划与大树朋友有关的活动有很多，活动之间的逻辑较为混乱。首先，从本周活动重点来看，主要按照三大活动教学活动、游戏活动和日常生活活动来呈现，包括自由活动、教学活动、游戏活动，但只有教学活动是和"大树朋友"这个主题相关的，自由活动和生活游戏都与主题关系不大；其次，从家长工作来看，第二个家长工作和主题直接相关，而第一个与主题关系不大；最后，从课程安排来看，和主题直接相关的只有星期一、星期二上午的共同性活动以及星期二下午的选择性活动，其他的活动从标题表述来看都与主题无关。

其次，教育活动计划设计表述较为混乱。比如本课程计划中的本周活动重点实际上就是按照幼儿园三大活动来呈现，把"日常生活活动"表述为"自由活动"还勉强说得过去，但把游戏活动表述为"生活游戏"显然是不符合逻辑的，"生活游戏"到底是"生活活动"还是"游戏活动"不够明确。又比如对自由活动、教学活动和游戏活动的补充说明也较为混乱，自由活动补充说明是关于活动中对孩子的要求和目标，而教学活动的补充说明则是关于教学目标的，游戏活动补充说明又是活动内容加上对孩子的要求。从教学活动的目标来看，目标 1 是了解每个季节树木的变化，在活动中让幼儿知道每个季节的树都是不一样的；目标 2 是让幼儿发挥自己想象，想象出树叶能做什么样的物品。目标 1 是从受教育者幼儿的角度进行表述，目标 2 则又是从教育者教师的角度进行表述的，目标表述主体不一是幼儿教师教育活动计划的一个突出问题。

（2）教育活动计划实施能力

第一，撰写教案能力有待改进。如以下小班健康教育教案。

### BH 镇中心幼儿园小班健康教育教案：预防传染病

授课时间：2015 年 9 月 8 日

班级：小（1）班

授课教师：xy

一、活动目标：

1. 了解有关幼儿容易传染上的传染病的情况，根据自己的生活经验说出预防疾病的方法。

2. 培养幼儿的语言表达能力。

3. 幼儿学习一些基本的预防传染病的方法,增强幼儿预防疾病的意识。

二、活动重难点：

重点：了解有关幼儿容易传染上的传染病的情况，根据自己的生活经验说出预防疾病的方法。难点：幼儿学习一些基本的预防传染病的方法，增强幼儿预防疾病的意识。

三、活动准备：

1. 有关传染病的资料与图片。

四、活动过程：

1. 师幼谈话，由幼儿比较熟悉的手足口病谈到传染病。

（1）讨论春秋季为什么是流行性传染病的多发季节？（春天和秋天

气候乍暖还寒，阴雨绵绵，潮湿多雾，气候多变。）

（2）教师告诉幼儿春秋季有哪些流行性传染病会出现？（如感冒、麻疹、咳嗽、腮腺炎、水痘、手足口病等）

（3）重点介绍手足口病的临床表现。

（4）请幼儿讲述自己生病时的经历和感受。（如请医生诊治，要定时服药，多休息，多喝水，痊愈后才回幼儿园上课，等等。）

2. 教师讲述手足口病的传播途径。

（1）幼儿运用自己的已有经验进行讨论。

（2）请语言能力强的幼儿到前面来讲一讲小朋友们的经验。

（3）老师小结：咳嗽、打喷嚏、吐口水、毛巾及手摸过的用具上都会留下细菌，都有可能会传染手足口病的。

（4）很多传染病的传播途径和手足口病是一样的。

3. 幼儿讨论：如何预防手足口病。

（1）提问：我们应该怎样预防传染病？

（2）幼儿自由回答。

（3）老师小结：多喝开水，多吃蔬菜水果、不挑食，勤洗手，勤剪指甲，不喝生水，打预防针，不接触生传染病的人群。

4. 带幼儿到洗手池洗手，结束活动。

首先，教案的结构不完整。该教案包括了活动目标、活动准备、活动重难点以及活动过程，按照幼儿园活动教案的要求还应该包括活动反思这一部分。

其次，教案的格式存在多处错误。存在错别字，把"授课教师"写成"搜课教师"；活动准备中有"1、有关传染病的资料与图片。"却没有"2"；三级标题序号"（1）、"中有"（）"就不应该有"、"等。

最后，语句表述欠准确。如活动目标 1 和 3 是从幼儿角度进行表述；活动目标 2 是从幼儿教师角度表述。

第二，活动指导的能力有待改进。如以下幼儿涂鸦活动指导。

在该幼儿园，幼儿涂鸦活动有自己幼儿园开发的《幼儿涂鸦活动手册》，这是幼儿教师能力的一个较好的体现，但在涂鸦活动过程中的指导能力有待加强。

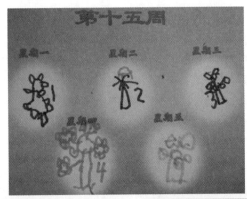

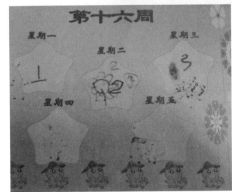

图 5.16　幼儿涂鸦活动手册作品

　　如图 5.16，这三幅作品都是幼儿在第十六周星期二下午涂鸦活动中的作品，分别来自三位幼儿。我们可以看到，有一位幼儿涂的是第十五周的作业，而有两位幼儿涂的是第十六周的作业，而幼儿教师没有做出统一的要求。我们再从第十六周的两幅作品来看，左图幼儿的主题是数字，写上 1、2、3 数字后，2 的地方画上一个小花；而右图的幼儿主题较为丰富，分别为小鸟、火箭和小狗。涂鸦活动开始时幼儿教师只是告诉幼儿想怎么涂就怎么涂，涂鸦过程中没有具体的指导。涂鸦活动结束后，幼儿一个个把涂鸦本交上去，没有统一的点评。此次的涂鸦活动是集体教学活动，幼儿教师的指导是远远不够的，对促进幼儿发展的作用没有很好地体现出来。

## 8. 激励与评价的能力

　　《幼儿园教师专业标准》提到，幼儿园教师要具有激励与评价的专业能力，具体是指幼儿教师要注重激发和保护幼儿的积极性、自信心，客观地、全面地评价幼儿，并有效运用评价结果指导下一步教育活动的开展。从图 5.11 来看，没有幼儿教师认为自己激励与评价的能力非常差；有 59 位幼儿教师认为是比较差，占总数的 9%；240 位幼儿教师认为是一般，占总数的 37%；260 位幼儿教师认为比较好，占总数的 40%；91 位幼儿教师认为非常好，占总数的 14%。从数据结果来看，只有 9%的农村幼儿教师认为其激励与评价的能力较差，整体而言的激励与评价的能力较好。但在观察中也发现，农村幼儿教师在激励与评价幼儿中存在一些问题，比如表扬泛滥，即幼儿一些不值得表扬的行为也给予表扬，表扬的语句甚至成为幼儿教师的口头语；"小红花"现象突出，即幼儿教师激励方式就是奖励小红花，不能根据幼儿的兴趣和心理需求来进行奖励。此类行为都说明农村幼儿教师也包括其他幼儿园教师激励与评价过程中方式方法存在的问题，激励与评价的有效性才是衡量幼儿教师激励与评价能力的有力依据。

### 9. 沟通与合作的能力

《幼儿园教师专业标准》提到，幼儿园教师要具有沟通与合作的专业能力，具体是指幼儿教师要用儿童化语言进行保教工作，与幼儿、同事以及家长有效沟通。从图 5.11 可看出，对于自己的沟通与合作能力，有 241 位幼儿教师认为一般，占总数的 37%；有 260 位幼儿教师认为比较好，占总数的 40%；有 149 位幼儿教师认为非常好，占总数的 23%；没有幼儿教师认为自己的沟通与合作能力差。总体而言，幼儿教师的沟通与合作能力普遍较好，做为教师语言本身就是衡量其专业能力的一个重要因素，而幼儿教师的语言能力更应该比其他阶段教师更强。原因在于其他阶段的教师主要沟通与交流的对象就是学生、同事，而幼儿教师沟通交流的对象除了幼儿、同事还包括家长，幼儿身心发展的特征决定幼儿身心的健康发展必须是家长和幼儿教师的协力合作，这就意味着幼儿教师不仅要会儿童化的语言，还要会说家长愿意听的话。

而对于农村幼儿教师而言，他们的沟通与合作能力更是其工作效果好坏的一个关键因素。通过调查和访谈我们也了解到了农村幼儿教师与幼儿家长沟通与合作方面存在的一些主要问题。

农村的家长文化水平都较低，而且很多孩子的父母都外出打工，其主要监护人就是爷爷、奶奶或外公、外婆，这些老人很多都没有文化就更难沟通。很多家长来接小孩，见面首先就问小孩今天学到了什么，孩子回答就是玩游戏，这下家长意见就大了。他们甚至直接跟老师提要求孩子来幼儿园不是来玩的，是要来学知识的，希望老师能好好教。

——W 老师

我们乡下的幼儿园资金短缺，很多教玩具都要靠带班老师自己想办法。有一次，我想到发动家长的力量来收集些废弃材料做一些教玩具，每天家长接孩子时都耐心跟家长说这个事情，结果一个学期过去了也没几个家长配合的。

——C 老师

语言差异也是导致我们和家长沟通缺乏有效性的一个重要原因。我们多数老师都不是本乡镇的，我们幼儿园 6 位教师，有 3 个是云南的，其他 3 个是贵州省其他县市的。老师会的方言也和这个乡镇有点相似，和家长基本能沟通，但方音还是存在，交流起来显得有些别扭，不够自如、亲切。所以很多时候面对家长，沟通也不多。

——L 老师

从以上三个案例来看，农村幼儿教师与家长沟通的能力还有待加强，因为一些客观原因比如农村幼儿家长文化水平较低、教育观念落后、语言障碍等的存在，农村的幼儿教师要实现与家长的有效沟通必须比其他幼儿教师具备更强的沟通和合作能力。

## 10. 反思与发展的能力

《幼儿园教师专业标准》提到，幼儿教师的专业能力包括反思与发展能力，是指幼儿教师主动收集分析相关信息，不断进行反思，改进保教工作；针对保教工作中的现实需要和问题进行探索和研究；制定专业发展规划，不断提高自身专业素质。从图 5.11 可看出，调查的幼儿教师中对自我反思与发展能力的评价较高，没有一位幼儿教师认为自己的反思与发展能力非常差；只有 58 位幼儿教师认为比较差，占总数的 9%；241 位幼儿教师认为一般，占总数的 37%；299 位幼儿教师认为比较好，占总数的 46%；52 位幼儿教师认为非常好，占总数的 8%。可见，有一半以上的幼儿教师认为自己的反思与发展能力是较好的，认为差的不到百分之十。总体而言，幼儿教师在实际教学中或多或少都会有反思，但反思的效果却是很不理想的，以下我们将从一些具体案例进行分析。

## 美术活动：春姑娘的魔法棒

活动目标：

1. 学习用油画棒进行涂色练习。

2. 根据不同的事物选择相应的颜色。

3. 注意保持画面的整洁，涂色不超出轮廓线。

活动准备：幼儿用书、小燕子的图片一张、水彩笔。

活动过程：略

活动反思：

1. 美术活动是幼儿非常喜欢的活动，也就提高了幼儿参与活动的兴趣。

2. 春天是一个五彩缤纷的季节，让幼儿发挥了自己的想象力和创造力。

3. 幼儿太多了，没办法关注到每一个幼儿。

### 张老师的《一周活动反思》

一、教学方面

本周的教学主要让幼儿了解一些民族的服饰，知道一些民族代表性的服饰。幼儿对这个主题兴趣不浓，老师的引导也让幼儿感觉到此活动有点陌生，稍有难度。所以本周的教学活动老师都降低了一些活动目标，让幼儿更容易掌握。

二、户外活动

本周户外活动都以六一节目排练为主，没有出现任何的安全事故。对于早上的晨间活动主要以练习纵跳为主，幼儿掌握得不好，还需多加练习。

三、常规教育

本周常规在各方面表现都很好：有秩序排队、盥洗时不玩水等表现不错，只有×××小朋友，发现他本周还有乱扔垃圾的情况。

### 赵老师的《一周活动反思》

本周教学活动反思：

《春天真美丽》：整个活动幼儿熟悉了儿歌《春天真美丽》，通过幼儿创编动作的方式，提高了幼儿的积极性，但老师应该多引导幼儿观察春天的美。

《竹竿舞》：整个活动幼儿对音乐节奏掌控太差，不能正确地打竹竿，导致整个活动比较混乱，也未达到相应的效果，老师应多练习幼儿的节奏感。

《乡间的小路》：整个活动都是幼儿自主完成，老师在旁边辅导，但幼儿想象力有限且操作能力差，未达到目标，幼儿在整个活动中积极性较高。

《有趣的油菜种子》：老师给幼儿讲解种子的特征，让幼儿自己操作种子的种法，然后让幼儿观察。活动中大部分幼儿都表现积极，好奇心强，个别幼儿感觉模糊，动手能力差。

《油菜花》：老师提供图片给幼儿参考，幼儿根据已有经验进行绘画。大部分幼儿都能画出油菜花的特征，只有少部分未完成，教师对于这部分幼儿应加强辅导。

《跳竹竿》：本次活动是体育活动，主要以两种方式进行活动让幼儿跳竹竿。我主要给幼儿准备竹竿，让幼儿自己摆放，自己活动，让幼儿拥有自主权。

第一，反思并未促进发展。

什么是反思?有学者认为从认知心理学的角度说，反思是一种复杂的内部认知过程。对教学而言，反思就是教师对教学行为的调节和控制，有可能带来自身教学行为的改进。因此，在教学过程中，教师应重视反思，学会反思，积极反思，不断促进自身专业技能的可持续发展。[1]实际上，幼儿教师的反思是促进其发展的一个重要环节，也正如学者所言反思就是幼儿教师对教学行为的控制，有可能带来自身教学行为的改进。为此，笔者认为幼儿教师的反思与发展能力可以简单概括为幼儿教师通过对教学问题的反思，改进保教工作，进而提高专业素质，促进专业发展的能力。

但从调查了解到的农村幼儿教师的反思情况来看，无论是具体一个活动的反思，还是一周教学活动的反思，又或者是一周所有保教工作的反思，都没有明显体现出幼儿教师的反思促进其发展的一个状态。比如《美术活动：春姑娘的魔法棒》的活动反思表述为"1. 美术活动是幼儿非常喜欢的活动，也就提高了幼儿参与活动的兴趣。2. 春天是一个五彩缤纷的季节，让幼儿发挥了自己的想象力和创造力。3. 幼儿太多了，没办法关注到每一个幼儿。"第一、第二个活动反思实际上并不是活动完成

---

① 李丽花. 教师成长的源头活水——教学反思[J]. 化学教与学，2012 (3): 64-65.

后教学活动的问题所在，这样的反思对促进下一次活动质量的提升效果不大。而第三个反思是幼儿太多了没办法关注，幼儿数量大是客观存在的事实，不可能在短期内得以解决，幼儿教师应该针对这个事实问题，提出解决的思路才能更好地提高下一次活动的指导质量，而不仅仅是简单陈述这个事实的存在，这对改进教学工作是没有促进作用的。这么一种懒于思考、懒于探究问题的思维状态对提升幼儿教师专业发展能力是毫无作用的。

第二，反思缺乏全面性。

教学反思要贯穿于教学过程，这也就意味着教学反思，不仅包括课后的反思，还包括课前反思、课中反思、课后反思。从以上教学反思的三个案例来看，无论是具体一个活动的反思、一周教学活动的反思，又或者是一周所有保教工作的反思，幼儿教师都习惯于教学活动后的反思。比如对《竹竿舞》活动的反思："整个活动幼儿对音乐节奏掌控太差，不能正确地打竹竿，导致整个活动比较混乱，也未达到相应的效果，老师应多培养幼儿的节奏感。"另外，教师反思的内容也应是多方面的，可以是教学目标的达成、教学效果的好坏，还可以是教学方法的反思等。例如，张老师的《一周活动反思》：第一，教学方面主要从幼儿兴趣不浓，老师的引导等评价活动稍有难度；第二，户外活动，没有出现任何的安全事故。幼儿掌握得不好；第三，常规教育在各方面表现都很好。这二个方面都是从教学效果的好坏来进行反思，缺乏对教学目标和教学方法等方面的反思。又比如对《跳竹竿》的活动反思："主要以两种方式进行活动让幼儿跳竹竿，我主要给幼儿准备竹竿，让幼儿自己摆放，自己活动，让幼儿拥有自主权。"主要是从幼儿教师的教学方式方法来进行反思，缺乏对教学目标和教学效果的反思。

# 五、农村幼儿教师的生命质量

生命质量是衡量农村幼儿教师质量的一个重要指标，幼儿教师的生命质量往往能体现幼儿教师生存的客观情况和主观体验，反映幼儿教师职业的现状与未来，显现幼儿教师知识的拥有与拓展，而这些因素会因为幼儿教师是教育者而在幼儿身上产生不可估量的影响，既可以直接影响幼儿人生观、世界观的形成以及社会化的程度，也可以通过幼儿教师知识发展的态势影响幼儿知识的增长。正如学者所言，教育究其实质是一种生命与生命的相互对接与交融，也是生命与生命之间的摄养，这种生命间的对接、交融与摄养，也是人的生命之本性。[1]因此，要全面考察农村幼儿教师质量，自然不能忽视幼儿教师这个群体的生命质量。

## （一）基于需要层次理论的幼儿教师生命质量

关于教师的生命质量学者已有所研究，比如钟守权认为，教师的生活质量由两个方面组成：一是基本生活质量，即住房条件、工资福利、家庭关系、子女入学就业状况等；二是业余生活质量，包括教师业余兴趣、特长，自学的时间和质量，家庭、个人藏书的数量和质量等内容。[2]金维才认为教师生命质量就是教师的快乐幸福，其基础是物质生活，然后才是精神生活、职业生活。[3]综合学者的已有观点，笔者认为"生命质量"比"生活质量"有着更为丰富、深刻的内涵，也更能丰富地体现幼儿教师质量，幼儿教师的生命质量包含物质生活、精神生活以及职业生活三个方面。

马斯洛认为，人的需要是由以下五个等级构成的：生存需要、安全需要、社交需要、尊重需要以及自我实现需要。[4]幼儿教师的需求也同样包含这五个方面，可归纳为生存、归属和成长三个层面。幼儿教师做为一个职业群体，该职业群体的物质生活、精神生活以及职业生活恰恰有效地折射出其生存、归属以及成长需求的满足与体验状态，有效衡量了幼儿教师的生命质量。如图 5.17 所示。

---

① 鲁洁. 南京师范大学：一本用生命打开的教育学[J]. 南京师范大学学报（社会科学版），2002（4）：10-11.

② 钟守权. 教师质量研究引论[J]. 中小学教师培训，1999（3）：4.

③ 金维才. 观念变革：从教师素质观到教师质量观[J]. 安徽师范大学学报（人文社会科学版），2010：9-12.

④ 彭聃龄. 普通心理学[M]. 北京：北京师范大学出版社，2004：317.

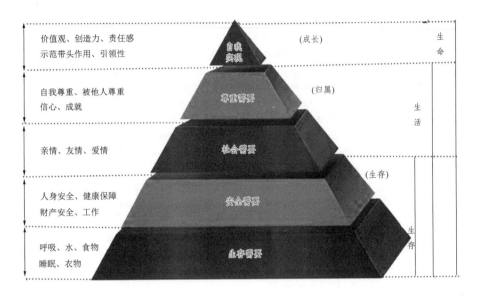

图 5.17　基于马斯洛需求层次理论的幼儿教师生命质量层次图

基于马斯洛需求层次理论，农村幼儿教师这个职业群体的生命质量层次如图 5.17 所示，幼儿教师这个职业的物质生活、职业生活以及精神生活折射出其生存、归属以及成长需求的满足与体验状态。幼儿教师的生命质量要得到较好的提高，必须从生存层次提升到生活层次并逐步提升到生命的层次。

本研究主要从物质生活质量、精神生活质量以及职业生活质量三个方面来考察幼儿教师这个职业群体的生命质量。物质生活质量具体从住房条件、工资福利、家庭关系、家人工作学习情况四个要素来衡量；精神生活质量则主要涉及兴趣爱好与特长、自学时间与质量、藏书量与藏书质量三个因素；职业生活质量具体从职业安全感、职业自豪感、职业成就感及职业生活幸福感四个要素来进行考察。主要采用访谈法和问卷法来进行调查，访谈采用非正式访谈法，《农村在职幼儿教师质量调查问卷》关于"幼儿教师的生命质量"的调查结果如图 5.18 所示。

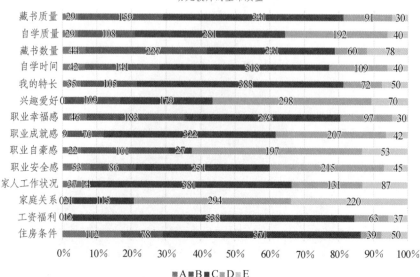

图 5.18　贵州省农村幼师生命质量比例图

注：1. 物质生活质量包括住房条件、工资福利、家庭关系、家人学习工作
　　情况：A＝非常差；B＝比较差；C＝一般；D＝比较好；E＝非常好。
　　2. 职业生活质量包括职业安全感、职业自豪感、职业成就感和职业生
　　活幸福感：A＝非常弱；B＝比较弱；C＝一般；D＝比较强；E＝非常强。
　　3. 精神生活质量包括兴趣爱好、特长、自学时间和藏书量：A＝非常
　　少；B＝比较少；C＝一般；D＝比较多；E＝非常多。自学质量和藏书
　　质量：A＝非常差；B＝比较差；C＝一般；D＝比较好；E＝非常好。

## （二）农村幼儿教师的物质生活质量

　　农村幼儿教师的物质生活质量主要从住房条件、工资福利、家庭关系、家人工作学习情况四个要素来衡量。如图 5.18 所示：从住房条件来看，调查的 650 名幼儿教师中认为住房条件比较好的只有 89 人，占总数的 14%；从工资待遇来看，650 名幼儿教师中只有 100 位农村幼儿教师认为比较好，占总数的 15%；从家庭关系来看，650 名幼儿教师中有 514 位农村幼儿教师认为比较好，占总数的 79%；从家人学习工作来看，650 名幼儿教师中只有 218 位农村幼儿教师认为比较好，占总数的 34%。从总体来看，被调查农村幼儿教师的物质生活质量的状况不太理想，除了家庭关系之外，其他三个方面都较差。

## 1. 住房条件

住房是农村幼儿教师物质生活质量的一个重要内容，良好的住房条件是幼儿教师特别是农村幼儿教师安心工作的基础。公共资源的匮乏使得农村留不住幼教人才、也留不久幼教人才，在发展农村学前教育的过程中我们应充分利用农村地广人稀的条件努力为幼儿教师创造良好的住房条件，这也是农村留住幼教人才，促进学前教育发展的重要条件之一，正如学者所言：建成广厦千万间，安居育才尽欢颜。[①]

图 5.18 的调查数据显示，参与住房条件调查的 650 名农村幼儿教师中，112 位幼儿教师认为她们的住房条件非常不好，占总数的 17%；78 位幼儿教师认为比较差，占总数的 12%；371 位幼儿教师认为一般，占总数的 57%；39 位幼儿教师认为比较好，占总数的 6%；50 为幼儿教师认为非常好，占总数的 8%。从图 5.18 调查数据来看，认为住房条件较好的农村幼儿教师只有 90 人，占总数的 14%，大部分农村幼儿教师对住房条件是极其不满意的。根据走访调查我们发展，贵州省农村幼儿教师住房问题主要存在以下几个方面的问题：

第一，幼儿园不提供住房，幼儿教师必须自己在幼儿园周边租用民房居住。幼儿园不提供住房原因很多，比如幼儿园建筑面积有限，不适合建公租房；幼儿园住房有限，只给老教师提供等。

第二，幼儿园计划提供住房，但资金的短缺导致公租房建设迟迟不完工。如图 5.19 所示。

图 5.19　垃圾满地的农村幼儿园公租房

---

① 薛景华. 建成广厦千万间, 安居育才尽欢颜——汉中地区教师住建设工作调查[J]. 陕西教育（教学版）, 1995（4）: 8-10.

第三，幼儿园提供集体住房，不适合家庭使用。调查中我们发现，很多农村幼儿教师工作稳定后都在幼儿园附近安家了，可幼儿园提供的住房是集体宿舍，结婚的幼儿教师即使是在同一个幼儿园还必须分居，丈夫和男同事住，妻子和女同事住，这对幼儿教师的家庭建设和婚姻稳定是极其不利的，家庭安稳，才能更好地、更快乐地工作。

农村幼儿教师的住房问题实际是农村留住幼教人才、发展农村学前教育的一个重要环节。相对城市幼儿教师而言，农村的幼儿教师所享受的公共资源是较为缺乏的，如果政府能从住房方面为农村幼儿教师做出一些优惠政策，其实就是留住人才的一种较好的补偿。在城市房价日益提升的情况下，当很多在城市生活的人必须拿出家庭大部分收入来购入一套住房以解决安家问题时，农村幼儿教师如果可以不花钱便拥有较好的住房条件，这自然也就成为吸引其在农村安居乐业的一个有利条件。

## 2. 工资福利

工资福利状况是影响农村幼儿教师队伍稳定以及质量提升的重要影响因素。从图 5.18 可知，调查的 650 名农村幼儿教师中，没有幼儿教师认为其工资福利非常差；有 12 位幼儿教师认为工资福利较差，占总数的 1.8%；538 位幼儿教师认为其工资福利一般，占总数的 82.8%；63 位幼儿教师认为其工资福利较好，占总数的 9.7%；37 名幼儿教师认为其工资待遇非常好，占总数的 5.7%。总体而言，认为工资福利较好的农村幼儿教师是 100 人，占总数的 15%左右，这也就意味着有 85%的农村幼儿教师对其工资福利是不满意的。

第一，农村幼儿教师的工资。农村幼儿教师对工资不满意主要源于两个依据：一是和其他教育阶段教师工资的比较；二是教师职业和其他职业工资的比较。首先，农村幼儿教师与其他教育阶段教师工资的比较。从调查的具体数据来看，同一地区各个教育阶段的工资基本处于同一水平。比如黔西南州地区的大学、中学、小学以及幼儿园基本工资都在 3500 元左右，而一些农村幼儿教师则认为其他教育阶段的教师会有一些额外的补贴，且承担的责任和工作量没有幼儿教师大，因此比较下来农村幼儿教师的工资状况是不理想的。另外，对于农村幼儿教师政府也做出了一些地域性补贴，比如乡镇幼儿教师每个月有 200 元生活补贴，但这对向往城市生活总努力找机会考取县市幼儿园的教师而言是毫无吸引力的。其次，农村幼儿教师工资与其他行业工资的比较。通过了解和对比发现，农村幼儿教师的工资和很多职业的工资相对比还是较低的，比如公务员。而在很多国家情况却截然相反：幼儿教师的工资处于中等偏上水平，日本的幼儿教师受到社会的普遍尊敬，其工资比一般的国家公务员高出 20%左右，奥地利幼儿教师的月工资收入为 1231 美元，高于司机（1151 美元）、邮递员（1103 美元）、消防员（1134 美元）。[①]

第二，农村幼儿教师的福利。农村幼儿教师的工作环境，包括物质环境和精神环境都比城市幼儿教师的要更为艰辛，特别在贵州省一些边远山区，缺少基本的交通、通讯和生活条件，对于幼儿教师而言提高工作学习的条件几乎是不可能的。因此，要吸引更多的幼教人才下得去农村，留得住农村必须给予更多优惠的福利。比如"设立农村幼儿教师特殊津贴制度，对有志青年学生予以鼓励和支持……在评优、职称、晋升、进修等方面也要为其提供优先待遇……借鉴国际经验，明确设立地域性津贴补助——包括艰苦生活和交通补助等，明确医疗和社会保障，使农村幼儿教师收入和待遇合理地高于城镇教师"[②]。而调查发现，农村幼儿教师的福利基本和城镇幼儿教师一致，而当城市幼儿教师生活在资源丰富的城市中时，农村的幼儿教师实际已经失去了很多有形或无形的福利，比如便利的交通、良好的公共设施、充足的医疗和社会保障等。

### 3. 家庭关系[②]

家庭关系是指基于婚姻、血缘或法律拟制而形成的一定范围的亲属之间的权利和义务关系。家庭关系以主体为标准可以分为夫妻关系、亲子关系和其他家庭成员之间的关系。[③]家庭关系是农村幼儿教师生存和归属的一个重要内容，家庭关系的状态更是会直接影响幼儿教师的生活工作质量，是农村幼儿教师质量的一个重要影响因素。从图 5.18 可以看出，参与调查的 650 名农村幼儿教师中，没有幼儿教师认为自己的家庭关系非常差；21 位幼儿教师认为其家庭关系比较差，占总数的 3%；115 位幼儿教师认为其家庭关系一般，占总数的 18%；294 位幼儿教师认为其家

---

① ② 朱长胜，姜勇国. 国外幼儿教师工资待遇与福利改革的比较研究[J]. 教育导刊，2012（8）：89-91.

③ http://baike.baidu.com/link?url=zSkgJ3OdVstKlOVMknYSx4yZF3tm-8o2xcuvIfenp CfQ wxQ_6OnGYfr80Ec_M006AhrxYlUcGzRc2OmOOCWOZq.

庭关系较好，占总数的 45%；220 位幼儿教师认为其家庭关系非常好，占总数的 34%。总体而言，贵州省农村幼儿教师的家庭关系状况是较好的，有 80%的幼儿教师都认为其家庭关系较好，对其幼教工作起到促进作用。

但也有一部分农村幼儿教师认为其家庭关系一般或者较差，通过调查了解到影响农村幼儿教师家庭关系的主要因素是距离问题，也就是幼儿教师到农村工作离家较远影响了良好家庭关系的建立：

我和我老公是工作确定之前谈的恋爱，找工作的时候也努力想在同一个城市找，但他在城里找到了较为满意的工作，而我只考上了这个乡镇幼儿园。为了有更好更便利的生活条件，也为了孩子以后上学我们选择在市里买房子，然后每周我就在幼儿园和家之间往返，现在找工作不容易，我也不可能轻易就放弃我现在的工作。长期下去自然会使我的家庭关系变得紧张，我和老公成了"周末夫妻"，自然会影响夫妻感情；我和孩子越来越陌生，因为我没有时间很好地尽到做母亲的责任，亲子关系日益淡漠；孩子长期扔给婆婆带，她老人家辛苦了也会抱怨。这样的家庭关系要得到改善我就必须从时间上回归家庭，要么我回城里工作要么家人到农村来，可我要考回去很难，农村这样的条件要说服家人来定居更难。

——H 老师的自述

像 H 老师的这种家庭关系自然会影响其工作的积极性和质量，针对这一部分幼儿教师，如果创造条件改善其家庭关系进而提高其工作质量是值得我们深思的一个问题。

## 4. 家人工作学习情况

家庭工作学习情况主要是指农村幼儿教师家人的工作条件以及孩子的学习条件，这是农村幼儿教师物质生活的重要内容，更是决定农村幼儿教师稳定的重要因素。从图 5.18 可以看出，参与调查的 650 名农村幼儿教师中，37 位幼儿教师认为非常差，占总数的 6%；14 位幼儿教师认为比较差，占总数的 2%；381 位幼儿教师认为一般，占总数的 58%；131位幼儿教师认为较好，占总数的 20%；87 位幼儿教师认为非常好，占总数的 13%。总体而言，认为较好的幼儿教师是 33%，大部分的幼儿教师都觉得家人工作学习的情况是不理想的。这个数据和我们访谈结果是基本一致的，在农村不管是工作的环境、条件、机会还是工资待遇相对城市而言各方面都是较差的。好的教育资源都在城里，家人的学习情况都是极其不理想的。

现在的交通相对以前来说是较为便利的，但农村教育资源的缺乏确是难以改变的事实。首先是子女方面，孩子身心发展的不成熟，特别是上初中之前，从物质生活的照料再到心理需求都需要父母在身边，所以我们的子女只能在农村附近的学校就读，优质的教育资源基本上享受不到。初中以后的升学和城里的孩子相对比也显然处于弱势，城里孩子升学之前所受教育质量确实比我们好，这不仅仅是表现在学习成绩上，学习内容的广度也是较为明显的，琴棋书画样样有机会学，胆量也锻炼出来了，而我们的孩子却没有这些机会。其次是家人方面，比如我自己。自从工作以后自我提高、自我发展的机会就少了，经费紧张、路途遥远我们难得有机会去学习先进的教学经验，相对封闭的工作单位也使得我们越来越没有进取心，高品质的生活自然也难以实现。

——W老师的自述

农村幼儿教师家人的工作学习情况是不理想的，存在的问题实际就是教育资源缺乏的问题，因此，从这个层面上来说如何丰富农村的资源特别是教育资源以留住更多人才。稳住农村发展基本动力的问题是值得我们认真思考的另一重要问题。中国人大部分是农民，城镇化进程使得占比在逐步减少，很多农民变成了城镇居民，可实际上在很多人心中乡愁的印记是泯灭不掉的，可以说农村是农民内心深处归属感的重要依托，农村发展的必要性是不容置疑的，发展的道路却是曲折漫长的。

## （三）农村幼儿教师的精神生活质量

钟守权认为，教师的业余生活质量应该成为考查教师生活质量的重点，它直接关系到教师知识的补充、更新与完善，关系到教师个体社会化进程和自我发展的广度和深度。[①]由此，我们可以从兴趣爱好与特长、自学时间与质量以及藏书质与量来考察农村幼儿教师的业余生活质量，进而全面了解其生活质量。

---

① 钟守权. 教师质量研究引论[J]. 中小学教师培训，1999（3）：4.

## 1. 兴趣爱好与特长

农村幼儿教师的兴趣爱好与特长概括而言就是主观层面状态较好，客观条件满足度较低。

从图 5.18 可看出，参与调查的 650 名幼儿教师中，没有幼儿教师认为其兴趣爱好非常少；109 名幼儿教师认为其兴趣爱好比较少，占总数的17%；173 名幼儿教师认为一般，占总数的 26%；认为其兴趣爱好比较多、非常多的幼儿教师分别是 298 名和 70 名，分别占总数的 46% 和 11%。从数据可以看出，农村幼儿教师的兴趣爱好整体而言是较为丰富的，通过访谈我们总结了两方面的原因：其一是学前教育专业的背景使得很多幼儿教师对文艺方面保持着浓厚的兴趣；其二是幼儿教师中很多都是年经教师，年经人喜欢探索和娱乐的特征使得一些幼儿教师的兴趣爱好依然存在。正如图 5.10 所示，贵州省农村幼儿教师的兴趣爱好与特长相对较为丰富，但农村的有限条件使得农村幼儿教师的兴趣爱好多因地制宜，比如养花、跑步等，幼儿教师只能根据条件来选择兴趣爱好，久而久之自然会降低兴趣爱好的品质和丰富性，进而影响其精神生活的质量。

再者，对于农村幼儿教师的特长，从图 5.18 可看出，参与调查的 650名幼儿教师中，认为自己的特长非常少的是 35 人，占总数的 5%；比较少的是 105 人，占总数的 17%；认为自己特长一般的是 388 人，占总数的 60%；认为比较多的是 72 人，占总数的 11%；认为自己特长非常多的是 50 人，占总数的 8%。从数据可看出大多时候的农村幼儿教师都有自己的特长，但由于条件有限，一些特长自然也没有得到很好地发挥。随着时间的流逝，特长也就慢慢变得不是那么"特长"了。

## 2. 自学时间与质量

农村幼儿教师自学的时间和自学的质量直接关系到其知识的补充、更新与完善，直接影响幼儿教师的工作质量，进而对幼儿教师师资队伍的整体质量都起着较为关键的、深刻的影响。

从图 5.18 可看出，参与调查的 650 名幼儿教师中，关于自学时间的A. 非常少、B. 比较少、C. 一般、D. 比较多、E. 非常多五个选项中，幼儿教师的人数及所占总数比例分别是 42（6%）、141（22%）、318（49%）、109（17%）、40（6%）。从数据可看出，认为自己自学时间较少或一般的老师占总数的 77%，也就意味着大多数的农村幼儿教师自学时间是较少的。主要原因有主观原因也有客观原因。客观原因是农村幼儿园的工作环境较为安逸，没有上级部门的检查也没有太大的竞争，老师们习惯于固定的生活和工作流程，久而久之也就没有了阅读的欲望和积极性。农村幼儿教师自学时间较少主要还是个人的上进心和工作积极性调动不起来，也没有良好的阅读习惯等主观原因导致。

从图 5.18 可看出，参与调查的 650 名幼儿教师中，关于自学质量的 A. 非常差、B. 比较差、C. 一般、D. 比较好、E. 非常好五个选项中，幼儿教师的人数及所占总数比例分别是 29（5%）、108（17%）、281（43%）、192（29%）、40（6%）。从数据来看，农村幼儿教师认为自己自学质量较差及一般的人数占总数的 65%，也就意味着半数以上的农村幼儿教师的阅读质量是不高的。幼儿教师认为原因主要有以下几个方面：第一，没有阅读的氛围；第二，目的性不强；第三，书籍质量不高；第四，日常事务繁忙。

### 3. 藏书数量与藏书质量

阅读是个体成长与专业发展必不可少的环节，收藏书籍的多少以及质量是考量农村幼儿教师阅读情况的重要依据。

从图 5.18 可看出，参与调查的 650 名幼儿教师中，关于藏书数量的 A. 非常少、B. 比较少、C. 一般、D. 比较多、E. 非常多五个选项中，幼儿教师的人数及所占总数比例分别是 44（6%）、227（35%）、241（37%）、60（9%）、78（13%）。

从调查数据来看，藏书量较少及一般的农村幼儿教师占总数的 78%，老师拥有书籍还是较少的。主要原因是：第一，没有购书的欲望；第二，经济原因。

从图 5.18 可看出，参与调查的 650 名幼儿教师中，关于藏书质量的 A. 非常差、B. 比较差、C. 一般、D. 比较好、E. 非常好五个选项中，幼儿教师的人数及所占总数比例分别是 29（5%）、159（24%）、341（52%）、91（14%）、30（5%）。农村幼儿教师藏书的类型主要有：第一，职前教育的专业类书籍，如学前儿童游戏论；第二，生活方面的书籍，比如时尚杂志、家庭家教；第三，文艺类书籍，如《读者》等。很多幼儿教师反映，自从工作后几乎没有购买过提升专业方面的理论书籍，主要原因是静不下心来阅读。

## （四）农村幼儿教师的职业生活质量

农村幼儿教师的职业生活质量，是幼儿教师生命质量的重要内容，正如叶澜所言："职业生活，是人成年以后生命活动的重要组成部分，其质量如何，很大程度决定人的生命质量，同时也造就了个体的生命质量。"[①]

对于职业生活质量的理解，美国学者韦恩·卡肖提到的职业生活质量有两种解释。一种将其归纳为一系列客观的组织条件及其实践。例如：工作的多样化、民主性和工人参与管理程度、工作的安全性等；另一种认为职业生活质量在于工人在工作后产生的身体健康程度、安全感、满意度、成就感、发展感等。显然，后者更着重工人的主观需要。[②]因此，本研究中农村幼儿教师的职业生活质量着重于幼儿教师的主观需要，也就是幼儿教师的职业生活质量是幼儿教师的一种主观感受，这种主观感受与幼儿教师在幼儿园工作中能否满足自己的需要有直接关系。本研究通过自编的《农村在职幼儿教师质量调查问卷》从职业安全感、职业自豪感、职业成就感以及职业幸福感四个方面对农村幼儿教师的职业生活质量进行调查。

### 1. 职业安全感

职业安全感是指一个人在职业中获得的信心、安全和自由，特别是满足一个人现在或将来各种需要。马斯洛需求层次理论的第二个层次是安全需求，其中提到的一个方面就是工作的安全，对于幼儿教师而言，工作的安全需求表现为安全而稳定以及有医疗保险、失业保险和退休福利等。

从图 5.18 可以看出，调查的 650 名农村幼儿教师中，53 名幼儿教师认为其职业安全感非常弱，占总数的 8.2%；86 名幼儿教师认为其职业安全感比较弱，占总数的 13.2%；251 名幼儿教师认为其职业安全感一般，占总数的 38.6%；215 名幼儿教师认为其职业安全感比较强，占总数的

---

① 叶澜，等. 教师角色与教师发展新探[M]. 北京：教育科学出版社，2001：15.

② 王奋，张京. IT 行业员工职业生活质量的实证研究——以北京地区为例[J]. 北京理工大学学报（社会科学版），2006（6）：50-53.

33.1%；45 名幼儿教师认为其职业安全感非常强，占总数的 6.9%。总体
而言，农村幼儿教师职业安全感较强的占总数的 40%，一般和较差的占
总数的 60%。贵州省农村幼儿教师的职业安全感状况一般，大部分农村
幼儿教师的职业安全感较弱。

缺乏职业安全感的原因主要有两个方面：一个是个人职业危机；另
一个是个人的职业发展被限制。对于缺乏职业安全感的幼儿教师而言，
这两个方面的原因都较为明显地存在着。

首先，农村幼儿教师缺乏职业安全感的原因主要在于个人职业危机。
事实上，随着学前教育的发展，省政府对幼儿教师是越来越重视的，从
幼儿教师的工资、编制、医疗保险、失业保险和退休福利等可以看出，
因此从这个层面来说幼儿教师这个职业目前而言工作是安全而稳定的。
农村幼儿教师的个人职业危机实际上也是所有幼教从业者存在的职业危
机，源于幼教行业社会地位的低下。多年以来社会人士对幼教行业存在
的一系列曲解使得这个行业的从事者不由自主地产生职业危机感。比如
幼师就是带孩子的保姆；幼师不需要什么专业知识，管好孩子吃喝拉撒
就可以。当我们幼儿教师把幼教工作做为自己的一份事业想努力去做好
的时候，却得不到社会和家长的理解和认可，这也就意味着幼儿教师珍
视的价值受到了威胁，职业危机感油然而生。正如学者所言，"当人们珍
视某些价值而尚未感到受到威胁时，他们会体会到幸福；而当他们感到
所珍视的价值确实被威胁时，他们便产生危机感——或成为个人困扰，
或成为公众论题。"[1]

其次，农村幼儿教师缺乏职业安全感的原因还在于职业发展被限制。
职业发展是激发个体在职业生涯中不断进取的重要因素，当个体处于一
种职业中却感觉到发展前途渺茫时，实际上已经处于一种被限制的状态，
在调查中我们也发现很多农村幼儿教师处于这样的一种状态。概括而言，
农村幼儿教师的职业发展被限制主要源于两个原因：从纵向来看，幼教
行业发展阶段限制幼儿教师的职业发展；从横向来看，幼教行业发展的
空间限制幼儿教师的职业发展。学前教育目前处于快速发展阶段，但由
于原有基础较差，就目前而言和其他阶段教育相比较还是滞后的，社会

---

[1] [美]米尔斯·C. 赖特. 社会学的想象力[M]. 陈强，等，译. 北京：生活·读书·新
知三联书店，2001：9.

大环境的影响使得很多先进的学前教育思想与计划难以实施。一位园长讲述了这样的一个事件：

有一天，几位家长直接到我办公室质问我一个事情：在幼儿园老师是不是都不教孩子知识的啊？拼音不会，数数也不会，问他在幼儿园都干什么，孩子说就是玩。家长又接着说："如果再这样下去的话，我们要去教育局告你们，孩子也不送你们这了，免得耽误孩子。"

学前教育发展进程中的诸多原因都会制约幼儿教师的职业发展。但社会大环境是较为主要的，幼儿教师作为幼教专业人才，具备良好的理论知识和专业技能，但却无处可施，久而久之他们自己也就随波逐流变得和非专业人士一样了，职业发展也就无从谈起了。另外，农村幼儿教师的职业还受到来自行业发展空间的限制，主要体现为幼教职业性质较为单一，在一个幼儿园除了少数的两三个管理者就是带班教师。常言道："不想当将军的士兵不是好士兵"，可在一个幼儿园里毕竟园长职位只有两三个，再怎么进取机会也难得。

## 2. 职业自豪感

普遍意义上的职业自豪感是指由职业上的成就或满足而带来的心理上的荣誉与自豪，并由衷地产生对本职业的喜爱和热情。职业自豪感是个人实现职业长足发展的动力之一。[①]调查数据显示，在参与调查的650名农村幼儿教师中，职业自豪感非常弱的幼儿教师有22人，占总数的3%；职业自豪感比较弱的幼儿教师有101人，占总数的15%；职业自豪感一般的幼儿教师是277人，占总数的43%；职业自豪感比较强的幼儿教师是197人，占总数的30%；职业自豪感非常强的幼儿教师是53人，占总数的8%。总体来看，职业自豪感较强的幼儿教师是250人，占总数的39%，就也意味着超过一半的农村幼儿教师职业自豪感有待强化。

职业自豪感来源于工作本身带来的成就和满足，也来源于社会的认同与理解。从对幼儿教师的深度访谈来看，多年的专业学习与发展加上对孩子的喜欢，很多幼儿教师对幼教工作的热爱程度并不低，特别是看到孩子的成长时幼儿教师更是能深深地体会到自己工作的价值和成就。

---

① 王梓桐. 新媒体时代如何提升警察的职业自豪感[J]. 辽宁警官学院学报，2015 (2)：81-85.

但职业自豪感还来源于社会的认同和理解，从这一方面而言农村幼儿教师的职业自豪感就不足了。

我们幼儿教师的工作责任大、繁杂且敏感，每天上班一刻不停地围绕着孩子转，下班了还要为第二天的活动准备教玩具、教案，处理班主任事物等。可如果孩子有一丁点的问题，家长就会找上门，更为郁闷的是我们努力做的很多对孩子好的事情还得不到支持和理解。

——H 老师自述

职业自豪感高涨与低落影响着个体工作的成效，对于幼儿教师更是如此。孩子、家长以及教师之间实际上是一种循环关系：幼儿教师职业自豪感高涨可以提高工作效率，促进幼儿身心健康发展，家长的负担得以减轻，家长对幼儿教师的支持度和认可度都可以提高。家长对幼儿教师的支持与认可可以直接提高幼儿教师的职业自豪感，高涨的职业自豪感促进工作效率的提高，进而有利于幼儿的长足健康发展。为此，在家长、幼儿以及教师之间搭建起良好沟通与合作的桥梁来提升幼儿教师的职业自豪感是非常必要的。

### 3. 职业成就感

职业成就感是个体胜任工作时所产生的内在的愉悦感和满足感。[1]教师职业成就感是指教师在从教过程中体验到的一种轻松、愉悦的幸福感和满足感，是教师工作的内部动力，是影响教学质量的重要因素。[2]由此，我们可以认为农村幼儿教师的职业成就感是指农村幼儿教师在农村从事幼教工作过程中体验到的一种内在的愉悦感和满足，是农村幼儿教师工作的内在动力。这种内在的动力是幼儿教师生命质量的重要体现，是幼教工作质量的重要影响因素。

（1）农村幼儿教师职业成就感的现状

心理学家认为："情绪和情感是人对客观事物的态度体验及相应的行为反应，是以个体的愿望和需要为中介的一种心理活动。当客观事物或情境满足主体的需要和愿望时，就能引起积极的、肯定的情绪和情感；当客观事物或情境不符合主体的需要和愿望时，就会产生消极、否定的

---

[1] 马多秀. 农村中小学教师"职业成就感"缺失现象分析[J]. 现代教育论丛, 2015 (1): 17-21.

[2] 潘小莉. 对教师职业成就感的理论分析[J]. 甘肃教育, 2009 (3): 8-9.

情绪和情感。情绪和情感是个体与环境间某种关系的维持或改变。[①]这说明，农村幼儿教师职业成就感的获得主要取决于各种需要是否得到了满足。马斯洛认为，人的需要是由以下五个等级构成的：生存需要、安全需要、社交需要、尊重需要以及自我实现需要，可归纳为生存、归属和成长三个层面。因此，从另一角度而言，从幼儿教师的职业成就感我们可以了解到农村幼教工作对幼儿教师需求的满足程度。

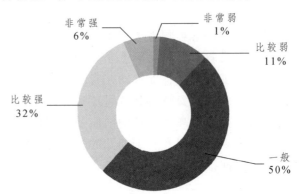

图 5.20　农村幼儿教师职业成就感强度比例图

由图 5.20 可知，在被调查的 650 名幼儿教师中，职业成就感强度的分布分别是：非常弱的是 9 人，占总数的 1%；比较弱的是 70 人，占总数的 11%；一般的是 322 人，占总数的 50%；比较强的是 207 人，占总数的 32%；非常强的是 42 人，占总数的 6%。数据显示，农村幼儿教师的职业成就感不强的有 400 人，占总数的 62%，这也就意味着半数以上的农村幼儿教师的职业成就感是较为缺失的，而实际上农村幼儿教师职业成就感的获得意义是重大的，既是农村幼儿教师提升生命质量的内在需要，同时也是其专业发展的内在动力。

（2）农村幼儿教师职业成就感缺失的体现

关于农村幼儿教师职业成就感缺失的体现我们可以从农村幼教工作对农村幼儿教师五个方面需要的满足现状来进行分析，生存需要、安全需要、社交需要、尊重需要以及自我实现需要。

① 生存需要——品质待提升

马斯洛认为人的生存需要主要包括呼吸、水、食物、睡眠、衣物等。

---

① 彭聃龄. 普通心理学[M]. 北京：北京师范大学出版社，2004：351.

从现代社会整体发展状态来看，现代社会中的人呼吸、水、食物、睡眠、衣物等方面的满足基本能得到实现。而对于农村幼儿教师而言，这些事物都不缺，但品质却有待提升。正如农村幼儿教师所反映的："我们幼儿园教师和孩子的食物是'就地取材'，有什么就吃什么，没有条件谈营养搭配。"又比如，有人可能会说在农村的空气、水好啊，这是高品质生活的重要保障啊！相对而言，农村未被污染的地方空气和水资源都较好，可是现在很多农村已经受到污染，比如煤开发等。并且有好的水资源还要能用得上。一位园长说："我在幼儿园最怕出现停水问题，我们这里用的是山上的水库，经常停水，出现这种情况我们全园老师都要拎着桶到处去找水，不然孩子吃饭上厕所都成问题。"

②　安全需要——隐患待排除

安全需要主要包括人身安全、健康保障、财产安全、工作安全等。农村幼儿教师工作过程中存在的安全隐患较城市多。何以见得？农村幼儿家长对幼儿监护力度不够，习惯把责任往幼儿教师身上推，留守儿童家长最为突出；农村幼儿园安全防护不到位，比如有的幼儿园没有围墙，幼儿常常趁着老师不注意跑出去，有的幼儿园门卫是一个老妇女，实际就是一个摆设；还有的幼儿园大门敞开，什么车都可以随时开进来……这种状况直接威胁着幼儿教师的工作安全、人身安全和财产安全。

③　社交需要——缺失待弥补

社交需要是人作为高级动物的一个不可或缺的需要，亲情、友情、爱情是人人所追求的，又是一般人都能如愿以偿的，但对于农村有的幼儿教师而言却是非常缺失的。H 教师就诉苦：她的家安在县城，每周只有周末能在家呆两天，为了工作亲情的享受都成问题。她的手机里存放着一段视频，视频里女儿一把鼻涕一把泪地说："妈妈，奶奶说我好可怜，没有妈妈在身边照顾。"H 老师说每次看这个视频就想放弃幼儿园的工作回家陪伴女儿和家人。爱情是每个年轻人都梦寐以求的，可对于农村幼儿教师而言长久呆在农村追求爱情确实有点奢侈，特别是男幼儿教师。一位男幼儿教师道出的无奈确实让人深表同情：我们每天的生活就是上班园区，下班宿舍，活动范围不出幼儿园几百平方米。有钱也没地方花，想请个女孩子吃饭都难找。

④　尊重需要——空白待弥补

尊重需要主要指个体的自我尊重、被他人尊重、信心、成就。学前教育长期得不到重视和发展的事实使得幼儿教师的社会地位较为低下，在农村地区更是如此，农村人相对较低的文化水平导致其对学前教育的重要性意识不够，一些错误教育理念使得幼儿教师在农村幼儿家长心目中的地位处于较低的状态。一些常见的场景令人心寒：农村幼儿家长和老师接触的机会较少，最为频繁就是交接孩子的场景。家长把孩子带到教室门口，没有问候老师一声，没有眼神交流，面无表情把孩子手一牵离开。幼儿教师的尊重需要源于自我尊重和被他人尊重，当被他人尊重的需求得不到满足时幼儿教师便会对自我及自我的职业产生怀疑，自我尊重的品质也会降低，当幼儿教师对幼教事业的信心日益磨灭，工作成就感日渐消逝时，高素质的教师以及高质量的教育也就无从谈起了。

⑤自我实现需要——前景待开拓

马斯洛需要层次理论中的自我实现需要主要涉及价值观、创造力、责任感、示范带头作用、引领性等内容。学前教育的蓬勃发展让幼儿教师似乎面临着更多更好的机遇：就业机会的增多；工资提升至基本和中小学教师同等水平；职后培训的机会增加。这些机遇使幼儿教师的职业发展呈现出了一种生气勃勃的景象，但对于幼儿教师特别是农村幼儿教师而言，"前景是美好的，但现实是残酷的"。一些农村幼儿教师描述的事实确实让我们体会到了幼教人士对专业发展、自我实现前景的担忧："我们坚定的关于幼教事业的正确价值观正在被社会翻天覆地的负面评价而改变着；我们的创造力因为规矩和日益繁重的保教工作而逐渐消失；我们的责任感由于社会和家长的懵懂状态而日益沉重；我们的引领性更是因为社会中大多数人的曲解而日益被消磨。"可见，农村幼儿教师自我实现的前景是光明的，但发展的道路却是布满荆棘的，需要全社会人员克服重重苦难，勇于开拓。

基于此，从农村幼儿教师职业的生存需要、安全需要、社交需要、尊重需要以及自我实现需要满足现状来分析可知，农村幼儿教师职业成就感缺失现象是较为明显的，有待全社会特别是教育行政部门以及幼儿教师个体的不断弥补与逐步提升。

（3）农村幼儿教师职业成就感的提升

赫尔伯格的"双因素"理论认为：工作成绩得到承认、工作本身富有挑战性、职务的责任感、个人成长发展的可能性、职位升迁等因素影响职工成就感。①职业成就感的影响因素很多，但大致可以归纳为工作环境条件与个体职业体验两大方面。若工作本身富有挑战性，个体职业成就感便主要取决于工作环境条件。而职业成就感是个体胜任工作时所产生的内在的愉悦感和满足感，是员工个体的一种自身体验，比如对自己职位升迁的积极态度，实际上就是一种满足感。为此，农村幼儿教师职业成就感可以从改善幼儿教师工作环境条件和促进自我积极的职业体验两方面来提升。

首先，农村幼儿教师的工作环境条件是其职业成就感提升的重要前提。农村幼儿教师的工作环境条件有事物因素也有人为因素。农村物化环境、幼儿园室内外环境、教玩具等都是事物因素，而农村的人文环境、幼儿园管理文化、教师文化以及家园关系等都是人文因素。这些因素对幼儿教师成就感的强弱起到直接的重要影响，比如农村幼儿教师的工作成绩得到承认可以直接提高教师的职业成就感。而幼儿教师的工作成绩需要得到谁的认可？主要就是幼儿园管理者、家长以及幼儿的认可。管理者能够唯才是举，家长能意识到幼儿教师对幼儿发展的重要价值，幼儿能喜欢老师并从老师身上学到有用知识就可以为幼儿教师营造良好的工作环境，进而达到提升农村幼儿教师职业成就感的目标。

其次，农村幼儿教师积极的职业体验是其职业成就感提升的内在动力。职业成就感是个体胜任工作时所产生的内在的愉悦感和满足感，这种愉悦感和满足感受到外部工作环境条件的影响，但幼儿教师的职业成就感最根本的决定因素则在于教师本身，正所谓内因决定外因。为此，农村幼儿教师首先要意识到自我因素对职业成就感的决定作用，努力克服农村幼教发展的有限条件并有意识地塑造积极的职业体验，尽量地从农村幼教事业所具有的特征给自我带来的乐趣来寻求职业成就感，而不是把目光注视在幼师工资待遇低、农村环境艰苦等一些外在因素，积极的职业体验是其职业成就感提升的内在动力。

幼教事业正处于不断完善的发展过程，现阶段存在的诸多问题会直接影响农村幼儿教师职业成就感的提升，但职业成就感是幼儿教师提升生命质量的内在需要，同时也是其专业发展的内在动力，更是农村学前教育发展的关键，为此我们应该不遗余力、想方设法地让农村幼儿教师

---

① 潘小莉. 对教师职业成就感的理论分析[J]. 甘肃教育，2009（3）：8-9.

在教育生活中越来越有成就感。

### 4. 职业幸福感

教师的职业幸福感是指教师在教育工作过程中基于对幸福的正确认识，通过自己的不懈努力，自由地实现自己的职业理想，实现自身的和谐发展，从而对教师工作产生的持续稳定的快乐体验。职业幸福感是教师做好教育工作的重要保障，是教师专业发展的内在动力，也是教育者生命质量的重要体现。

教师职业向来背负着较为"高大上"的使命，比如社会一贯认为"教师是太阳低下最光辉的事业"；而"教师是蜡烛，燃烧自己，照亮别人"；为此，"教师要有崇高的理想，为教育事业奋斗终身"。而实际上，教师职业的辛苦、日益重大的责任以及过低的社会地位与工资待遇已经让很多在任教道路上前行的教师步履艰辛，职业幸福感也在逐渐减弱。

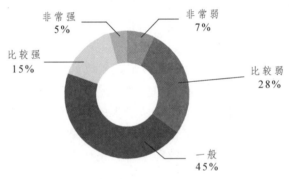

图 5.21　农村幼儿教师职业幸福感强度比例图

教师职业幸福感较弱，对于农村幼儿教师而言更是如此。调查数据显示（图 5.21）：农村幼儿教师职业整体的幸福感较低。幸福感强度五个层次的比例分别是：非常弱有 46 人，占总数的 7%；比较弱是 183 人，占总数的 28%；一般有 294 人，占总数的 45%；比较强的有 97 人，占总数的 15%；非常强的人数是 30 人，占总数的 5%。从数据来看，被调查的农村幼儿教师中，只有 20%的幼儿教师职业幸福感是较强的，大部分的幼儿教师的职业幸福感有待进一步提升。

职业幸福感的影响因素有主观因素和客观因素。主观因素和客观因素是相互渗透相互影响的，在一些情境下主观因素起主要作用，但在另外的情境下又是客观因素起决定作用，但基于幸福感是个体的一种心理体验和感受，所以根本性的影响因素是在于个体的主观因素。首先，客观因素对农村幼儿教师的职业幸福感起着不可估量的作用，比如农村幼儿教师的工资待遇低、职业发展前景较渺茫以及农村公共资源较为缺乏等现实问题会直接降低农村幼儿教师的职业幸福感；其次，主观因素是决定农村幼儿教师最为根本的决定性的因素。比如有的农村幼儿教师的心态较好：虽然工资待遇低，但和没有正式工作的人对比，每月有固定工资已经很不错；农村公共资源缺乏，但有些优势是城市所没有的，如清新的空气、新鲜生态的蔬菜、安静的环境以及简单的人际关系等。

农村幼儿教师职业幸福感的提升可以从两个方面入手，一是改善外部条件，寻求社会支持系统；二是悦纳幼教职业，形成职业积极态度。首先，外部条件和社会支持是农村幼儿教师提升职业幸福感的重要条件。农村幼儿教师职业幸福感必须有必要的物质条件支持，如教学条件、生活条件，这也是农村幼儿教师专心、安心提升保教质量的重要保障。农村幼儿教师的职业幸福感还必须有完备的社会支持系统来作保障，幼教工作本身较为繁重，并不仅仅是通过幼儿教师个人努力就可以达到良好效果的，还必须有管理者、家长以及社会人士的理解和支持。其次，农村幼儿教师悦纳幼教职业、形成职业积极态度是其提升职业幸福感的关键。积极心理学认为：认知决定情绪，情绪决定幸福。为此，在相同的现有条件下，有的幼儿教师职业幸福感较强，而有的幼儿教师较为缺乏，就源于此。就教师自身而言，需要接受现实，悦纳自我，克服职场病态，追求卓越，形成追求职业幸福的积极态度，自我发展完善，创造职业幸福感，实现更新与发展，体现生命之真正价值。[①]

## 六、农村幼儿教师的社会交往质量

教师的社会交往质量是指教师的人际关系质量，即交往对象、层级的多寡与质量，社会活动的数量与质量，传递、获取信息的数量和质量等。社会交往质量直接反映一个人社会化和现代化的水平。对教师而言，

---

① 谭友坤. 以职业幸福感促幼儿教师专业发展——自我实现的视角[J]. 基础教育研究，2011（18）：52-54.

广泛而深刻的社会交往不仅有利于他获取广博的资料和信息，加速个体社会化和现代化的进程，而且有利于教师形成开拓进取的精神，培养学生形成面向现实乃至未来社会的价值观、人生观和责任感。①

## （一）农村幼儿教师社会交往质量的量性分析

关于农村幼儿教师的社会交往质量，本研究主要从社会交往对象数量与质量、社会交往层次数量与质量、社会活动数量与质量、传递信息数量与质量以及获取信息数量与质量五个大方面来考察。主要采用访谈法和问卷法来进行调查，访谈采用非正式访谈法。笔者采用《农村在职幼儿教师质量调查问卷》对幼儿教师的社会交往质量的调查结果如图 5.22 所示。

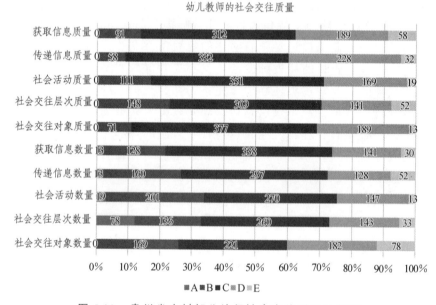

图 5.22　贵州省农村部分幼师社会交往质量比例图

注：1. 社会交往对象数量、社会交往层次数量、社会活动数量、传递信息数量以及获取信息数量的 A＝非常少；B＝比较少；C＝一般；D＝比较多；E＝非常多。

2. 社会交往对象质量、社会交往层次质量、社会活动质量、传递信息质量以及获取信息质量的 A＝非常差；B＝比较差；C＝一般；D＝比较好；E＝非常好。

---

① 钟守权. 教师质量研究引论[J]. 中小学教师培训，1999（3）：4.

如图 5.22 所示，对 650 名农村在职幼儿教师进行问卷调查，把社会交往数量分为很少、较少、一般、比较多以及非常多五个等级，交往对象数量的人数和比例分别是 0、169、221、182、78 和 0、26%、34%、28%、12%，可见有一半以上的农村幼儿教师认为自己社会交往的数量并不多；交往层次数量的人数和比例分别是 78、136、260、143、33 和 12%、22%、40%、22%、4%，数据显示有 74%的农村幼儿教师认为自己社会交往的层次不多；社会活动数量的人数和比例分别是 19、201、270、147、13 和 3%、31%、41%、23%、2%，数据显示有 75%的农村幼儿教师认为自己社会活动并不多；传递信息数量的人数和比例分别是 13、160、297、128、52 和 2%、25%、45%、20%、8%，数据显示有 72%的农村幼儿教师认为自己传递信息的数量并不多；获取信息数量的人数和比例分别是 13、128、338、141、30 和 2%、20%、52%、21%、5%，数据显示有 74%的农村幼儿教师认为自己获取信息的数量不多。

再者，把社会交往质量分为非常差、比较差、一般、比较好以及非常好五个等级，交往对象质量的人数和比例分别是 0、71、377、189、13 和 0、11%、58%、29%、2%，可见有 69%的农村幼儿教师认为自己社会交往的质量并不好；交往层次质量的人数和比例分别是 0、148、309、141、52 和 0、23%、47%、22%、8%，数据显示有 70%的农村幼儿教师认为自己社会交往层次的质量不高；社会活动质量的人数和比例分别是 0、111、351、169、19 和 0、17%、54%、26%、3%，数据显示有 71%的农村幼儿教师认为自己社会活动的质量较差；传递信息质量的人数和比例分别是 0、58、332、228、32 和 0、9%、51%、35%、5%，数据显示有 60%的农村幼儿教师认为自己传递信息的质量并不好；获取信息质量的人数和比例分别是 0、91、312、189、58 和 0、14%、48%、29%、9%，数据显示有 62%的农村幼儿教师认为自己获取信息的数量不多。

综上所述，数据结果显示，从社会交往对象、社会交往层次、社会活动、传递信息以及获取信息的数量及质量来看，农村幼儿教师社会交往的质量整体上较差，一半以上的幼儿教师都认为自己社会交往的数量和质量都不理想，这势必会影响幼儿教师的社会化和现代化，进而影响农村幼儿教师发展的整体质量。从现实情况来看，教师个体甚至群体自我封闭，受困于校园、书斋，是培养和建设开放型教师人才的桎梏。提高教师社会交往的质量和水平，是实现教师既教书本，又教生活，理论联系实际的重要保障。[①]为此，关注农村幼儿教师的质量必须把幼儿教师的社会交往质量作为重要的考察点。

## （二）农村幼儿教师社会交往质量的质性分析

社会交往是每个个体的一种基本社会需求，同时也是个体能动适应社会生活的一种表现。从社会学的视角出发，社会交往的最根本特征是人际互动，即交往双方在心理上和行为上的交互感染和交互作用。……与他人进行社会交往的过程中，交往双方总会通过沟通、交流和信息互换等方式，在思想感情、价值观念和行为模式上相互影响……。[②]依据农村幼儿教师生活场域可以大致把教师的社会交往分为职业社会交往和生活社会交往两大类。通过对农村幼儿教师职业社会交往和生活社会交往的动态描述，基本上能反映幼儿教师社会交往的现状。

### 1. 农村幼儿教师的社会交往质量

依据幼儿教师生活的场域可以大致把农村幼儿教师的社会交往质量分为职业社会交往质量和生活社会交往质量两部分。幼儿教师的大量时间是在幼儿园度过，因此幼儿园是幼儿教师继续社会化的重要场所，幼儿教师在幼儿园中的继续社会化一般以职业社会化为主，其内容包括：进行认知学习，掌握从事该工作所需的知识与技能，并及时根据工作环境的变化进行知识和技能的补充与更新；了解社会对自己所从事的工作的期望、限制与要求，内化职业规范；学会处理工作单位中的种种人际关系，维持正常的社会交往，等等。[③]为此，农村幼儿教师的职业社会交往主要呈现的是幼儿教师在幼儿园工作场域中交往的基本状态。农村幼儿教师除了大量时间要在幼儿园度过，其他时间就是对个人生活的处理。其内容包括：和家人的相处；和同事以及家长工作外的交往以及为解决日常生活所需接触到周围的人群等。为此，农村幼儿教师的生活社会交往主要呈现的是幼儿教师在幼儿园工作场域之外交往的基本状态。以下我们将从社会交往对象、社会交往层次、社会活动、传递信息以及获取

---

① 钟守权. 教师质量研究引论[J]. 中小学教师培训，1999（3）：4.
② 张胜康. 社会交往与青年社会化的作用机制[J]. 当代青年研究，1999（3）：31-33.
③ 周已尧. 幼儿教师社会交往能力再发展的启示与思考[J]. 课程教学教材研究，2012
（1）：45-46.

信息的数量及质量多方面来对农村幼儿教师职业和生活两大场域的社会交往质量进行描述。

（1）农村幼儿教师社会交往对象的数量及质量

农村幼儿教师社会交往对象的数量。农村幼儿教师职业社会交往的对象主要有两类：一是本园幼儿教师；二是幼儿家长。本园幼儿教师是农村幼儿教师职业社会交往的第一类对象，乡镇幼儿园特别是一些偏僻农村新开办的幼儿园其幼儿教师的人数都较少，调查中甚至发现有一个幼儿园只有两位女性幼儿教师。这两位教师既是带班老师也是管理者，幼儿园的任何事情都是两个人商量着做，谈不上集思广益更得不到有经验教师有效的指导。幼儿家长是农村幼儿教师职业社会交往的第二类对象，这类交往对象大多数情况只限于本班的幼儿家长，几乎没有和其他班级孩子以及社区孩子的家长有交往。所以交往对象数量极少是农村幼儿教师职业社会交往对象的一个显著特征，这显然是不利于教师教学质量的提升及个人专业发展的。农村幼儿教师生活社会交往的对象主要是家人和周围村民，其数量也是较少的。按理，农村幼儿教师的工作地点就是其安家的地方，但调查却发现很多幼儿教师和家人并没有住在一起，原因很多。比如丈夫的工作在市区里，而为了孩子得到更好的教育而选择在市区安家，在乡镇工作的幼儿教师工作日就只能呆在幼儿园，非工作日才回到家和家人团聚。幼儿教师生活社会交往的另一类对象是幼儿园周围的村民，和这些村民的接触多为解决生活问题才发生的接触，比如买菜、办理相关个人业务等。

农村幼儿教师社会交往对象的质量。农村幼儿教师职业社会交往的对象主要就是本园的幼儿教师，其质量不容乐观，主要体现为交往对象的经验和性别两个方面。首先，交往对象的经验较为欠缺。农村乡镇幼儿园的教师不仅少，且多为年青经验不足的教师，教师之间几乎不能通过老带新的方式来促进教学水平的提高。由于距离较远，不同幼儿园教师之间频繁的交往更是不现实，导致农村幼儿教师社会交往对象的质量较低，直接阻碍了农村幼儿教师教学水平的提高及其专业发展。其次，交往对象的性别单一。农村幼儿教师职业社会交往对象的质量较低还体现在教师交往对象的单一。农村幼儿教师的工作场域较为特殊，很少有男性，而男性幼儿教师具有独立、自主、果断、坚强、自信、勇敢、坚毅、富于进取精神等优秀品质，同时在某些方面比如运动、电脑等的知识面会比女老师更开阔，这对儿童的启蒙教育和成长都十分重要。女性幼儿教师在工作中如果能和男幼儿教师多沟通交流，自然可以有效地促进其自身专业的快速成长，而这个在严重缺乏男性幼儿教师的幼教领域特别是偏远乡镇的幼儿园几乎没有可能。农村幼儿教师生活社会交往对象的质量一般，其交往的主要对象就是家人、周围村民以及孩子家长。周围村民和孩子家长文化水平都较低，生活品质也不高，这对农村幼儿教师个人生活和职业的提高没有促进作用，相反还有可能让本来接触较多现代先进文化的幼儿教师慢慢地被熏染，成为阻碍其生活品质和工作质量提升的因素。

（2）农村幼儿教师社会交往层次的数量及质量

农村幼儿教师社会交往层次的数量较少，从幼儿教师职业社会交往来看，主要包括上一个层次的教辅站管理者、同一层次的本园幼儿教师以及下一层次的幼儿家长三个层次。农村幼儿教师和这三个不同层次的社会交往显示出特征：幼儿教师和上一层次辅导站管理者的交往有较高价值但次数较少，也就是和辅导站管理者这个层次的人交往有利于幼儿教师个人的专业发展，提升其质量，但次数不多，收益自然就甚少；幼儿教师和同一层次的本园幼儿教师的社会交往次数多但价值一般，也就意味着幼儿教师天天见面但大家经验都差不多，可借鉴之处不突出，自然得不到更多有价值的经验；幼儿教师和下一层次幼儿家长的社会交往次数一般价值较低，家长每天接送孩子的时候幼儿教师都会接触到家长，但接触的时间很短交流较少，对幼儿教师工作的促进以及个人专业成长的作用也就较少。因此，农村幼儿教师社会交往层次的质量整体而言是较低的。

（3）农村幼儿教师社会活动的数量及质量

农村幼儿教师社会活动的数量少质量差。从职业社会活动的数量和质量来看，数量少质量差：农村幼儿教师几乎没有出去学习的机会，直接限制了幼儿教师个人的知识拓展和更新，进而影响其专业发展及教学和生活的质量。偶尔会有管理者的指导，但大多只是提出一些政策上的要求及宏观上的发展路向，且仅限于传达而没有更多的交互作用，这样的社会活动对教师发展的促进作用甚微；从生活社会活动的数量和质量来看，幼儿教师的生活社会活动只是偶尔的教师聚餐以及周围村民或亲戚办酒吃饭，这里没有陶冶情操提升性情的音乐厅，没有拓展个人兴趣爱好的娱乐场所，更没有拓宽自己知识面的图书馆。有的只是教师之间周而复始的简单话题，村民之间的聊家常，甚至是消遣时间的麻将牌。农村幼儿教师生活社会活动的质量也就可想而知了。孙菲对老年人的生存质量进行研究发现，老人参加的社会活动越多，社会交际的网络越广泛，心理和社会关系领域的生存质量也就越高。[①]农村幼儿教师社会活动的数量少质量差直接影响其生存质量，进而影响了幼儿教师队伍的整体质量。

（4）农村幼儿教师传递与获取信息的数量及质量

农村幼儿教师传递和获取信息的数量。整体而言，农村幼儿教师传递和获取信息的数量都较少。从获取信息的数量和质量来看，教师之间的交流内容单一，大家都懂得不多；教师和家长交往的内容较为表面，很多时候都只是简单就孩子在园表现进行问答，极少就孩子教育、性格等问题进行深入沟通和了解；教师和辅导站交流多停留在文件相关条例上，却无更多工作上实质性的沟通与交流。总体而言农村幼儿教师获取信息数量较少，质量较差。从传递信息的数量和质量来看，农村幼儿教师传递信息的数量较为缺乏，质量也较差。地域的原因很多，农村幼儿教师的工作生活区域较小，大多数时候失去了与外界的有效互动，个人的知识面没有得到及时的扩展，知识深度也得不到有效地拓展，脱节的现象明显地存在。这样的状态直接影响幼儿教师社会化和现代化的水平，影响其教学质量及专业发展，进而影响幼儿的发展。正如李涛所言，农村教师因为单纯的学校环境和日复一日的重复教学，往往会显得外部关系简单和社会能力不足，而乡间少年往往无法从老师那里获得真正感兴趣的外界现实与社会知识。[②]

## 2. 农村幼儿教师社会交往的质量忧患

### （1）交往者价值认同危机

传统文化中的那些优秀元素依然具有顽强的生命力，能够穿越时代的距离熠熠生辉。这一点人们已经逐步有了广泛的共识，只不过这种共

---

① 孙菲，汤哲，邹炜.社会交往和自我效能感对老年人生存质量的影响[J].中国预防医学杂志，2011（11）：963-965.
② 李涛.农村底层孩子：我们老师是被社会淘汰下来的"产品"[N].中国青年报，2015-08-17.

识主要集中在精英阶层和已经逐步认识到现代化负面影响的城市居民中。而且，这种共识更多是基于对当下许多问题的忧虑而指向未来的。但是，对于还没有实现现代化、广大精英流失的农村来说，传统文化和其中的优秀元素却显得那么格格不入。①农村幼儿教师是受过高等教育的一代，即使出生于农村，但多年求学期间的城市生活使其更多地接触了城市先进的文化，其中有吸引其逐渐趋向的东西，但也有其从内心排斥的成分。越是民族的越是世界的理念逐渐在农村幼儿教师这农村少有的知识份子心中扎根，而对于生于此长于斯的当地百姓而言，却往往容易产生不够理性的想法——城市的一切都是好的，我们有的都是不上档次的。比如幼儿教师用农村特有的材料玉米棒、石头以及树枝等来做教玩具，幼儿家长只是简单地认为幼儿园没钱就找这些东西给孩子玩，殊不知市里的示范性幼儿园正因为其原生态的课程理念得到高度的正面评价。这就是价值认同的差异，农村幼儿教师和幼儿家长的价值认同危机，教师和家长沟通困难，家园合作不起效也源于此。

（2）交往对象单调危机（交往内容断层危机）

农村幼儿教师交往内容断层危机主要体现为三个方面：首先，专业与非专业危机；其次，性别失衡危机；最后，文化危机。首先，专业与非专业危机。学前教育的突飞猛进的发展对于整个中国广大适龄儿童而言确实是一个福音，在之前农村见都没见过的幼儿园已经在乡镇甚至是村上办了起来。可调查发现，幼儿园快速发展的同时，很多农村家长并没有跟上步伐，当我们幼儿园极力挖掘最适合儿童发展的游戏并把游戏做为幼儿园最主要的活动方式时，有家长却说："这个公立幼儿园不教知识的，我们转私立幼儿园去学拼音和数数。"幼儿教师和家长交往内容几乎衔接不上，这就是专业与非专业的危机。其次，性别失衡危机。常言道：男女搭配，干活不累。可在农村幼儿园里，几乎没有男性幼儿教师的身影，幼儿园少了阳刚之气，女性幼儿教师的交往对象只能是女老师，交往的内容自然也只限于女性话题。这对女性幼儿教师的专业发展以及男幼儿的身心发展都是极其不利的，这就是性别失衡危机；最后，文化危机。农村幼儿园的老师几乎都是80、90后，没有年长的有经验的教师，

---

① 柳丽娜. 农村青年教师在乡村社会传承优秀传统文化的有效路径[J]. 基础教育研究，2015（19）：15-17.

幼儿教师交流与沟通的内容都是她们生活时代的内容，没有了历史自然就欠缺了一些底蕴，这就是文化危机。

（3）沟通主体代际危机

文化的传承最原始也最重要的方式是代际传承。几千年来，农民中并没有多少人能够接受学校教育，但是中华传统文化却没有遭遇实质性的传承断裂，究其原因，最重要的一点就是代际传承，即上一代通过口耳相传、村落仪式、生活方式、生产劳动、民间艺术等零散又不乏系统、无意却又有意、简单而又深刻的方式，将祖辈积累、传承下来的文化，一以贯之地传承给下一代，循环往复。①农村幼儿教师和家长的交往质量对农村幼儿教师的自身发展及其对幼儿的影响与教育有着至关重要的作用。幼儿教师和家长有效的沟通与合作才能让幼儿教师了解、理解幼儿成长置身于其中的文化、习俗、习惯、兴趣与爱好等，这些都是幼儿教师提升保教质量，促进幼儿有效长足发展的重要前提。可遗憾的是，这里的孩子没有父母这一代人的纽带作用，孩子和祖辈之间的隔代沟通呈现出了一些矛盾；幼儿教师大多是90后年轻的一代，没有了幼儿父辈这一代人的接洽，和幼儿祖辈家长的沟通也显得较为吃力。农村的"父母"离开村落、离开昼夜与共的子女，不仅带来了孩子与祖辈之间沟通的矛盾，还导致了教育者之间即幼儿教师和祖辈家长沟通的代际隔阂，这就是沟通主体的代际危机。

（4）交往路径偏离危机

几千年来，中华优秀传统文化在乡村社会的传承主要是通过充满"乡土"气息的路径，如口耳相传、各种村落仪式、习俗、民间艺术、集体生活、公共活动等。②农村幼儿教师是年经的一代，诸如互联网、多媒体信息技术平台等新的文化传播路径在年轻人当中是非常流行了，快速、自由、简便等优点使得这些新的传播路径也被应用到农村幼儿教师的工作当中。幼儿教师通过微信、群聊的方式可以让家长及时了解孩子在园的情况；通过群发相片让家长知道幼儿园的活动组织；通过群发使得教师能够一次性通知到所有的家长家园合作的相关准备。可当幼儿教师第一次把微信号贴教室门口信息窗，然后告诉幼儿家长"各位家长，为了

---

① ② 柳丽娜. 农村青年教师在乡村社会传承优秀传统文化的有效路径[J]. 基础教育研究，2015（19）：15-17.

教师更好地和家长及时沟通和交流，请大家回去后加入这个微信号"，一位 60 多岁的农村老奶奶眯着老花眼瞄了一眼信息栏，说了一句"这些都是年经人玩的东西，我们可搞不懂时，我们就知道幼儿教师这个交往的"现代路径"和幼儿农村老年家长的"乡土路径"并不在一个轨道上，偏离得没有任何连接点，更没有擦出热烈的火花。我们不能不面对这样的事实：有着较高文化年经一代的幼儿教师和文化程度较低且上了年纪的农村老太之间确实存在交往路径偏离的危机。

# 七、农村幼儿教师的流动质量

教师的流动质量是指教师在一段时期内岗位变化、职位升迁状况，它包括两种基本流动：一是优质流动，如教师晋级提拔、受表彰，教师队伍的优化组合等；二是劣质流动，如教师跳槽转行，降职处罚等。[①]教师的合理流动可以巩固和优化教师队伍结构，高质量的教师流动应多体现为优质流动，但劣质流动有时也是提高教师队伍整体质量的必要手段，如清除不合格的教师，从而实现教师队伍的新陈代谢和优化组合。

## （一）农村幼儿教师流动的现状分析

贵州省农村幼儿教师流动的现状主要从幼儿教师队伍和幼儿教师个体两个角度进行分析。

### 1. 幼儿教师队伍的流动

农村幼儿教师队伍的流动包括优质流动和劣质流动。

（1）幼儿教师队伍的优质流动

首先，如图 5.23 所示我园幼儿教师晋升提拔的机会中 A. 完全没有、B. 比较少、C. 一般、D. 比较多、E. 非常多五个等级的人数和比例分别是 20、211、270、129、20、3%、32%、42%、20%、3%，可知农村幼儿教师整体队伍中晋升提拔机会不多的占 77%，这意味着农村幼儿教师大多数人是没有机会晋升提拔的。

---

① 钟守权. 教师质量研究引论[J]. 中小学教师培训，1999（3）：4.

幼儿教师的流动质量

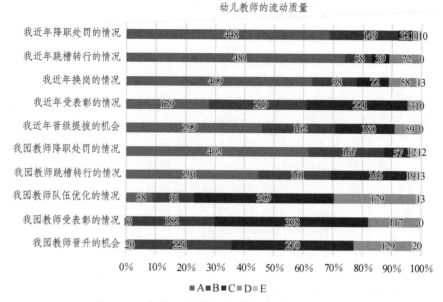

图 5.23　贵州省农村部分幼师流动质量比例图

注：该部分所提题目中的 A＝完全没有；B＝比较少；C＝一般；D＝比较多；E＝非常多。

其次，如图 5.23 所示我园幼儿教师受表彰的机会中 A. 完全没有、B. 比较少、C. 一般、D. 比较多、E. 非常多五个等级的人数和比例分别是 13、182、338、117、0，2%、28%、52%、18%、0%，可知农村幼儿教师整体队伍中受表彰机会不多，占 82%，这意味着大多数农村幼儿教师较少受到表彰。

最后，如图 5.23 所示我园幼儿教师队伍优化情况中 A. 完全没有、B. 比较少、C. 一般、D. 比较多、E. 非常多五个等级的人数和比例分别是 58、91、309、179、13，9%、14%、48%、27%、2%，可知农村幼儿教师整体队伍优化情况不多占 71%，这意味着大多数的幼儿园的教师队伍较少出现优化组合的情况。

（2）幼儿教师队伍的劣质流动

第一，我园幼儿教师跳槽转行情况。如图 5.23 所示我园幼儿教师跳槽转行情况分为 A. 完全没有、B. 比较少、C. 一般、D. 比较多、E. 非常多五个等级，人数和比例分别是 291、161、166、19、13，45%、24%、26%、3%、2%，可知农村幼儿教师整体队伍中跳槽转行情况不多，占 95%，这意味着大多数的幼儿园的教师队伍还是较为稳定的。

第二，我园幼儿教师降职处罚情况。如图 5.7.1 所示我园幼儿教师降职处罚情况分为 A. 完全没有、B. 比较少、C. 一般、D. 比较多、E. 非常多五个等级，人数和比例分别是 402、167、57、12、12，61%、26%、9%、2%、2%，可知农村幼儿园教师降职处罚不多，占 96%，也就意味着很少幼儿园出现处罚幼儿教师的情况。

综上，不管是从农村幼儿教师队伍的优质流动还是劣质流动来看，农村幼儿教师的流动状态较为稳定，在一定程度上表明了农村幼儿教师队伍是较为稳定的。但其中反映的深层次问题自然也不能忽视，正如学者所言不管是优质流动还是劣质流动，合理的流动还是必须的，一潭死水的状态并不利于教师队伍的优化和组合，也不利于形成有效的竞争机制进而实现农村幼儿教师队伍的高质量状态。

## 2. 幼儿教师个体的流动

（1）幼儿教师个体的优质流动

第一，近年来晋级提拔机会。如图 5.23 所示，农村幼儿教师近年来晋级提拔机会分为 A. 完全没有、B. 比较少、C. 一般、D. 比较多、E. 非常多五个等级，其人数和比例分别是 299、162、130、59、0，46%、25%、20%、9%、0。可见，有 91% 的农村幼儿教师得到晋级提拔的机会不多，甚至有些老师工作很多年一次晋级提拔的机会也没有。

第二，近年来受表彰情况。如图 5.23 所示，农村幼儿教师近年来受表彰情况分为 A. 完全没有、B. 比较少、C. 一般、D. 比较多、E. 非常多五个等级，其人数和比例分别是 179、219、221、31、0，28%、34%、34%、4%、0。由此可见，有 96% 的农村幼儿教师受表彰的机会不多，甚至一次都没有。

第三，近年来换岗的情况。换岗一般指的是在同一幼儿园内不同岗位的流动，可以促进人才的优化组合，人尽其才，为此归为优质流动。如图 5.23 所示，农村幼儿教师近年来换岗情况分为 A. 完全没有、B. 比较少、C. 一般、D. 比较多、E. 非常多五个等级，其人数和比例分别是 409、98、72、58、13，63%、15%、11%、9%、2%。可见，89% 的农村幼儿教师近年来都没有换岗的情况，幼儿园人才组合的情况很少。

（2）幼儿教师个体的劣质流动

第一，近年来跳槽转行的情况。如图 5.23 所示，农村幼儿教师个人近年来跳槽转行的情况分为 A. 完全没有、B. 比较少、C. 一般、D. 比较多、E. 非常多五个等级，其人数和比例分别是 481、58、39、72、0，74%、9%、6%、11%、0。数据可知，89%的幼儿教师跳槽转行的情况很少，通过访谈还了解到很多农村幼儿教师的跳槽情况大多是从私立幼儿园考入公立幼儿园，跳出有编制幼师工作的较少。

第二，近年来降职处罚情况。如图 5.23 所示，农村幼儿教师近年来降职处罚情况分为 A. 完全没有、B. 比较少、C. 一般、D. 比较多、E. 非常多五个等级，其人数和比例分别是 448、149、32、11、10，69%、23%、4%、2%、2%。从数据可知，96%的农村幼儿教师近年来降职处罚的情况比较少。

综上，农村幼儿教师个体的流动包括优质流动和劣质流动机会都较少，和农村幼儿教师整体队伍的情况是吻合的。总体而言，从农村幼儿教师个体和幼儿园教师队伍这两个角度都体现了农村幼儿教师队伍趋于稳定，优质流动和劣质流动都较少，流入和流出都不多，教师队伍优化组合的现状有待改进。

## （二）农村幼儿教师流动的问题及原因分析

调查发现贵州省农村幼儿教师的流动整体质量较为不理想，总体体现为以下三个方面：不同级别职位的流动较少，容易造成管理者和一线教师或教育管理部门和幼儿园工作者的工作惰性；不同教育阶段的流动形成一个劣质流动，很多的小学教师调入幼儿园导致小学化的产生，少部分幼儿教师调入小学导致有限资源得不到合理的利用；不同行业内外的流动导致幼儿教师队伍非专业化的加剧，幼教行业的人才却很少有机会从事其他的行业也造成了人才流动不顺畅的问题。

### 1. 不同级别职位流动的缺乏：工作惰性的形成

调查发现，农村幼儿教师不同级别职位的流动频率较少，主要体现为以下两个方面：一是，幼儿园管理者即园长和一线教师不同级别职位的流动很少，很多幼儿园很多年都是一两个人做园长，幼儿教师再优秀也很少有机会做园长。对幼儿园人才的优化配置是极其不利的，对于园长而言没有竞争的意识就容易形成工作惰性，而对于一线教师而言就没有了奋斗的目标。常言道：不想做将军的士兵不是好士兵，不想做园长的幼儿教师自然不会是一个积极奋进的不断提升自我的教师。因此，幼儿园内不同级别职位流动较少容易造成管理者和一线教师工作的惰性。二是，教育管理者与幼儿园工作者的流动也较少。按理来说，只有专业的管理者才能引领幼教的良好发展，但调查发现不管是较高层次的教育局还是区内的教学点管理者都很少有学前教育专业背景的人才。幼儿园的工作者包括园长和幼儿教师也很难进入管理层面，再先进实用的理念也无用武之地。因此，幼儿园内外不同级别职位流动较少容易造成教育管理者和幼儿园工作者的惰性。

## 2. 不同教育阶段流动的劣质：人未尽其才

调查发现，学前教育不同教育阶段的流动主要体现为小学老师下调幼儿园或学前班以及幼儿教师借调到小学这两种情况，实际上这两者情况都极为容易造成人未尽其才的状况。首先，小学老师下调幼儿园或学前班的情况，表面上看来高层次的教师调到幼儿园应该很容易胜任幼儿园的工作。可事实并非如此，学前教育专业的特殊性决定幼儿教师必须具备基本专业理论和专业技能，特别是专业技能包括弹、跳、唱等，这是小学老师所不具备的。没有了这些技能，小学老师自然不会成为幼儿心目中的好教师。另外，专业理论的缺乏也很容易导致幼儿园教育小学化的倾向，这在发展水平一般的幼儿园已经屡见不鲜了。其次，幼儿教师借调到小学的情况也存在，特别是男幼儿教师在幼儿园严重缺乏的情况下短期或长期到小学工作的情况对于幼教师资队伍建设与发展而言无疑是雪上加霜。总体而言，农村学前教育阶段和小学阶段的流动不管是流进还是流出往往都会导致人未尽其才的不良结果。

## 3. 不同行业内外流动的单一：非专业化的加剧

不同行业内外流动的单一主要是指非学前教育专业人才流入幼教人才较多，而幼教专业人才能从事的其他专业领域较少。幼儿教师被误认为是一个专业性不强的职业，甚至一度成为下岗女工和无业女性就业的最佳选择。随着社会的发展、时代的变迁，这样的理念有所改变但传统的影响却是根深蒂固的，到现在为止一些农村地区的幼儿教师特别是私立幼儿园的教师很多都是非专业的，音乐、舞蹈、中文专业的等都可以在幼儿园工作，进而导致老师的教育不能适应幼儿身心发展需要的状况。另外，幼教专业人才能从事的其他专业领域较少，这在一定程度上也不利于学前教育先进理念在社会上的宣传。总体而言，不同行业内外流动的单一使得非专业性的加剧。

# 第六章　贵州省农村幼儿教师
# 质量保障机制构建

贵州省农村幼儿教师质量保障机制的构建应从系统的思想出发，基于幼儿教师专业发展的基本历程，聚焦于目前贵州省农村幼儿教师质量提高所面临的突出问题。为此，本研究在细描贵州省农村幼儿教师质量现状的基础上，从纵向和横向两方面来全面构建农村幼儿教师质量的保障机制。纵向层面主要从幼儿教师专业发展的基本历程，包括职前培养质量、入职质量以及在职发展质量三方面来梳理；横向层面主要聚焦贵州省农村幼儿教师发展过程中影响质量提高的关键性问题进行阐述，通过解决关键性问题以达到全面、有效提高农村幼儿教师质量的目标。

## 一、农村幼儿教师质量保障机制的纵向构建

### （一）"基本质量" 目标引领下的质量保障体系构建

国家在学前教育发展政策制定的文件中曾重复强调"保基本"的观点，比如《国务院关于当前发展学前教育的若干意见》（国发〔2010〕41号），简称"国十条"就多次强调"保基本"的思想。第一条提到：发展学前教育，必须坚持公益性和普惠性，努力构建覆盖城乡、布局合理的学前教育公共服务体系，保障适龄儿童接受基本的、有质量的学前教育；第二条提到：大力发展公办幼儿园，提供"广覆盖、保基本"的学前教育公共服务。加大政府投入，新建、改建、扩建一批安全、适用的幼儿园。不得用政府投入建设超标准、高收费的幼儿园。

对于幼儿教师基本质量的理念也有明显的体现，"国十条"中的第三条中提到：中小学富余教师经培训合格后可转入学前教育；办好中等幼儿师范学校；积极探索初中毕业起点五年制学前教育专科学历教师培养模式；为有志于从事学前教育的非师范专业毕业生提供培训。也就是在

幼儿教师师资严重不足的现状下，国家提倡通过允许非专业的中小学富余教师、非师范专业毕业生经培训后进入学前教育行业；提倡低学历层次学校比如中等幼儿师范学校、五年制学前教育专科学校对幼儿教师的培养。可见，我们国家在普及学前教育过程中积极提倡也正在贯彻实施"保基本"的理念。

"质量"在《现代汉语辞典（第 7 版）》中的解释是指"产品或工作的优劣程度"。而因评价主体、评价标准的不同往往会导致同一产品或工作优劣程度的度量出现不同的结果。为此，"质量"一般被界定为产品或服务满足规定和潜在需求的特征总和。即人们对事物、产品或工作的优劣程度以满足受体需求为衡量依据，体现了更多的人文性、易操作性。基本可解释为根本的、主要的。基本质量是指事物、产品或工作满足受体根本的、主要的规定和潜在需求的特征总和。

农村幼儿教师的基本质量是着眼于农村幼儿这个群体受体共同的基本需求，基本质量就意味着对农村儿童人身安全、健康、心理安全感以及通过活动认识环境事物等基本需要的满足。基本质量是相对于高质量而言，是实现高质量的前提条件，以贵州省农村学前教育发展的现状来看，以"基本质量"目标作为引领构建农村幼儿教师质量保障体系是较为合理、现实的一个途径。本研究尝试阐释为何要保障农村幼儿教师的基本质量，如何理解及保障农村幼儿教师的基本质量等问题。

贵州省学前教育的发展落后于其他阶段教育，和其他地区学前教育的发展也存在较大的差距，幼教师资发展更是如此，农村幼儿教师质量的发展更是成为了学前教育质量发展的瓶颈，诸多条件的限制使得我们不可能一步到位解决好农村幼儿教师发展中的所有问题，实现高质量师资队伍的目标。为此，我们目前应该做的且能做的就是全力保障贵州省农村幼儿教师整体上"基本质量"目标的实现，通过"基本质量"来实现普及也是促进农村学前教育发展的一条较为现实的路径。为此，贵州省农村幼儿教师质量保障机制构建实际上就是"基本质量"目标引领下的质量保障体系构建。

## （二）职前农村幼儿教师培养的基本质量

全国农村幼儿教师整体质量较差，且专业教师供不应求，贵州省的农村更是如此。为此，为尽快满足贵州省农村幼儿教师的需求，促进农村学前教育的可持续发展，"保基本，促数量"应成为我们培养职前幼儿教师的近期目标。只要符合基本的办学要求都应鼓励各级各类院校积极开设学前教育专业，大力培养幼儿教师，特别是"下得去，呆得住"农村的幼儿教师。开设学前教育专业的各级各类院校就包括不同性质和不同级别的院校，不同性质就包括公立和私立院校，不同级别就包括中等职业学校或高中、三年制或五年制大专、四年制本科以及更高层次的硕士、博士研究生等。当然，从人才质量的流向来看，贵州省农村幼儿园能招到的幼儿教师基本就是公立或私立院校培养的中等职业学校或职业高中、三年制或五年制大专、四年制本科，这也就意味着农村幼儿教师培养的基本质量主要涉及的也就是这几个层次院校的培养质量。

那么，职前幼儿教师培养的基本质量目标如何确定呢？从幼儿教师工作性质和内容来，学前教育专业基本知识与技能是每位职前幼儿教师在培养阶段都必须实现的两个基本目标，但中专、大专和本科基于生源的学历、质量以及就业需要等客观现实，三个不同的层次不论在人才培养规格、师资力量、课程开设，还是学业要求、毕业关口等方面的设计都应该有所不同，有此层次所要求达到的基本质量，为此笔者初步简单地构建了各层次学前教育专业培养的基本质量目标，见表6.1。

表6.1 各级各类院校学前教育专业培养的基本质量目标

| 要素 | 要素 | | | |
|---|---|---|---|---|
| | 基本要求 | 中专、职高 | 大专（3、5年） | 本科 |
| 人才培养规格 | "政治素养""综合素质""知识基础""理论素养""专业技能""科研能力""管理能力""外语能力""计算机能力""普通话"等指标 | 突出"政治素养""综合素质""理论素养"，以"知识基础"和"专业技能"为重点 | 突出"理论素养"，以"知识基础"和"专业技能"为重点 | 适度强调"科研能力"，突出"知识基础"，以"专业技能"为重点 |
| 师资力量 | 数量充足、能够满足人才培养需要的教师队伍；教师队伍年龄、学历、职称、学缘结构合理；教师能够把足够的精力投入本科教学 | 理论课程教师：专业大专及以上；技能课程教师：专科及以上 | 理论课程教师：专业本科及以上；技能课程教师：本科及以上 | 理论课程教师：专业硕士研究生及以上；技能课程教师：本科及以上 |

| 要素 | 要素 | | | |
|------|------|------|------|------|
| | 基本要求 | 中专、职高 | 大专（3、5年） | 本科 |
| 课程开设 | 政治素养课程、综合素质课程、理论素养、专业理论课程、专业技能课程、科研能力培养课程、管理能力培养课程、外语、计算机以及普通话等 | 政治素养课程、综合素质课程、理论素养、专业理论课程、专业技能课程 | 政治素养课程、综合素质课程、专业理论课程、专业技能课程 | 政治素养课程、综合素质课程、专业理论课程、专业技能课程 |

## 1. 人才培养规格

中专、职高的人才培养规格要突出"政治素养""综合素质""理论素养"，以"知识基础"和"专业技能"为重点。主要原因就在于中专、职高的学前教育专业学生都是初中毕业生，且大部分是学习能力和成绩都相对较差的学生，没有经过高中阶段较为综合和完整的各科学习，其"政治素养""综合素质""理论素养"都相对薄弱。为此，中专、职高学前教育专业的人才培养规格要突出"政治素养""综合素质""理论素养"。当然，这部分学生要成为学前教育的专业人才还必须掌握扎实的专业知识和技能，因此，"知识基础"和"专业技能"必须成为此层次学前教育专业人才培养规格的重点。

各院校学前教育的大专层次包括三年制和五年制，三年制主要招收的是高中毕业生，而五年制招收的是初中生。高中毕业后就读三年制大专的学生经过高中阶段较为综合和完整的各科学习，"政治素养""综合素质"相对较好，但与本科层次学生相比学习能力和成绩相比差些，为此要突出"理论素养"。同样的，这部分学生要成为学前教育的专业人才还必须掌握扎实的专业知识和技能，因此，"知识基础"和"专业技能"必须要成为此层次学前教育专业人才培养规格的重点。五年制大专学生和三年制的区别主要就在于，这些初中生进入该专业后首先要花两年的时间来完成类似于高中阶段的更为综合和完整的各科学习，以培养"政治素养""综合素质"，之后三年就和三年制学生一样，突出"理论素养"，以"知识基础"和"专业技能"为重点。

本科院校学前教育专业的人才培养规格相较于中专、中职以及大专的要求要高。鉴于幼儿园教学和科研相互促进的事实，幼儿园的可持续发展还必须依靠一部分热衷于科研的幼儿教师，从文化层次和专业理论素养而言自然是具有本科学历的幼儿教师更具备教学之余从事科研工作的条件，这是带动其他教师进行反思性教学、实现幼儿园高质量教学的一个举措。为此，开设学前教育专业的本科院校还有必要适度强调"科研能力"。当然，所有进入学前教育专业的高中生都是毫无学前教育经验和专业知识的，为此突出"知识基础"是必须的。张教授认为"目前学前教育本科专业的主要招生方式是从普通高中毕业生中招生，这样的生源文化素质较好，但是进入大学后才开始学习学前教育专业的基本艺术技能，如舞蹈、钢琴等课程，其难度和所能达到的水平无法满足高质量幼儿园对人才基本素质的要求"[①]。本科的人才培养规格要以"专业技能"为重点。本科院校学前教育专业的人才培养规格的基本质量目标考察主要是以"知识基础""专业技能"为主，适度强调"科研能力"。当然，至于如何严格地对培养的基本质量把关，还必须以基本质量目标为基准制定更为细致的衡量指标。

## 2. 师资力量

教师是最重要的教学资源，是核心要素。高水平的教师队伍是高水平教学的基本保障，要保障教学的基本质量就必须具备基本水平的教师队伍。关于各级各类学校学前教育专业师资力量的基本要求是学校必须建立一支数量充足、能够满足人才培养需要的教师队伍；教师队伍年龄、学历、职称、学缘结构合理；教师能够把足够的精力投入专业教学。另外，我们需要重点强调的是数量充足、能够满足人才培养需要、学历要求这三个因素，这三个因素是决定学前教育培养基本质量能否实现关键。

首先，数量要求。由于学前教育专业相对其他专业及学科而言发展较晚，这方面高层次的专业人才也较为缺乏，但教师数量需要得到基本满足才能实现基本的教学质量。调查发现，大多院校的学前教育专业特别是地方偏远或条件相对差点的学校都招不到充足的专业教师。其次，满足人才培养需要。学前教育专业所涉及的各科专业教师都不可少，但

---

① 张建波. 艺术型学前教育本科专业的培养目标与课程设置[J]. 常州工学院学报（社科版），2009（3）：105-108.

调查发现，大多院校的学前教育专业不仅招不到充足的学前教育专业教师，综合素质课程以及技能课教师大多借调或外聘，这对专业的发展实际上是很不利的。第三，学历要求。中专、大专以及本科各层次的师资学历都应符合基本的要求。在现有的条件下，中专、职高的理论课程教师应专业大专及以上，技能课程教师应专科及以上；大专（3、5 年）的理论课程教师应是专业本科及以上，技能课程教师应是本科及以上；本科的理论课程教师应是专业硕士研究生及以上，技能课程教师应是本科及以上学历。总体而言，中专、大专以及本科三个层次的教师学历水平必须比其所教学生学历水平高一个层次，这是实现培养基本质量的重要前提。另外，基于专业特殊性以及人才市场现状，技能课教师的学历水平可以相对降低，但也必须强调其专业性。

### 3. 课程开设

课程是保障各级各类学校学前教育专业人才培养规格的最主要的途径，有效课程的开设和实施是必须的。针对中专、大专和本科三个不同的层次开设的课程要有所同也应该有所不同。

首先，各级各类学校学前教育专业必开的基础课程。原因很简单，因为不管是中专、大专、本科不同层次，也不管是公立学校还是私立学校，只要开设这个专业，其培养的人才都是能在幼教领域就业的幼教专业人才。幼教专业人才有其所必须掌握的内容，包括专业知识与专业技能，所以各级各类学校的学前教育专业必须都开设能够保障学生能掌握学前教育专业理论知识和专业技能的基本课程。比如专业理论知识课程应包括幼儿发展心理学、学前教育学、中外幼儿教育史、学前儿童游戏论，让学生通过掌握学前儿童心理发展规律，了解学前教育发展的历史与趋势，掌握幼儿园教学的基本形式及工作内容，能熟练运用幼儿园最常用的游戏教学法，结合实习实训进而成为一名合格的准幼儿教师。专业技能课程应包括三大基本技能，视唱练耳与琴法、舞蹈、美术与手工，把幼儿园最为常用的技能进行熟练掌握，才能有效地组织幼儿园活动。

其次，各级各类学校学前教育专业选开的必要课程。学前教育的中专层次由于没有受过高中系统知识的学习，其理论素养较差，为此必须开设提高其基本素养的课程，比如语文、数学、英语等；大专层次则主要开设强调专业理论、专业技能的课程；本科除了专业理论课程、专业技能课程之外，还应该适度强调科研能力，开设学前教育科学研究方法等课程。

目前，贵州省学前教育专业发展的各个层次中，本科培养相对较为规范，其他层次包括中专和大专都是较为混乱的，没有统一的培养规格、课程要求以及毕业要求等，而这些都需要教育管理行政部门从顶层进行设计并督促实施，规范科学的管理才能实现人才培养的高质量。当然，各级各类学校学前教育专业要在培养过程中实现基本的质量，除了人才培养规格、师资力量以及课程开设方面，还应该在学业要求、毕业关口等方面进行严格的把关，全方位切实保障人才培养的基本质量。

## （三）农村幼儿教师入职的基本质量

我国幼儿教师专业化发展较为缓慢，由于一直缺乏正式的幼儿教师专业发展标准导致幼儿教师行业准入门槛较低，极大地影响了幼儿教师特别是农村幼儿教师的基本质量。为此，贵州省对入职幼儿教师的基本质量应从多方面进行合理的严格的把关。

### 1. 农村幼儿教师资格证的审查

教师资格证实施全国统考后，幼儿教师资格证的质量也得到了较好的保障。所有想进入幼教领域的人员都必须具备幼儿教师资格证，随着资格证考试制度逐年的完善，幼儿教师的质量必然得到明显的提高。但针对历史遗留的一些问题我们应该增加一些补充性的政策来规范和完善从事幼教工作的所有人员，比如特岗、转岗教师，这个本书第四章已经做过阐述，在此不再论述。另外，幼儿教师资格证实行全国统考也就意味着不同层次的毕业生包括中专、大专以及本科都通过全国统考的同一份试卷来取得相同质量的幼儿教师资格证，但在幼儿教师入职的基本质量保障方面还应有所区别。

### 2. 农村幼儿教师准入标准的衡量

制定幼儿园教师准入标准，严把幼儿园教师入口关是提升幼儿教师师资队伍质量的重要举措。教育部 2012 年 2 月颁布了《幼儿园教师专业标准》（试行）实际上就是对我国各地幼儿教师入职标准提供了重要依据。为此姜协武基于《幼儿园教师专业标准》从 4 个维度、26 个领域初步构建了《幼儿园教师职业准入标准（建议稿）》，简称"426标准"。[1]为此，我们可以参考姜协武所构建的幼儿园教师职业准入标准，对所有准备进入这个行业的人员进行资格审查。当然，对不同层次与学历的入职者应对其基本要求进行甄别，最大限度地唯才是举。

### 3. 农村幼儿教师入职培训的定位

农村幼儿教师入职培训是其进入工作岗位后能尽快有效进入良好工作状态的重要保障。首先，我们必须对所有参加培训的准农村幼儿教师必须要具备的基本能力进行一个准备的评估，提高入职培训的有效性，保障准幼儿教师的基本能力。对农村幼儿教师的培训一定要解决农村幼儿教师在农村幼儿教师工作中所面临的实际性问题针对性地培训，比如农村本地教学资源如何利用；如何加强与农村家长沟通的能力等问题，从而提高新教师的自信心、教学实践和教学效果，进而促进其专业成长与进一步发展。

### 4. 农村幼儿教师聘用的把关

农村幼儿教师聘用的把关主要包括：入职考试资格审核、入职考试（笔试、面试、录取）、聘用（分配、任用体制）试用期、定期考核等。本书的第四章第四部分"基于幼儿园教师专业标准的幼儿教师聘用制度"已经对目前贵州省幼儿教师入职考试审查、入职考试以及聘用等进行了详尽的论述，在此笔者主要从农村幼儿教师特殊性方面来阐释如何对其聘用进行把关。

农村幼儿教师的基本质量肯定是比城市幼儿教师的基本质量要差，这是我们首先必须要面对的。农村幼儿园各方面的条件都差，我们自然不能要求幼儿教师短时期内达到高质量的要求。为此，我们应在保障基本质量的前提下，从资格审查、入职考试以及聘用等方面最大限度地吸引有志从事幼教工作的人才，而不是精挑细选。

入职考试资格审查。审查内容方面，学历要求应该尽可能降低，才能找到足够数量的人才，当然最低是高职或中专；户籍不应该有限定，

---

① 文君，郭铁成，双立珍. 幼儿园教师职业准入标准核心指标探讨[J]. 湖南师范大学教育科学学报，2013（6）：115-117.

更多的人才进入该地区实际上是促进人才的优化配置；年龄范围也可以扩大，只要不影响其工作质量。审查程序方面，只要不会对其工作能力有太大的影响，一些程序可以免去。

入职考试。笔试和面试都应该较好地考察准幼儿教师的专业知识和专业技能，但要求应适当降低，且应更多地从农村幼儿教师所应具备的基本能力进行考察。比如幼儿教师琴法一般，但利用农村本土资源制作教玩具的能力较强，我们就应该给予充分的肯定，因为一个农村幼儿教师能用到钢琴的机会很少很少但利用本土资源制作教玩具的能力却是每时每刻都在施展。

聘用。聘用主要包括政审和聘用审批。政审的基本材料准农村幼儿教师必须提供，聘用审批要求可以适当依据农村当地的要求进行调整。比如，新聘人员试用期为一年，考察不合格则取消聘用资格，对于农村幼儿教师而言是否应该放宽年限，以最大限度地留住人才；农村幼儿教师试用期的工资是否可以相对提高。总之最大限度地留住人才为农村学前教育发展提供有力保障是我们的最终目标。

## （四）在职幼儿教师发展的基本质量

依据教师质量的构成维度，在职幼儿教师发展主要包括文化质量、工作质量、生命质量、社会交往质量以及流动质量，对于贵州省农村幼儿师资较为欠缺的现实情况，我们只可能以"基本"为基点，全方位把关落实对农村幼儿教师质量的保障。调查发现，农村幼儿教师的文化质量、工作质量、生命质量、社会交往质量以及流动质量较差。这主要是由于农村各方面条件相对于城市而言都是较差的，农村幼儿教师在这样的社会背景下生存与发展的质量自然不理想。为此，在有限的条件下我们只能也必须以"基本"为基点，最大限度地创造条件保障农村幼儿教师的质量。

文化质量方面，基于农村现有的条件与环境，我们不能一味地要求农村幼儿教师的气质有多好，兴趣有多广泛，只要基本吻合其一位农村幼儿教师的形象要求即可。当然，我们可以相对应地基于已有条件，通过一些实质性的奖励措施如竞赛、集体活动等，激励农村幼儿教师充分利用农村的现有资源充分地发展个人的兴趣爱好与特长，以此提升农村幼儿教师的文化质量。

工作质量方面，我们可能需要结合当地的社会条件和已有资源，对农村幼儿教师的环境创设与利用能力、保教能力、游戏组织能力以及沟通合作能力各方面进行针对性的培训且进行客观的评估。比如，针对环境创设与利用能力我们可能更多地考察幼儿教师是否有效地利用了农村已有的资源创设环境且利用效果如何，而不能片面地从美观、高档来衡量；农村幼儿教师与家长沟通能力方面，我们不能忽视家长的文化水平而一味地要求沟通达到多好的效果。当然，农村幼儿教师的基本工作质量要达标，比如安全的基本要求，这是绝对不能马虎的。

生命质量方面，教师的生活质量由两个方面组成：一是基本生活质量，即住房条件、工资福利、家庭关系、子女入学就业状况等；二是业余生活质量，包括教师业余兴趣、特长，自学的时间和质量，家庭个人藏书的数量和质量等内容。基本生活质量方面，比如住房条件起码要和周边居民的住房条件水平基本一致，工资福利的"基本"要比城市幼儿教师的拔高，以此作为农村幼儿教师其他方面欠缺的适当补偿；业余生活质量方面，相关教育行政部门必须通过一些行之有效的措施来提高农村幼儿教师的生活质量，比如给乡镇幼儿教师配备小型读书室，让农村幼儿教师不用自己花钱就能提升自己的业余生活质量，这样才能保障农村幼儿教师"基本"的生命质量。

社会交往质量，农村幼儿教师的社会交往质量主要从社会交往对象数量与质量、社会交往层次数量与质量、社会活动数量与质量、传递信息数量与质量以及获取信息数量与质量五个大方面来考察。从调查结果来看，农村幼儿教师的社会交往对象、社会交往层次、社会活动以及传递信息、获取信息的数量和质量都是较为不理想的，要保障其社会交往"基本"的质量，必须有效激发幼儿教师交往的欲望，提高其交往的条件。比如多给农村幼儿教师外出学习与交流的机会，配备互联网办公系统，等等。

流动质量，教师的流动质量是指教师在一段时期内岗位变化、职位升迁状况，它包括两种基本流动：一是优质流动，如教师晋级提拔、受表彰，教师队伍的优化组合等；二是劣质流动，如教师跳槽转行、降职处罚等。[①]农村幼儿教师流动的机会相对较少，特别是优质流动。我们可

---

① 钟守权.教师质量研究引论[J]. 中小学教师培训，1999（3）：4.

以考虑把幼儿教师在农村幼儿园工作的经历作为其晋级提拔的一种优势来提倡，给真正为农村幼教做实事的人才更多发展的机会和更大的发展空间，以此来达到农村幼儿教师所应有具有的最为"基本"的流动质量。

## 二、农村幼儿教师质量保障机制的横向构建

木桶定律或"木桶原理"，又称"短板理论"。盛水的木桶是由多块木板箍成的，一只木桶盛水的多少，并不取决于桶壁上最长的那块木板，而恰恰取决于桶壁上最短的那块木板，劣势决定优势，劣势决定生死，这是企业界最知名的管理法则。若其中一块木板很短，则此木桶的盛水量就被限制，该短板就成了这个木桶盛水量的"限制因素"（或称"短板效应"）。若要使此木桶盛水量增加，只有换掉短板或将其加长才行。因此，要提高贵州省普及学前教育进程中农村幼儿教师的质量我们就必须重视农村幼儿教师质量中的关键性问题，因为这些关键性的问题就是其整体发展的"限制因素"，只有把"限制因素"逐一解决，才能从根本上提高农村幼儿教师的质量。为此，关于农村幼儿教师质量保障机制的构建除了从纵向层面，即幼儿教师专业发展职前培养质量、入职质量以及在职发展质量三阶段来梳理外，还必须从横向层面聚焦贵州省农村幼儿教师发展过程中影响质量提高的关键性问题，通过解决关键性问题从根本上有效提高农村幼儿教师的整体质量。

### （一）基于 SWOT 模型的农村幼儿教师质量保障机制分析

高等教育大众化态势下出现的教育质量下滑问题已成为我国高等教育发展的突出问题，学前教育专业也不例外。随着学前教育在全国范围内日益受到重视，几乎所有的大中专师范院校都陆续开办或扩招学前教育专业，使得该专业得到飞速的发展。而与此同时，学前教育专业过于急速的发展导致的幼儿教师质量问题尤为突出，农村幼儿教师质量更是如此。SWOT 模型是目前管理学中对企业外部环境和内部条件进行系统分析，进而探寻较佳可行策略的一种有效分析工具。近年来，SWOT 分析被用于许多领域，本研究借用这种方法来对农村幼儿教师质量保障机制进行要素分析，进而探索农村幼儿教师质量保障机制的改进策略，为学前教育普及进程中如何提升农村幼儿教师质量提供新的思路和方向。

## 1. SWOT 分析模型构建

SWOT 模型（也称 TOWS 分析法、道斯矩阵）即态势分析法，20 世纪 80 年代初由美国旧金山大学管理学教授海因茨·韦里克（Heinz Weihrich）提出，由于该模型具有客观性、准确性和易操作性的良好特性，所以被广泛应用于各个领域。其模型构建如表 6.2 所示：

表 6.2　SWOT 分析模型

| 内部要素<br>外部要素 | 优势—S | 劣势—W |
|---|---|---|
| 机会—O | SO——增长型战略<br>依靠内部优势<br>利用外部机会 | WO——扭转型战略<br>利用外部机会<br>克服内部弱势 |
| 威胁—T | ST——多种经营战略<br>依靠内部优势<br>回避外部威胁 | WT——防御型战略<br>减少内部弱点<br>回避外部威胁 |

## 2. 农村幼儿教师质量保障机制的 SWOT 模型分析

农村幼儿教师质量保障机制同时受到外部环境和内部条件的制约，外部环境包括政治、经济、文化以及法律等社会因素，也包括其所面临的行业社会地位、行业发展状态等。而内部条件主要指幼儿教师专业成长过程所涉及的组织机构可以控制的内部因素，包括教育政策制定部门、培养学校、政府招聘部门以及就职幼儿园等。利用 SWOT 模型对农村幼儿教师的外部环境和内部条件进行分析，可以让我们清楚地意识到农村幼儿教师质量保障机制所拥有的外部机会及面临的威胁，明确自身所具有的优势及劣势，选择最佳的发展战略实现优化组合，进而最大限度地促进农村幼儿教师质量的提升。

（1）农村幼儿教师质量保障机制的外部机会（O）

宏观政策日益良好。近二十年来，我国政府相继制定并实施了《幼儿园管理条例》《幼儿园工作规程》等法规性文件，在很大程度上推动了学前教育事业的发展及教育质量的提高，《幼儿园指导纲要》更是使学前教育进入了一个崭新的发展时期。《国家中长期教育改革和发展规划纲要》的颁布，给学前教育的发展带来新的机遇、注入了新的活力，并使之逐步走上有章可循的道路。《国家中长期教育改革和发展规划纲要》中提到的重点发展农村学前教育，让农村学前教育工作者看到了希望，有了新动力。学者们提出通过立法把发展学前教育纳入法制轨道的建议更是让学前教育有望从"非正式教育"真正地"登堂入室"。

开设院校大幅度增多。随着国家及社会对学前教育的日益重视，很多学校都增开或扩招了学前教育专业，从性质上来看包括公办高校和民办高校，师范学院和综合学院，从层次上来看包括研究生、本科、大专、中专和高职等。有人对全国开设学前教育专业的学校进行了统计，笔者合计后发现全国开设有学前教育专业的公办本科及以上层次的高校就有173所。又如西南部的一个市开办学前教育专业的学校就包括一个本科师范院校、一个职高以及一个民办中专。国家对学前教育给予的诸多优惠政策以及由此开拓的良好市场使得很多学校涌进了学前教育领域，这无形之中就给更多有志向从事幼教事业的人进入这个行业提供了通行证。从这个角度来看，这是农村幼儿教师质量得以提高的一个不可多得的机缘。

（2）农村幼儿教师质量保障机制的外部威胁（T）

法律法规不健全。随着学前教育的进一步发展，学前教育方面的法律法规也在逐步完善。但我国目前学前教育的立法层次偏低，其最高层次仅处于我国教育法律体系中的第四层次，且尚没有全国层面的学前教育专门法，这已成为制约学前教育健康、有序发展的制度性障碍。由于学前教育相关法律法规本身所具有的疏漏和不完善之处，农村幼儿教师的身份、待遇、培训进修和医疗保险等问题都没有明确规定和切实保障，在普及学前教育进程中最需要幼儿教师的农村往往吸引不来也留不住人才，进而导致农村幼儿教师整体质量的下降。

生源质量较差。张晓辉对幼儿教师的社会地位进行研究发现幼儿教师的社会地位在整个社会职业结构体系中处于偏低的位置。所谓社会地位，指人在社会结构体系中所处的位置。日本学者天野郁夫也指出："在现代产业社会里，人们社会地位的高低，取决于他拥有多少社会资源。所谓社会资源，一般是指财富、权力、威望、知识和技能四者，人们对这些资源的拥有量越大，其社会地位就越高。"[1]由此，我们可以知道幼儿教师的社会地位和职业发展现状这两者是相互关联的，即幼儿教师职

---

① 张人杰. 国外教育社会学基本文选[M]. 上海：华东师范大学出版社，1991：152.

业发展落后的现状致使其所拥有的社会资源较为缺乏，从而导致其社会地位低下，反过来幼儿教师的社会地位低下使得其拥有的社会资源极少进而很少人愿意涉足幼教行业，职业发展现状自然不理想。在中国幼儿教师社会地位低下由来已久，人们普遍认为这个职业没有太大的知识技术含量，优秀的人才很少主动报考学前教育专业，而很多学校特别是地方层次不高的院校在严重缺乏高质量生源的前提下必须通过降分或调配来达到招生满额的目的，以至于幼儿师范生源质量较差，并成为了提高幼儿教师培养质量较为突出的短板。

农村公共资源缺乏。按照经济学的解释，公共资源是指自然生成或自然存在的资源，它能为人类提供生存、发展、享受的自然物质与自然条件，属于人类社会公有、公用的自然与社会资源。笔者调查了解到，农村公共资源的严重缺乏是很多人不愿意扎根农村的重要因素之一。有人也许认为科技的发展使得农村也不再偏僻，通过手机、电视、电脑也已经和城市接轨，而事实并非如此。有学者提出文化资源具有适境性的特征，这种适境性是指文化资源的生命力要在一定的情景或者相当的环境资源条件支撑下才会发生。因此，呆在农村的年轻人通过手机、电视以及电脑接触到的城市先进文化资源是一种欠缺主体生命力的文化资源。再者，文化资源的丰富程度和质量高低直接对人的发展产生影响，文化精神和气质是以不可见的形式存在于人们的思想当中、意识之内的，再富有生活激情、文化内涵的人在缺乏文化资源的环境中呆久了，其思想和意识也会慢慢堕落，进而影响其个人生活和事业的质量。

供给严重失衡。农村幼儿教师质量保障机制存在的另一个重要外部威胁就是全国范围内幼儿教师的供给严重失衡。随着学前教育的逐步普及、幼儿园数量的急剧增加，幼儿教师的社会需求大幅度扩大使得幼儿教师供不应求。因此，优秀的学前教育专业人员往往首先被各方面都具有优势的城市幼儿园收揽，而农村幼儿园就不得不采取各种方法和途径来解决教师缺乏的难题，比如把小学教师、非教育界人员及学历不达标人员都招进幼儿园来填补空缺，幼儿教师的质量也就可想而知。

（3）农村幼儿教师质量保障机制的内部优势（S）

培养目标逐步标准化。幼儿园教师是履行幼儿园教育工作职责的专业人员，需要经过严格的培养与培训，具有良好的职业道德，掌握系统的专业知识和专业技能。学前教育的空前发展使得国家教育部门对幼儿教师的培养日益重视，在政策制度法律法规制定方面也付诸了更多行动。为促进幼儿园教师专业发展、建设高素质幼儿教师队伍，教育部2012年颁布出台了《幼儿园教师专业标准（试行）》。它包含了专业理念与师德、专业知识和专业能力三个维度，是国家对合格幼儿园教师专业素质的基本要求，是幼儿园教师开展保教活动的基本规范，是引领幼儿园教师专业发展的基本准则，是幼儿园教师培养、准入、培训、考核等工作的重要依据。为此，各级各类学校学前教育专业的人才培养模式、课程开设、生源质量、学业要求、教学实践、毕业关口都围绕着专业标准所设定的专业理念与师德、专业知识和专业技能这三个维度来实施，这无疑使得各级各类学校幼儿教师的培养目标更为明朗化、标准化。

资格认定日益规范化。教师资格认证是教育发展的一个见证，资格认证意味着教师这个领域的专业性和严谨性，是一般非专业人士所不能从事的工作。为了提高教师素质，加强教师队伍建设，国务院依据《中华人民共和国教师法》在1995年12月发布了教师资格证的认定通知。《教师资格条例》的第二条规定中国公民在各级各类学校和其他教育机构中专门从事教育教学工作，应当依法取得教师资格，其中就包括幼儿园教师资格。2015年之前全国各个省份的幼儿教师资格考试都由各个省份根据各自需求来制定相关的考核内容与程序。各个省份基本上都是通过报名条件、考试科目来实现对幼儿教师资格的考核和审核，比如很多省份的报名条件都有学历、普通话以及体验等要求，而考试科目也逐步丰富并完善以达到从多方面来考察申请者是否具备幼儿教师应有的素质，包括心理学、教育学、说课（试讲）、面试（职业认知、心理素质、仪表仪态、交流沟通、思维品质、技能技巧等）。从2015年后国家实行教师资格证全国统考制度，这更是幼儿教师资格认定逐步走上规范化、国际化的一个良好开端。

在职培训机会逐渐增多。世界日新月异的变化以及知识的飞速发展使得人要想更好地生存与存在永无止境的学习就成为了一种必然，这也正是终身教育理念所强调的。教师职业是一个极具创造性的职业，幼儿教师要想从一个新手教师变成专家型教师不断地学习是必须的，农村幼儿教师更是如此。相对封闭落后且缺乏激情与竞争的外部环境往往能让一个朝气蓬勃对工作满怀激情的年轻幼儿教师变得颓废，没有了工作生活的激情、提升自我的欲望以及对知识的渴望。根据调查发现，很多在学生时代堪称学霸的农村幼儿教师工作以后基本上就和书本绝缘了，高质量的创新型的幼儿教师也就无从谈起了。因此，为农村幼儿教师创造更多的在职培训机会是提高幼儿教师质量的一个重要举措。国家在此方面也做出了努力，例如 2011 年国务院通过了教育部起草的《关于加大财政投入支持学前教育发展的通知》，对幼儿教师的支持项目是"实施幼儿教师国家级培训计划"，将西部农村幼儿教师培训纳入"中小学教师国家级培训计划"以提高幼儿教师素质和专业化水平。"幼儿教师国家级培训项目"包括三个方面，分别为农村幼儿骨干教师短期集中培训、农村幼儿"转岗教师"培训和农村幼儿骨干教师置换脱产研修。省市级也都采取了相关措施（举办类似的针对农村幼儿教师的培训），虽然这不是解决农村幼儿教师再培训问题釜底抽薪的办法，但积少成多的成效总会在农村幼教事业中激起涟漪。

（4）农村幼儿教师质量保障机制的内部劣势（W）

培养质量层次低。各级各类学校的学前教育专业从人才培养目标到课程设置，从学分学时到考核方式基本上都是按照国家标准来执行，大同小异。但各级各类学校幼儿教师培养目标的一致性并不意味着幼儿教师的培养质量也相当。比如毕业关卡的设立，不同层次的学校比如本科、大专、中专有各自不同的要求，不同类型的学校比如职业学院与普通师范院校也有着不同的要求，同等级同类型的学校也有不同的要求，甚至于同一所学校不同年份的要求也不尽相同，培养质量参差不齐的问题比较突出。大众化高等教育的实现必然要求国家管理下的各级各类学校尽可能地打开大门接纳尽量多的学生就读，因此"宽进"是学前教育发展的必然趋势，但"严出"却是我们可以控制的。但很多学校特别是中专、高职类较低层次的学校采用的却是"宽进宽出"的教育制度，对毕业关卡的设立在严格与宽松之间徘徊，这种随意的做法无疑让人对幼儿教师的培养质量产生质疑。"宽进严出"的教育制度是一些采用高质量人才培养模式国家的制度，比如荷兰，事实上这也符合全世界高等教育发展的趋势。

专业化程度较低。学者认为一种职业的社会地位和学术声誉，首先取决于它的专业化程度。国际上已有学者研究认为一项专业化的职业应具备的基本特征包括三个方面：第一，其成员采用的方法与程序有系统的理论知识和研究作为支持（技术标准）；第二，其成员的服务对象的利益为压倒一切的任务（道德标准）；第三，其成员不受专业外力的控制和限定，有权做出"自主的"职业判断（关键因素）。①总体而言，我国的幼儿教师基本符合第一条和第二条要求，而第三条"专业自主"的自身条件即能够运用专业知识独立判断、决策我国的幼儿教师是欠缺的。由于幼儿教师自身的不专业使得社会对幼儿教师不专业的意识进一步加强，幼儿教师的社会地位低下声誉不高也就成为了不争的事实。

准入门槛过低。从目前的现状来看，幼儿教师聘用制度存在的一个较大缺陷是非专业人员或资格不够的人进入幼教行业，这种现象在经济落后地区的幼儿园以及层次比较低的民办幼儿园特别明显。有人甚至指出在我国很多地方，任何人都可以办幼儿园，很多地方学前教育的"正规军"办不过"杂牌军"，甚至有些地方把开办幼儿园作为下岗职工再就业的一个先进经验进行推广。教师行业是一个需要较高知识与能力的职业，即使是在教育系统中层次较低的幼儿教师也应该是由专业人员来担任，如此才不至于该职业从业水准和职业道德的丧失。幼教界屡次出现的虐童事件、幼儿教育小学化问题就是因为一些非幼教专业的缺乏职业道德人员的进入。准入门槛太低使得儿童的乐园向非专业人员敞开了大门，幼儿教师队伍的整体质量差也就在所难免了，堪称为"根的事业"的学前教育也就成为了社会人眼中无关紧要、地位低下的职业。

晋升转岗机会少。中国有句古话：水往低处流，人往高处走。对于农村幼儿教师而言，大多数稍微有点进取心的教师都会在意自己所在的岗位是否有晋升或转岗的机会。据调查发现，很多学前教育专业的学生毕业之后宁愿呆在大城市的民办幼儿园工作，也不愿意到农村做一个在编教师，并不是因为他们不喜欢稳定的工作，而是他们知道自己一去了农村就回不到城市了，城市毕竟是大多数人安家的理想地方。因此，晋升转岗机会少成为了农村吸引不到高质量幼儿教师的一个重要原因。

师资力量单薄。大中专院校的学前教育专业是幼儿教师的输出点，而影响培养质量的一个关键因素就是师资。从全国范围来看，由于学前教育专业是一个新兴的专业，高文凭高学历的学前教育专业人才少之又少，这也成为了制约农村幼儿教师质量提升的一个关键因素。学前教育专业课主要包括三类课程：心理学理论课程、学前教育理论以及学前教

① 魏建培. 学前教育学[M]. 北京：科学出版社，2012：91.

育技能课程，据调查在大多数的大中专院校都存在缺乏学前教育理论课程和技能课程专业教师的问题。如西部某高校的学前教育专业 320 个本科生却仅有 2 名学前教育专业的理论教师，这样的师生比严重影响了该专业的教学质量，也直接影响了幼儿教师的培养质量。

## 3. 农村幼儿教师质量保障机制的策略选择

依据 SWOT 分析模型，农村幼儿教师质量保障机制的进一步完善与发展可以根据实际情况来选择适宜的策略以实现优化组合，确保教师质量的提高。

表 6.3　农村幼儿教师质量保障机制的 SWOT 分析模型

| 内部条件<br><br>策略<br><br>外部环境 | 优势 S:<br>1. 培养目标标准化<br>2. 资格认证日以严谨<br>3. 在职培训机会增多 | 劣势 W:<br>1. 培养质量层次低<br>2. 专业化程度较低<br>3. 准入门槛过低<br>4. 晋升转岗机会少<br>5. 师资力量单薄 |
|---|---|---|
| 机会 O:<br>1. 宏观政策日益良好<br>2. 开设院校大幅度增多 | SO 策略<br>发挥优势利用机会，高效率提高幼儿教师质量 | WO 策略<br>利用机会克服劣势，灵活地提高幼儿教师质量 |
| 威胁 T:<br>1. 法律法规不健全<br>2. 生源质量较差<br>3. 农村公共资源缺乏<br>4. 供给严重失衡 | ST 策略<br>利用优势克服威胁，理性地提高幼儿教师质量 | WT 策略<br>正视劣势克服威胁，创造性提高质量 |

（1）SO 策略

SO 策略是最具优势和竞争的战略选择方案。从国家层面来看，要继续推进对学前教育发展利好的有关政策，包括对学前教育专业开设院校的支持，对学前教育专业发展更为明确、到位的指导与支持；从学前教育专业开设的院校来看，即使学前教育专业的发展已逐步完善并走上轨道，但新专业的发展毕竟是一个摸索的过程，不断地从专业人才培养目标、课程开设等方面进行完善和改进，才能更好地确保幼儿教师出口的质量；从幼儿教师层面来看，应该尽可能争取一切机会，提升自己的专业理论和专业技能。

（2）WO 策略

WO 策略是利用外部机会，克服内部弱势的战略选择方案。在宏观政策日益良好的条件下，大中专院校首先要通过各种渠道采取各种优惠政策引进专业人才以实现从源头上保障幼儿教师的培养质量，并对幼儿教师人才培养质量做出更为明确、标准化的要求，制定各种有效的方案来提高幼儿教师的专业化程度，进而提高幼儿教师的社会地位。对于幼儿园而言，应该就幼儿教师聘用制度和相关政府部门进一步协调与沟通，制定严格的聘用制度，并对准入人员严格把关。同时，要为农村在职幼儿教师提供更为宽松的晋升转岗机会以促进幼儿教师师资队伍的良性流动，保障质量的进一步提升。

（3）ST 策略

ST 策略是充分发挥自身优势，尽量回避或消除外部威胁的战略选择方案。就国家层面而言，从目前来看即使国家近年来制定了各种利好政策来推进学前教育的发展，但该专业长期落后的现状使得其发展进程中还存在很多待解决的问题。国家可以通过制定更为完善的法律法规，提升幼儿教师的社会地位进而提高生源质量，尽可能提供更为完善优质的农村公共资源等措施来促进幼儿教师质量保障机制的完善与深化。就幼儿教师的培养院校而言，应该在现存比较有限的条件下，充分利用自身所能利用的一切条件优化组合，从源头上提高幼儿教师的培养质量。就用人单位而言，应该积极应对幼儿教师专业人才缺失的现实，创造更多的机会提高在岗幼儿教师的专业化程度。

（4）WT 策略

WT 策略是正视劣势，克服威胁的战略选择方案。各地方政府、培养院校和幼儿园在制定发展战略时要尽量降低威胁和自身弱点带来的消极影响，最大限度地保障幼儿教师的质量。就各地方政府而言，应进一步制定、完善和细化幼儿教师培养、聘用等相关的政策，从政策和经济上支持幼儿教师下到农村；就幼儿教师培养院校而言，应尽量消除法律法规不健全、生源质量较低现状带来的负面影响，直视专业发展所存在的培养质量差、专业化程度低等问题，最大限度地提高幼儿教师培养质量；

就幼儿园而言，在现有供给严重失衡的威胁下，可以通过创造更多晋升转岗机会化劣势为优势吸引更多优秀人才下到农村，通过创造更多在岗培训的机会来化解准入门槛过低、生源质量差等原因导致的幼儿教师质量差的难题。

## （二）塑造农村幼儿教师良好的心理素质

社会发展的需求以及国家政策的有力引导使得学前教育得到了空前发展，普及学前教育已成为了全国范围内学前教育发展的一个新目标。同时，在学前教育快速发展与普及的进程中学前教育的质量已成为人们关注的新热点，尤其是幼儿教师的质量问题。幼儿教师的质量除了与教师的学历、职称、专业知识与技能等因素直接相关，还涉及一个重要因素就是幼儿教师的心理健康，这是幼儿教师质量得以保障的前提，更是幼儿得以健康发展的必要条件。

### 1. 心理健康何以成为幼儿教师质量的保障

提到幼儿教师的质量，过去人们习惯把幼儿教师能教给幼儿多少知识作为评判幼儿教师质量的唯一标准，这显然是违背幼儿身心发展的过时、片面的做法。现代人生活节奏快，压力感倍增，心理问题也成为了现代人健康的突出问题，幼儿教师的心理健康问题更是引起了人们的关注，人们已经逐渐地意识到幼儿教师是否能给孩子心理的发展打下良好的基础也是幼儿教师质量的重要取决因素。

首先，幼儿教师是幼儿心灵"根"的培育者。学前教育是"根"的教育，是人一生所受教育体系基础的基础，"根"的稳固性决定个体后期教育的整体质量。著名意大利教育家蒙台梭利认为，幼儿是一个发育着的机体和发展着的心灵，人一生中最重要的时期就是幼儿发展的时期。这也就意味着作为"基础的基础"教育者——幼儿教师对个体一生发展的重要性，甚至于超过任何阶段的教师。幼儿教师作为幼儿心灵"根"的培育者，要对幼儿的心灵起到良好的启蒙与塑造作用，前提条件就是幼儿教师自身的心理必须是健康的，幼儿教师的身心健康也是保障幼儿教师质量的基本前提。

其次，幼儿教师教育失范行为的存在。幼儿教师教育失范行为的存在甚至是越来越多更让人们意识到心理健康应该成为衡量幼儿教师质量的一个重要因素。近几年来由于幼儿教师心理问题而导致的教育失范行为频繁发生，许多孩子遭到教师残暴的惩罚。如 2012 年浙江温岭幼儿教师颜某事件；2015 年长春一幼儿园多名幼儿身上出现多处针孔状伤痕事件以及 2015 年焦作幼儿园老师拿针扎小孩事件。据有关教育学者和心理专家分析，发生此类现象的原因很多，但是有一点是共同的：当事人都有一定的心理问题。可见，幼儿教师能教给幼儿多少知识固然重要，但如果我们仅以这一个条件来衡量幼儿教师的质量，而忽略因幼儿教师心理健康问题给孩子带来身心双方面的伤害，这其实是一种本末倒置的做法。

第三，幼儿教师工作对象的脆弱性。"百年大计，教育为本，教育大计，教师为本。"幼儿教师的质量是学前教育发展的决定性因素，幼儿教师的质量，不仅与从业者的学历、文凭有关，也不应该只是涉及从业者的专业知识和技能，更应该涉及幼儿教师的心理健康问题。学前教育的教育对象有其特殊性，是懵懂而又特别缺乏自我保护意识和能力的幼儿，幼儿教师心理健康对幼儿的身心健康发展具有重要的影响，幼儿教师存在心理问题不仅给幼儿的肉体带来伤痛，还会对幼儿造成挥之不去的心理阴影，进而让孩子失去了安全感，走到社会中也更可能会用仇视、怯懦或自卑的眼神去打量这个社会。因此，幼儿的脆弱对幼儿教师的质量提出了更高、更为全面的要求，崇高的师德师风、专业的知识与技能以及健康的身心缺一不可。

### 2. 如何确定幼儿教师心理健康的标准以保障质量

提高人们对幼儿教师心理健康问题的意识固然重要，但幼儿教师心理健康的标准如何确定同样关键，标准的确定不仅可以让我们判断幼儿教师心理是否健康有所依据，也让幼儿教师对自我心理健康的评估与调控有明确的方向。

中外学者对心理健康问题关注已久，对其界定也都有各自的观点。例如林增学认为，心理健康有广义和狭义之分，广义的心理健康指一种高效而满意的、持续的心理状态；狭义的心理健康指人的基本心理活动的过程和内容完整、协调一致，即认知、情感、意志、行为、人格完整和协调。①陈家麟认为，心理健康是指旨在充分发挥个体潜能的内部心理

---

① 林增学. 心理健康结构维度的研究概述及理论构想[J]. 社会科学，2000：5.

协调与外部行为适应相统一的良好状态。郑日昌将心理健康概括为两个方面：一是能积极调节自己的心理状态，顺应环境；二是能有效地、富有建设性地发展和完善个人生活。[①]王书荃眼中的心理健康是关注人的心理机能状态的稳定性和持久性，也就是说当个体置身与社会的大坏境中时，必然与环境产生相互的作用，此时，个体对社会环境做出的合理反映应该是稳定持久的平衡，这种平衡还不压抑自己的内心，能够实现自我，用一个词来解释心理健康的话，那么就是"和谐"，就是人与外部环境的一种和谐。个体不仅具有良好的自我感觉，能与社会发展相和谐，使最佳的心理效能得到发挥；而且能够顺利进行自我的保健，自觉的避免行为方面的问题和精神上的疾病。[②]

综上所述，我们可以看到中外学者、专家在对心理健康进行定义的过程中都强调心理健康是个体心理内部的协调和与外界环境相适应的一种良好心理状态。

那么，幼儿教师心理健康的标准是什么？到现在还没有为人们所公认的一个标准。从现有的研究来看，一些学者习惯于在普通心理健康标准的基础上提出自己关于教师心理健康的标准。在国内，俞国良教授的观点影响较大，他认为心理健康标准应该满足以下几个方面：对工作的认同，能够享受工作产生的幸福感；人际关系良好和谐；正确地了解、体验和控制自我，正确感知现实环境；能进行具有独创的教育，能与学生教学相长；感受真实的情绪并能有效的控制情绪。[③]也有人认为教师心理健康有一些具体的标志，例如：有幸福感；适应环境，人际关系良好；身体、智力、情绪充分协调等。幼儿教师是教师的一部分，幼儿教师心理健康的标准既包含了教师心理健康标准的共性，但也有其职业的特殊性，笔者认为主要应包含以下几方面：第一，幼儿教师对自己职业角色的认同，并提升对该职业的信念，积极投身到幼教事业中；第二，有良好的人际关系，与园长、同事、家长、幼儿等相处融洽，客观公正的评价自我与他人；第三，教育工作中有创新意识，在不违背现实的情况下不断寻求进步；第四，能适应周围环境，并根据幼儿的年龄特点及身心发展特点去组织一日教学活动；第五，学会自我调节，能控制自己的情

① 郑日昌. 大学生心理卫生[M]. 山东：山东教育出版社，1996：2.
② 王书荃. 学校心理健康教育概论[M]. 北京：华夏出版社，2005：2-3.
③ 俞国良，曾盼盼. 论教师心理健康及其促进[J]. 北京师范大学学报，2001（1）：21-22.

绪，面对挫折困难能保持积极开朗的心境。

### 3. 幼儿教师心理健康保障机制的构建

幼儿教师的心理健康既要从起点即幼儿教师从业资格审查的环节来保障，同时也要注重幼儿教师从业过程中的心理健康问题，以此来系统地监控幼儿教师的心理监控，确保幼儿教师的质量。

（1）在从业资格审查中测量幼儿教师心理健康

心理健康问题已成为了现代人健康的一个突出问题，存在心理健康问题的人如果进入幼教行业就会成为一个隐患，因此我们必须在从业资格考察中把存在心理健康问题的人排除在外，从源头上杜绝因幼儿教师心理健康问题对幼儿造成的不良影响。国外对幼儿教师心理健康的研究，采用的研究工具大多数为"SCL-90症状自评量表"或"16种人格因素问卷"这两种量表，这两种量表中国已经引进多年，可能存在常模老化的问题，且所测量的内容也并不一定能解释当今中国文化背景下的幼儿教师心理健康的真实水平和内容。但我们可以借鉴国外采用研究工具的方法来对幼儿教师的心理健康进行测量，比如通过对幼儿教师专业认同、人际关系、创新意识、环境适应以及自我调节等进行测量进而评估其心理的健康状况。例如：专业认同的测量。目前社会对幼儿教师的了解和认可度普遍较低，也正因为如此很多幼儿教师产生了较强的职业自卑感，使人们更不愿意从事这"不起眼"的职业。为此，专业认同对幼儿教师的专业与心理的发展就起到了关键性的作用，一个幼儿教师如果对自己职业角色的认同度较高，在学习及工作的过程中不断提升对该职业的信念，并积极投身到幼教事业中，自然就会形成健康的心理。反之，则会导致幼儿教师心理问题的产生，进而降低幼儿教师的质量。人际关系的测量。从业资格考试中我们可以通过笔试题目或者面试等灵活考察申请者的人际关系状况及人际关系处理能力，比如对自我概念的认知。有学者主张把接纳自我、拥有积极的自我概念看成是衡量心理健康的重要指标，也是一个人心理健康的前提和基础。[1]

（2）在从业过程中严格监控幼儿教师心理健康

个体的心理发展会随着其所遭遇的环境产生变化，因此入职考察合

---

① 张君飞. 幼儿教师心理健康的思考与实践[J]. 小作家选刊，2013（2）：65-66.

格的幼儿教师由于工作家庭各方面的原因也有可能在工作过程中产生心理问题，为此在幼儿教师从业过程中严格监控幼儿教师的心理问题，及时发现并帮助存在心理健康问题的幼儿教师有效解决心理健康问题，严重者应排除出幼教队伍，以保障幼教队伍的整体质量。例如：自我心理调节能力的监控。人们通常都会有喜怒哀乐的情绪，也有难以承受的心理压力。特别是对于幼儿教师，每日的工作繁杂而且时间长，所面对的群体也比较特殊，难免会产生一些心理问题。许多教师由于缺乏相应心理学知识和自我心理调节的能力，已有的心理问题得不到及时排解，使得不良情绪长期得不到释放，恶劣情绪就容易突破心理承受的极限而爆发，进而对幼儿的情绪产生恶劣的影响。教学创新能力的监控。《幼儿园教育指导纲要（试行）》对幼儿教师的角色作了新的界定，幼儿教师不单是知识的传递者，而且是幼儿学习的支持者、合作者、引导者和课程的开发者，这给幼儿教师提出了新的期望与挑战。如果幼儿教师缺乏应有的教学创新能力，无法应付教学方面的新要求，压力也随之而来了，特别是教龄比较长的老师，她们已经习惯了过去的教学模式，对于这一转变适应不了难免会产生心理健康问题。人际关系处理能力的监控。良好的人际关系是幼儿教师心理健康的一个重要标志，幼儿教师的良好人际关系主要体现为幼儿教师和领导、同事、幼儿、家长以及家人的关系融洽，当幼儿教师能成为园长心目中的好职员、同事心目中的好同事、孩子和家长心目中的好老师，同时还是家人心目中的好妈妈、好儿媳、好妻子以及好女儿，那幼儿教师自然就能在家庭和事业中得到双丰收，工作情绪高昂，热情高涨，也就很好地避免了不良心理问题的产生。

## （三）关注农村幼儿教师组织社会化的"农村化"

目前农村学前教育发展的关键因素是农村幼儿师资，师资流失成为了最为突出的问题之一。农村幼儿园的组织凝聚力差、教师满意度低，是造成幼儿教师流失的重要原因。因此，对于农村幼儿园而言，如何通过组织社会化来提高幼儿园的凝聚力与幼儿教师的满意度，已经成为当前农村幼儿园亟待解决的重要问题。而对于幼儿教师个体而言，通过前期调查发现农村幼儿教师较为缺乏"农村"性，以至于很多幼儿教师没能很好地适应农村的教育生活。为此，如何在农村更好地安身立命，找到自我归属感及存在感是幼儿教师个体当下应当正视和解决的重要命题，也是解决农村幼儿师资流失严重问题的关键。

## 1. 农村幼儿教师的组织社会化

理解组织社会化，首先必须理解什么是社会化。早在 1895 年，德国社会学家格奥尔格·西美尔（Georg Simmel）在其《社会学的问题》一文中，首先用"社会化"一词来表示群体形成的过程，这是社会化的最初涵义。此后，心理学家和社会学家对"社会化"进行了不同的界定。概括而言，社会化是指个体获得团体所认同的社会行为，从而适应团体生活的过程。个体从自然人向社会人转变是一个系统的过程，它要求人必须在社会认可的行为标准中形成自身的行为模式，使之成为符合社会要求的社会一员。[1]组织社会化是个体通过调整自己的工作态度、工作行为和价值观念来适应新组织的价值体系，认同组织目标和行为规范并有效融入组织的过程。[2]本文的农村幼儿教师组织社会化指的是农村幼儿教师个体通过调整自己的工作态度、工作行为和价值观念来适应农村幼儿园组织的价值体系，认同农村幼儿园组织目标和行为规范并有效融入农村幼儿园这个组织的过程。农村幼儿教师组织社会化的定义可以从三个方面理解：

组织社会化对象。在本研究中组织社会化对象除了新进农村幼儿教师外，幼儿园内工作轮换或职位升迁的农村幼儿教师、经历组织变革的农村幼儿教师以及外派农村幼儿教师等均是组织社会化的研究对象。

员工在组织社会化过程中的地位。在组织社会化过程中，幼儿教师不仅被组织塑造，处于被动地位，而且他们还会通过主动学习有关组织的知识而居于主动地位。

组织社会化过程。组织社会化是一个终生的、伴随幼儿教师职业生涯的过程，在员工职业生涯的不同阶段均存在不同的组织社会化任务。

## 2. 农村幼儿教师组织社会化的内容体现：农村化

组织社会化内容研究是把组织社会化看作一个学习过程，旨在探讨

---

① 王明辉，凌文辁. 组织社会化理论及其对人力资源管理的启示[J]. 科技管理研究，2008（1）：172-173.

② 王雁飞，朱瑜. 组织社会化理论及其研究评介[J]. 外国经济与管理，2006（5）：31-38.

员工要学习什么和内化什么才能更好地适应组织，并以此来衡量员工组织社会化的程度。Chao 等人以美国大学毕业生为对象，通过因素分析发现组织社会化内容包括六个维度：第一，工作绩效标准化，指个体是否学习到与工作相关的技巧、知识和能力；第二，人际关系，指新员工如何与组织内成员建立良好的人际网络；第三，组织政治，指员工能否有效地获得组织内正式或非正式的工作关系和权力结构；第四，组织语言，指员工能否理解组织中的专业技术用语，能否清楚知道组织中的一些简写和俚语；第五，组织目标/价值观，指新员工学习组织的目标/价值观，知道某些非语言性规范等；第六，组织历史，指新进员工理解组织的传统、习俗、故事和仪式等信息。而笔者认为对于农村幼儿教师而言，组织社会化的内容中还应该增添更多的"农村"色彩，使得幼儿教师更贴近农村生活，从而更加融洽也更加坚定地为农村幼教事业奋斗终身。

（1）工作成效社会化

工作成效社会化是指工作绩效标准化，即个体是否学习到与工作相关的技巧、知识和能力。工作成效如何是幼儿教师自我效能感的一个重要影响因素，良好的工作效果会使幼儿教师更加自信，也更加具有工作积极性。对于农村幼儿教师而言，与工作相关的技能、知识和能力不仅包括学前教育专业的专业知识与技能，还包括直接影响工作质量的基于农村客观环境一些工作知识和技能。调查发现，一些初到农村的幼儿教师反映农村幼儿园的教具玩具都相当缺乏，根本找不到可以维持正常教学的资源。可事实果真如此吗？另一些农村幼儿老教师却能像出色的魔术师一样从农村现有的资源里变出很多丰富多样的教玩具来，田间的麦秆、河边的石头、秋收的果实在她们眼中都是很有价值的天然材料。

（2）人际关系社会化

幼儿教师的人际关系社会化主要是幼儿教师与同事、领导、家长等相关群体建立良好关系的过程。[①]比如如何和家长建立良好的关系，对于农村幼儿教师而言可能要更加用心更有耐心同时还要放低自己的姿态。因为，首先相对于城市的幼儿家长而言，有些农村幼儿家长可能不太愿意和教师沟通或者不擅长和教师沟通，为此我们幼儿教师必须主动地、

---

① 路晨. 幼儿园初任教师组织社会化的含义、内容及影响因素[J]. 学前教育研究, 2015
　　(6)：56-61.

有耐心地和家长沟通。再者，农村幼儿家长的文化水平相对较低，特别是留守儿童的祖辈家长更是如此，这就要求幼儿教师不能以知识分子的高姿态去看待家长，否则就很难实现有效的家园合作。

（3）组织政治社会化

组织政治是指员工能否有效地获得组织内正式或非正式的工作关系和权力结构，主要内容包括了解幼儿园权力架构，了解单位各领导所代表的利益和微妙关系，了解单位中的某些"潜规则"、知道谁是单位中最有影响力的人、了解单位其他同事的行为动机等。[①]"政治"本身同时兼具外显性和内隐性，比如幼儿园中谁的权力最大，这是外显性的，从明确的职位安排就可以知道，新幼儿教师比较容易学习得到。但有些则是极具内隐性的，比如幼儿园或班级中的一些"潜规则"，对个人的影响是较深远的但新进该组织的幼儿教师却较难掌握。因此，幼儿教师的幼儿园政治社会化是非常必要的。而对于农村幼儿教师而言，除了面临上述的相关"政治"之外还会有在农村幼儿园所特有的一些"政治"，比如由于地方小幼儿园与乡镇其他部门的关系就会更加密切，这无形之中也会成为农村幼儿教师"政治"社会化的一部分。

（4）组织语言社会化

农村幼儿教师的组织语言社会化不仅要求其理解幼儿园组织中的专业技术用语，清楚知道组织中的一些简写和俚语，而且更为重要的是理解一些来源于这片农村区域的并在幼儿园中流行的常用语。这个是幼儿园组织内外工作成员之间更好理解更好沟通的重要前提，因为幼儿园的日常事务肯定和幼儿园外的农村相关人员存在联系，又或者幼儿园内的工作人员就有本地的人。另外，这也是幼儿教师更好地和家长以及幼儿沟通的前提条件。

（5）组织价值观社会化

农村幼儿园的教育价值观和城市幼儿园存在较大的差异，农村幼儿园的教育价值观是由其所处的大环境即农村环境所决定的。比如，城市幼儿家长对幼儿园的要求不仅体现在物质上，对幼儿学习及其他方面的发展也提出了较高的要求；而农村家长则可能更多关注的是孩子吃得好不好，睡得好不好，玩得好不好等问题。农村幼儿教师应更多地站在家

---

① 王明辉. 企业员工组织社会化研究[M]. 北京：中国社会科学出版社，2007：51.

长的角度理解这种教育价值观，并做好调适以更好地满足农村幼儿及其家长的需求。

（6）组织历史社会化

文化创造了人，人也创造了文化，不同的文化塑造了形形色色的人，不同的人也就会形成千差万别的文化。每个个体自落地伊始便已被其所身处其中的文化所塑造，成为此文化的造物。每个个体当其离开这种文化时会表现出一定的不适应，当客观存在无法改变时他就只能改变自己。适当的个人调整是必须的，因为一些人津津乐道的反应若与某文化模式较为接近，他们就会受惠于其中，而相反另一些人津津乐道的反应若落在了某文化模式不感兴趣的行为弧上，他们就会觉得自己和此文化是如此地格格不入，也就成为了人们眼中的"反常的"个体。很多农村幼儿教师都是在对于自己而言属于"他文化"的地方工作，这必然会让他们产生陌生感。这就需要幼儿教师积极地理解这个幼儿园甚至是这个地域的传统、习俗、故事和仪式等信息以更好地融入到幼儿园这个新的组织与群体中。

## 3．农村幼儿教师组织社会化的策略：互动论

员工与组织互动论认为，组织社会化的过程是个体与组织互动影响和双方共同努力的结果。组织社会化涉及组织和个人两大主体，只有将组织主导型与个人主导型组织社会化策略相结合，使得组织和个人在组织社会化过程中达到较好的互动状态，个体的组织社会化才能取得较好的成效。可见，农村幼儿教师的组织社会化不仅是教师个体的事情，同时也需要政府、幼儿园等组织层面的配合与促进。城市和农村确实存在较大的差异，而正视差异、缩小差别、消除隔阂、弥合缝隙是政府、组织、幼儿教师共同的责任和义务。

（1）政府层面的组织社会化策略

首先，政府必须从宏观政策制定方面来实现对农村幼儿教师利益的保障，通过制定更好的政策吸引人才、稳住人才和发展人才，以弥补农村落后于城市之处；其次，政府必须采取各种措施在农村社会经济发展的进程中尽量缩小农村和城市的差别，健全农村的公共设施，提升农村人的生活品质，从大环境改进方面吸引并留住更多的幼教人才；最后，政府必须加大对农村幼儿园这个小组织的建设，包括物质和精神方面的

建设。因为农村幼儿园是幼儿教师组织社会化最为直接的场所，幼儿园良好的物质条件和工作氛围无疑是农村幼儿教师提高工作士气、坚定工作信心的一个重要保障。

（2）幼儿园层面的组织社会化策略

就幼儿园而言，必须根据员工的特点采取恰当措施。影响农村幼儿教师跳槽、辞职的主要原因包括幼儿园外部环境、工资待遇、工作发展前景以及工作性质等。幼儿园可以从这些问题入手，尽量解决幼儿教师关心的问题。例如，幼儿园外部环境方面，幼儿园可以通过一些家园活动促进幼儿教师与幼儿家长及周边群众的良好关系，使幼儿教师更好地融入到农村的生活环境中；工作性质方面，幼儿园要了解教师的能力、特长以及个人工作意愿等信息，把不同性别、年龄，具有不同兴趣、特长以及意愿的教师安排到适合其发展的岗位，这样不仅使幼儿园各项工作得到最好的发展，也让幼儿教师更轻松愉悦地融入这个组织进而更有效地工作，也更加愿意坚守这份职业。针对新到任农村幼儿教师组织社会化存在困难的现状，幼儿园还可以通过师徒帮带制度帮助新教师较快较好地完成组织社会化。师徒帮带制度在初任教师上岗后关键的第一年里起着无可替代的社会化导向作用，使初任教师能平稳实现角色转换。①

（3）教师个人层面的组织社会化策略

就幼儿教师个人而言，要根据幼儿园的组织环境特点采取相应的个人组织社会化策略与之相匹配，进而较好地融入这个群体。组织社会化的过程包括四个阶段：面对和接受组织现实、澄清角色、在组织背景中定位自己以及查找成功社会化的路标。当然，由于组织是一个动态的系统，组织社会化将在员工的整个组织生涯中不断持续。②

首先，农村幼儿教师要面对和接受农村幼儿园这个组织所存在的现实。例如，农村幼儿园的工作环境氛围可能会比预期的要差，但教师应该及时调整好心态以顺利进入工作角色，当个人价值、需要和幼儿园整体发展发生冲突时应对自我行为作出适当的调整以创造自我发展的机

---

① AMY GRATCH.Beginning teacher and mentor relationships[J]. Journal of teacher education, 1998（3）: 220-227.

② CHAO G T, O'LEARY-KELLY A M, WOLF S，KLEIN H J, GARDNER P D. Organizational socializationg : its content and consequences[J].Journal of applied psychology, 1994, 79: 730-743.

会。其次，农村幼儿教师要澄清角色。尽快知道自己所应当扮演的角色，包括工作中的角色、人际关系中的角色，比如面对农村幼儿的家长应该扮演怎样的角色，并在此基础上调整自己的工作路向以达到与组织的一致性，因为个人与组织对职业绩效评价的一致性会使幼儿教师个人的职业发展更为顺利。再次，幼儿教师还必须在组织背景中准确定位。幼儿教师要逐渐使个人的行为模式与其他幼儿教师一致，解决好职业中以及职业外生活的各种冲突，并建立修改自我意向、新的人际关系，采取新的价值观。最后，幼儿教师还必须查找成功社会化的路标。比如对幼儿园这个组织的高满意度、接纳与被接纳的感觉、积极参与职业、赞同职业内激力，并和幼儿园组织建立起互相接纳的信号（提升、加薪等）。

总而言之，农村幼儿教师组织社会化的成效是农村幼儿园能否吸引人才、留住人才的一个重要影响因素，而幼儿教师的组织社会化是政府、组织、幼儿教师共同的责任和义务，只有将组织主导型和个人主导型社会化策略相结合，通过组织与个人之间的充分互动，组织社会化才能取得更好的成效。作为城市的参照物，乡村的魅力同样诱人，希望越来越多的幼教人才能够扎根农村，为农村学前教育未来的发展增光添彩。

## （四）关注幼儿教师的过程质量

### 1. 农村幼儿教师的工作"过程质量"

长期以来，我国对于教育质量的评价都处于重结果轻过程的状态，这样的评价简单、易操作，但往往失去准确性、客观性、促进性等特征，而实际上过程性质量评估能更准确、全面地反映教育的水平。所有工作都可以从过程入手进行分析，幼儿教师的工作也不例外。"过程"是事物的共性，包含输入、输出、资源、活动四大要素，是建立、实施、评价所有类型组织的质量管理体系的共同基础和途径。对幼儿教师工作过程四大要素及其相互之间的关系进行梳理，通过识别、控制、评价、改进，使输出、输入之差大于1，从而使教育过程达到过程的普遍性要求，达到教育过程增值，教学相长才能成为现实。

幼儿教师质量是学前教育事业生命力的决定性因素，可以归类为"结构性"质量和"过程性"质量两大类。教师的"结构性"质量主要体现为成为教师的一些硬性要求，如学历要求、专业要求、任职资格、获奖数量等；教师的"过程性"质量则主要体现为教师实施教学过程中一些项目，如物质环境布置、课程设置及实施、教学开展情况、师生互动状况以及与家园合作等。本书试图通过对幼儿教师工作的"过程质量"来探讨农村幼儿教师工作质量的提升，以期能为农村幼教事业的发展提供可借鉴的思路。

### 2. 农村幼儿教师工作"过程质量"的系统要素分析

对于幼儿教师质量我们应更多地从儿童的视角来进行评价，也就是评价教师质量。除了关注幼儿教师自身所必须具备的硬性条件，比如学历要求、专业要求、任职资格、获奖数量等"结构标准"，还应该更多地关注像教师能给儿童提供什么样的学习环境，儿童从中获得怎样的感受、体验和经历这样的"过程标准"。结合学者已有的研究，笔者试图对农村幼儿教师工作质量中的"过程质量"系统要素进行尝试性的分析。如图6.1所示。

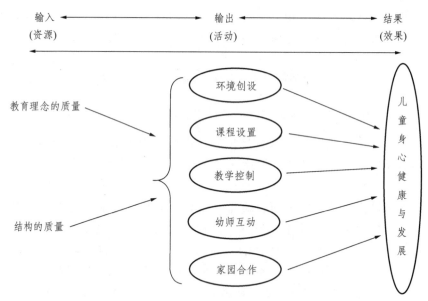

图 6.1 幼儿教师工作"过程质量"的要素系统

如图 6.1 所示，幼儿教师工作质量可以通过输入、输出和结果这三方面来衡量。

（1）输入

输入主要指教师自身所具有的资源，包括教育理念和结构的质量，主要取决于幼儿教师职前所受到的专业教育与培训。幼儿教师职前专业知识的掌握往往就决定其教育理念的质量，而其在校期间的一些硬性条件则构成其结构的质量，包括学历、专业要求、任职资格、获奖数量等。幼儿教师自身所具备的资源实际上就是一种潜在的工作能力，是决定教师工作质量的一个重要因素，并且教师的输入资源与工作质量一般体现为正向的关系，即只要幼儿教师能把这种潜在的工作能力在工作中正常地显现出来，输入资源质量越好其工作质量就越好。

（2）输出

有研究者在对澳大利亚学前教育质量开展深度的个案研究之后，认为物质环境、师生互动、课程与教学以及家庭合作是决定学前教育质量的四大关键。[①]郭良菁也认为直接对儿童的生存与发展产生影响的是"过程的质量"，主要由教师负责。比如：教师如何利用幼儿园的空间、材料资源，为儿童创设一个多方面学习的环境；如何与幼儿互动，使幼儿有心理安全感、保障幼儿的人身安全和健康；如何创设一个有序又有弹性的集体生活规则、氛围；如何与家长沟通合作，改善儿童所经历的家庭教养质量，等等。[②]结合学者已有的观点，笔者认为幼儿教师的输出过程就等同于其工作过程，即输出过程的质量就是其工作的"过程质量"，主要包括环境创设、课程设置、教学控制、师幼互动以及家园合作 5 个方面的质量。

（3）结果

幼儿教师工作质量的结果主要体现为幼儿的身心健康与发展，实现"基本质量"的基本要求是满足每个幼儿人身安全、身心健康，并且能通过活动认识环境和事物的需要。农村学前教育的整体质量相对都较低，基础也差，幼儿教师的工作质量也不可能在短时间得到大幅度的提升。因此，对于农村幼儿教师而言，其工作质量的提升必须脚踏实地从实现"基本质量"开始，让从没上过幼儿园的农村孩子在幼儿园安全得到保障，

①　KARIN ISHIMINE.Quality in early childhood education and care: a case study of disadvantage [J]. The Australian educational researcher, 2011, 38(3): 257-274.

②　郭良菁. 以"系统"思路解决学前教育质量的保障与提升问题[J]. 学前教育研究，2013（9）：8-14

身体健康，心理得到安全感，通过参与活动认识周围的环境和常见事物的相关知识。只有实现了这些，幼儿教师高质量的工作才有可能得到进一步的推进，高质量的农村学前教育也才有可能实现。

### 3. 农村幼儿教师工作"过程质量"的提升策略

（1）通过活动质量提升工作"过程质量"

从以上分析我们已经了解了农村幼儿教师工作"过程质量"的重要性，且对幼儿教师工作过程的五个基本活动进行了梳理，我们可以结合农村学前教育现有的状况对基本活动进行清晰的把握，通过活动质量提升"过程质量"。

第一，环境创设质量。环境包括物质环境和心理环境。物质环境主要指空间布置、教玩具制作；心理环境主要是班级氛围的营造。对于农村幼儿教师而言，有限的资金与材料往往成为她们布置空间、制作教具和玩具的最大障碍。为此，幼儿教师往往需要充分利用农村的天然材料创设更高质量的环境，制作更为丰富的教具、玩具。而实际上，这样的材料对于农村的幼儿而言其实是一个很明智的选择，熟悉、经济、便捷，能使幼儿更好地参与到环境布置和教具、玩具的制作过程中，进而获得更为真实、更有意义的体验。心理环境也是幼儿教师过程质量的一个重要体现，如何创设一个有序又有弹性的集体生活规则、氛围，如何营造一个让幼儿倍感安全的心理环境是幼儿教师工作质量的重要衡量指标。

第二，课程设置质量。课程主要包括课程理念、课程内容选择、课程过程设置等。有效的课程设置是幼儿教师过程质量的一个重要体现，农村幼儿教师要开展有效的甚至是高效的课程必须从课程理念更新入手，注重课程对农村儿童的适宜性，意识到把农村儿童的实际生活作为课程内容选择的重要性，能从农村儿童认知的现有水平出发来开展课程。

第三，教学控制质量。幼儿教师的教学控制质量主要体现为幼儿教师对教学过程的控制，包括儿童兴趣的唤起、教学突发事件的处理、教学机智的运用、课堂纪律的控制以及儿童发展的促进等项目。农村幼儿教师的教学质量要得到较好的保障就必须结合农村幼儿的文化背景以及认知特征对这些要素进行恰当的处理。

第四，师幼互动质量。师幼互动是学前教育质量的一个重要影响因素。如澳大利亚学前教育质量国家标准把"师幼关系"列为一类一级指标，认为师幼互动的质量决定了教育质量，好的师幼关系令儿童感到自信、愉悦。[1]良好的师幼关系是教师对幼儿行为给予及时恰当回应的关系，是幼儿教师与每个幼儿积极互动的关系；良好的师幼关系更是幼儿教师和每个幼儿之间尊重、平等的关系，是可以让幼儿感觉温暖，建立信任感和安全感的关系。和城市幼儿园的师幼关系相对比，农村幼儿园师幼关系的构建需要幼儿教师更大的耐心、细心和更为细腻的呵护，父辈教育的缺失及生活场域的相对狭窄往往让这些幼儿在与人相处时表现出胆怯、淡漠的特征。

第五，家园合作质量。幼儿教师与家长沟通合作的作用主要体现为两个方面，一是改善儿童所处的家庭教养质量；二是通过家长的配合使幼儿教师更好地实施个性化保育与教育。农村家庭教养质量较低是阻碍农村学前教育发展的一个主要因素，因此有效的家园合作必须引起教育工作者的重视，从农村幼儿家长的年龄特征、文化水平、文化信仰等方面的特征开展有针对性的家园合作活动，注重从儿童出发充分利用专业知识来提高家园合作的质量，进而达到促进工作过程质量提升的目标。

（2）注重资源质量提升工作"过程质量"

从图 6.1 我们可以知道幼儿教师工作输入—输出—结果的过程包含的三个方面是一个双向循环且相互促进的过程，也是就说资源的输入质量会直接影响活动输出质量和结果质量。可见，注重幼儿教师工作的过程质量并不意味着我们只盯着活动的输入，还要关注教师本身所具有的"结构性"质量，关注工作效果对活动输出的反馈作用。以系统的视角来把握教师的工作质量才是最为科学的方法。

首先，注重幼儿教师的"结构性"质量。幼儿教师的"结构性"质量主要体现为学历要求、专业要求、任职资格、获奖数量等方面。对于幼儿教师自身而言，为了保障工作的质量就必须在职前受教育阶段利用一切条件巩固自己的学前教育专业知识和技能，充实自己的专业实践能力，努力让自己成为一个经得起考验的合格甚至是优秀的幼教人才；对于幼儿教师培训机构而言，必须从人才培养方案制定、课程开设、教学质量控制、科学的管理以及实践机会的创造等方面来培训合格的学前教育专业人才。这不仅是检验机构教学质量的一个重要体现，同时也是下

---

[1] http://www.deewr.gov.au/Earlychildhood/Policy_Agenda/Quality/Pages/home.aspx, 2012-1-30.

一个阶段教育质量的前提条件,因为高质量的就业才会有高质量的生源,高质量的生源才会有高质量的教育成果。

（3）利用工作效果提升工作"过程质量"

从图 6.1 我们也可以看到,幼儿教师工作输入—输出—结果过程中另外两者的关系,即活动输出质量会直接影响结果质量;反过来,结果质量也会影响下一步资源的输入质量和活动输出的质量。因此,我们必须充分利用幼儿教师工作效果的反馈作用来提升工作"过程质量"。当然,相对于"过程性"质量评价而言,"结果性"质量评价存在灵活性不够、促进作用不足等缺点,但作为"过程性"质量评价的辅助方式还是非常有必要的,同时关注过程和结果才能使我们的质量评价更为客观,才能更有效地促进幼儿教师的工作质量。

## （五）重视农村幼儿教师的游戏指导

### 1. 问题提出

贵州省在普及学前教育进程中的重点是建设农村幼儿园,提升农村幼儿园保育教育的质量。而农村幼儿园保育教育质量的提高,主要取决于幼儿园教学活动、游戏活动、生活活动的质量的提高。作为幼儿园基本活动的游戏,只有在教师的帮助指导下,才会使幼儿在游戏中获得更好的发展。这种认识已经得到广大的一线教师以及专家学者的充分肯定,有学者就指出"教师对幼儿游戏指导的水平直接决定了幼儿游戏水平的高低"[1],"幼儿园游戏的指导应该渗透并贯穿游戏的始终"[2]。"适宜的教师介入是提升幼儿园游戏质量,实现游戏发展价值的重要条件"[3]。

目前贵州农村幼儿园主要以户外体育游戏活动为主,幼儿每天有较多的游戏时间,可以在操场上自由追逐奔跑,可以玩幼儿园的玩具器械,还可以玩民间传统游戏。幼儿在游戏活动中随心所欲、自娱自乐,具有自由、自发的特点,但游戏水平停留在低水平重复的阶段,难以实现游戏活动的真正价值。一些经济条件较好的农村幼儿园会在室内设置游戏

① 姜晓燕. 学前儿童游戏教程[M]. 北京:教育科学出版社,2012（8）：49.
② 邱学青. 幼儿园自主性游戏指导策略的研究[J]. 幼儿教育,2004（6）：16-18.
③ 刘宇. 自主性和游戏：概念辨析与实践反思[J]. 幼儿教育（教育科学）,2015（6）：12-15.

区角，但这些游戏区角的场地狭小、环境简陋，仅仅投放了为数不多的常规材料和玩具，比如角色游戏中的成品玩具、建构游戏中的积木积塑等。在幼儿游戏过程中，教师像"局外人"一样，把游戏的材料、玩具投放给幼儿，就放手让幼儿自由玩耍，只有当幼儿之间发生冲突或是出现危险时，教师才会介入游戏。由此可见，农村幼儿园游戏活动的开展需要教师的指导，只有在教师的游戏指导下，农村幼儿的游戏水平才会提升，农村幼儿园游戏的质量才会提高，进而提升农村幼儿园保育教育的质量。

## 2. 研究方法

从贵州省遵义、毕节、黔南、黔西南地区随机抽取 30 所农村公办幼儿园的 80 位农村幼儿教师，其中 6 名男性教师。采用半结构式观察法和访谈法收集资料。结合幼儿园游戏指导的相关理论和实践，编制观察记录表及访谈提纲，主要包括教师的游戏指导观、幼儿园游戏环境的创设及对幼儿游戏过程的指导。具体来说，游戏环境的创设涉及教师对游戏时间、场地的安排与布置，游戏材料和玩具的投放。游戏过程的指导涉及游戏主题、内容的选取，游戏规则的遵守，游戏经验的丰富，游戏活动的评价，以及教师介入游戏的时机与指导游戏的方法。对收集回的观察、访谈的资料做质性分析。逐一分析农村幼儿教师游戏指导各方面的现实情况，进而概括得出其在指导中存在的问题。

## 3. 农村幼儿教师游戏指导的问题分析

### （1）教师对游戏指导价值认识的偏差

从访谈的情况来看，绝大多数教师认为幼儿的游戏并不需要教师的指导，因为在他们眼中游戏就是幼儿随意地玩耍，有玩具、玩伴就足够了。这主要是受到农村幼儿教育"小学化"思想的影响，认为游戏是教学之外的事情，教师要注重如何教幼儿"学习"，而玩耍是幼儿自己的事情。但教师们也很赞同幼儿的游戏需要指导，并且认为指导主要包括：其一，为幼儿制作游戏的材料、玩具。其二，在玩游戏时"监管"幼儿，保证游戏的安全，游戏不会中断、不会混乱。笔者在调研时也看到教师往往是坐在固定的位置上，时不时地盯着幼儿，随时命令幼儿不要做什么，以免发生冲突，产生危险。其三，教会幼儿如何玩游戏，掌握游戏的规则。其四，教会幼儿和小朋友们一起好好玩，不打人骂人。可见，教师并没有正确认识游戏指导的价值，狭隘地认为游戏指导的价值在于保证游戏的顺利进行，至于如何提高幼儿的游戏水平、实现游戏对幼儿身心发展的价值却没有顾及。

（2）教师投放的游戏材料和玩具不足

农村幼儿园由于物质条件有限，虽然在户外体育游戏、室内区角游戏中投放了相应的游戏材料和玩具，但是游戏材料和玩具的数量相对较少，幼儿需要搭伙玩，轮流交换玩。这虽然在一定程度上有利于培养农村幼儿的同伴交往能力、合作能力，但由于游戏材料和玩具的短缺，常常会使幼儿更多的关注如何得到玩具，而不能享受游戏的过程、获得游戏的体验。很多教师也抱怨幼儿园提供给幼儿可玩的游戏材料和玩具很少，常常会出现幼儿无材料可选、争抢玩具的情况，而教师则要费尽心思地制作游戏的材料和玩具，并对园中的"老玩具"创编新玩法，以吸引幼儿参加游戏，维持游戏的兴趣。

（3）教师决定游戏的内容、材料和玩具

由访谈得知，教师一般是从幼儿园教材、教学计划中提前预设游戏的内容，并发给幼儿相应的游戏材料和玩具；偶尔也不提前预设游戏的内容，而是让幼儿自由地进行民间传统游戏、自由选择游戏材料和玩具进行区角游戏。但这依然无法改变教师对幼儿游戏主题、内容、材料的控制，幼儿要完全服从教师的游戏安排，甚至有些教师把选择游戏的材料、玩具作为管理幼儿的一种手段，让表现好的幼儿优先选择玩具，其他表现不好的幼儿很有可能没有玩具可选，或是直接被教师惩罚不准玩游戏。教师的这种做法违背了幼儿的"游戏精神"，使得幼儿没有自由的游戏空间，不能自主地开展游戏，更无法自由自在地体验游戏的快乐，以及真正享受游戏的权利。以至于在游戏中"我们看不到幼儿对于游戏的迫切需求，看不到本能的释放，看不到生命的激情"①。

（4）教师用游戏规则、游戏纪律来保证游戏的进行

在调研中笔者发现，很多教师都会要求幼儿在游戏中严格遵守游戏规则，特别是在显性规则的游戏中。在玩新的游戏时，教师会先讲解规则，让幼儿复述规则；再亲自示范或让已经明白的幼儿来示范玩游戏；

---

① 黄进. 论儿童游戏中游戏精神的衰落[J]. 中国教育学刊，2003（9）：28-31.

在玩的过程中还会不断提醒幼儿遵守规则，并让幼儿之间相互监督；对于不守规则的幼儿教师就不准其再玩游戏。教师还会一直强调玩游戏时的纪律来确保游戏的顺利进行。幼儿玩游戏时往往会很吵闹，导致游戏秩序就比较混乱，教师要不停地命令幼儿"不许吵""小声点"，或是用"小嘴巴不说话，小手放身后"等纪律口令来"控制"游戏的场面。此外，教师还会用口头表扬、发小贴纸的办法来奖励遵守纪律的幼儿。不管教师是用游戏的规则还是游戏的纪律来保证游戏进行，事实上都是教师对幼儿游戏进行控制的表现，从而使得幼儿游戏的自主性、创造性渐渐消失。

（5）教师介入游戏的频率低，指导方法随意

从教师介入游戏的时间长短来看，教师一般在开展新的游戏时，参与游戏的时间较多，而在开展幼儿熟悉的民间传统游戏、室内区角游戏以及自由活动时，教师一般不会参与到游戏中。从教师介入游戏的时机来看，教师在玩新游戏时会介入到游戏中讲解规则、组织游戏；教师会在幼儿之间发生冲突时，比如幼儿打架时介入；教师会在幼儿违反游戏规则时介入游戏。在访谈中笔者还发现，教师往往不会考虑当自己介入游戏时会不会"破坏"游戏，干预幼儿的玩耍；也不会分析自己介入游戏的时机以及带来的结果，这是因为他们假定自己的介入是正确的，自己才是游戏的主导，因而也就不会产生是否介入游戏的纠结。

教师并不清楚自己在指导幼儿游戏时使用的方法，他们一般会询问幼儿游戏内容，建议幼儿如何开展游戏；会亲自示范游戏的玩法，手把手教幼儿玩游戏的技巧，比如如何捏橡皮泥，如何插雪花片；还会以游戏者的身份和幼儿一起玩游戏。更多的时候是放手让幼儿自由玩耍、反复练习。

（6）教师偏重评价游戏的结果和幼儿的表现

从调研的情况来看，很多教师几乎没有游戏评价的意识，也不清楚游戏评价的意义，他们对游戏的评价仅仅是针对游戏的结果，比如"××队获胜，给他们鼓掌"，"今天滚轮胎最棒的是×××、××"；以及表扬、批评幼儿在游戏中的表现，比如"××不吵不闹跟着老师玩游戏，我们要向××学习"，"××不说话，认真搭积木，我们来夸夸他"，"××再推人，就站到一边去，不要玩了"。至于如何在游戏评价中反思、提高自己的游戏指导水平根本就没有涉及。

（7）教师在游戏指导时遇到的主要困难

从访谈的结果来看，教师认为自己在游戏指导时遇到的困难主要是：第一，幼儿人数多，但玩具数量少，会出现争抢玩具的情况；教师让幼儿搭伙玩、交换玩具玩，而幼儿不愿意。第二，玩具的种类和数量不仅少，而且更新频率低，幼儿总玩旧玩具会丧失游戏兴趣，所以教师需要不断地设计新的玩法，制作新的玩具。第三，在户外游戏时，幼儿到处乱跑不遵守规则，游戏难以顺利进行。第四，教师不知道如何指导幼儿开展游戏、什么样的游戏指导是正确的。

## 4. 对农村幼儿教师游戏指导的建议

从以上对农村幼儿教师游戏指导的现实状况来看，农村幼儿园游戏指导首要解决幼儿"玩什么"的问题，即如何在现有条件下，因地制宜地丰富游戏的内容，制作游戏的材料和玩具，不要让幼儿出现无所事事、争抢玩具的情况；在此基础上再解决让幼儿"玩得好"的问题，即如何指导幼儿生成游戏主题、丰富游戏情节，以及介入游戏的时机和方法等。所以，对当前农村幼儿教师游戏指导的建议主要包括以下五点。

（1）转变教师的游戏指导观

首先，教师应正确认识幼儿园游戏和游戏指导的价值，在游戏指导中努力实现幼儿园游戏活动的价值，使幼儿在游戏中不仅获得快乐，增长知识经验，还能满足自己的游戏愿望。而教师仅是游戏的支持者、指导者，幼儿才是游戏的主体。

其次，教师在游戏环境创设、游戏过程指导时，不应按照成人的知识经验去指点幼儿应该如何进行游戏，进而控制幼儿的游戏；而是在了解幼儿游戏内容的基础上，尊重幼儿的游戏意愿，让幼儿自主决定游戏的主题、材料、规则以及解决游戏中的问题。这才是充分践行了蒙台梭利借儿童之口发出的呐喊"请帮助我，让我自己做"。[①]

最后，在保证幼儿游戏顺利开展方面，教师除了强调游戏的纪律和规则，还需思考如何通过创新游戏玩法、丰富游戏情节、生成游戏主题等方面，来激发幼儿的游戏兴趣，提高幼儿的游戏参与，进而实现由教师对游戏的外部控制转变为幼儿对游戏的内部需要。

---

① 朱家雄. 解决玩与教两难问题的前提——玩与教的两难（三）[J]. 幼儿教育（教育教学），2014（4）：4-5.

（2）掌握游戏指导的基本知识与方法

农村幼儿教师应掌握游戏指导的基本知识与方法，具体来说，在游戏环境创设方面，主要包括提供给幼儿相对充足的游戏时间；确保游戏场所的相对固定、安全，环境布置的美观，尤其是为幼儿创设轻松愉悦的游戏心理环境；投放给幼儿的游戏材料和玩具要尽可能多种多样、数量充足、定期更新，尤其要注意让幼儿自主地选择游戏材料，而不是教师来分配。

在游戏指导过程方面，第一，需要在游戏开展前先丰富幼儿的游戏经验，可以利用图片、绘本、视频资料，配合教师生动形象的讲述；也可以采用谈话法，让幼儿回顾、讨论，引导幼儿在日常生活中体验；有条件的情况下还可以带领幼儿参观、参与活动，获得真实体验。第二，教师指导幼儿确定游戏主题、内容时，除了可以依据教材、周计划，还可以从幼儿周围的生活世界，以及查阅书籍、报刊、网络等参考资料，最好与幼儿协商共同生成游戏的主题与内容。第三，为了确保游戏的顺利开展，需要让幼儿理解并遵守游戏的规则，教师需要在首次游戏前，详细讲解规则并配合动作示范，最好找幼儿与教师来共同示范。教师强调遵守规则的同时，还要鼓励幼儿探索新的游戏规则，而不是让幼儿一味的遵守，或是仅靠惩罚去约束幼儿。第四，教师要明确必须介入游戏的三种情况，即当教师发现幼儿仅凭借自己的能力无法解决游戏中的困难，向教师主动求助时；当教师发现幼儿游戏水平总是徘徊在较低水平，需要教师提升幼儿的游戏水平时；当幼儿在游戏时发生冲突、产生危险时。教师还需要把握介入游戏的时机及其可能带来的结果，不能轻易、随意介入游戏成为游戏的破坏者或游戏的主导者，也不能在需要介入时出现缺位。第五，教师在指导幼儿游戏时，应先对幼儿的游戏进行观察、理解，再综合运用讲解法、示范法、参与法对幼儿游戏进行指导。第六，以师幼共评、游戏过程评价为主，不能仅关注幼儿游戏的结果，应全面评价幼儿在游戏中的表现，包括身体、认知、情感、社会性等方面。

（3）因地制宜地丰富游戏的材料、玩具

对于办园经费较充足的农村幼儿园可以购买一些成品玩具，比如积木、积塑这些建构游戏材料，布娃娃、锅碗瓢勺这些角色游戏材料等；而更多的农村幼儿园由于办园经费紧张，依靠购买难以解决玩具短缺的问题，需要教师因地制宜、就近取材，充分开发适宜幼儿玩耍的游戏材料。在调查中笔者就发现，很多幼儿园都积极制作、开发了一些贴近幼儿生活的乡土玩具，这些玩具中凝结了广大农村幼儿教师的心血与智慧。

首先，可以把大自然中的沙、石、水、土以及动植物变成游戏的材料、玩具，开展亲自然游戏。随处可见的沙、水、土、石块是大自然赐予幼儿最好的建构游戏材料。幼儿可以往沙、土里掺和上水，把石块垒高或平铺，任意为它们造型。幼儿可以把捡来的树叶、摘来的野花、挖来的野菜当成娃娃家的"食材"，还可以用它们玩分类、排列的数学游戏。山里田间的蚂蚁、蜻蜓、蝴蝶、蟋蟀、瓢虫、蝉、毛毛虫、青蛙……数不胜数，幼儿可以比赛捕捉，分辨它们的外形特征，了解它们的生活习性。

其次，可以利用农村生产生活的经验来开发游戏材料、玩具。城市幼儿园大力提倡、精心创设的种植角、饲养角，在农村幼儿园创设时变得简单易行。让幼儿在园中参与桃树、枇杷树这些果树种植，在菜园参与辣椒、小葱、番茄、玉米的栽种，在饲养角参与养鱼，喂鸡、鸭、鹅。竹筒、竹竿、草席、木板、废纸……这些农村生产生活中的废旧物品也可以做为幼儿园的游戏材料。心灵手巧的教师们用竹筒、竹片做幼儿玩沙子的工具；将易拉罐和竹竿紧紧地绑在一起，让幼儿玩踩高跷的游戏；让幼儿把草席卷起来玩"开坦克"；给旧木板漆上鲜艳的颜色底下搭好木桩，让幼儿走"平衡木"；把废纸片团成球，变成纸球让幼儿游戏；或是直接把家中闲置的日常生活用品和家用电器搬进"娃娃家"。

最后，可以利用当地的风土人情、文化习俗来丰富幼儿的游戏材料、玩具。比如，遵义仡佬族地区传承着历史悠久的"三幺台"食俗礼仪文化，当地幼儿园可以让幼儿制作"三幺台"盛宴中的"菜肴"玩角色游戏；黔西南布依族文化中的"八音坐唱"有着丰富的艺术教育价值，当地幼儿园可以让幼儿制作"八音坐唱"的"乐器"玩表演游戏；幼儿园还可以准备天然的植物染料让幼儿染五色糯米饭，准备捣米的工具让幼儿来打糍粑。

（4）创设全园共享的游戏活动室

从调研的情况来看，农村幼儿园所设置的区角往往空间狭小，环境布置简陋，游戏材料种类单一、数量稀少，这主要是由于农村幼儿园物质材料相对缺乏，教师的能力水平有限。与其像城市幼儿园那样在每个班级中设置游戏区角，不如汇集全园的财力、物力、人力，全体教师集思广益、群策群力共建共享全园的游戏活动室。这样做的好处主要有两点：第一，相对固定的游戏空间，便于教师布置游戏环境以及持续投放、更新各种游戏材料和玩具，从而使得游戏环境越来越丰富，幼儿也能获得更多的知识经验。第二，每天有序地安排全园的班级先后到活动室游戏，可以最大限度地利用活动室的游戏资源，不会造成游戏资源的浪费。

在调研中笔者就发现，毕节市 X 乡镇幼儿园就腾出一间教室来作为建构游戏活动室，虽然没有华丽的环境布置，没有桌椅板凳，地面是用废纸片（代替软垫）铺起来的，但积木、胶粒、插片散落在活动室的每个角落，幼儿三五成群地在其中忙碌着。其实除了建构游戏室，还可以创设角色游戏室、音乐游戏室、美术游戏室、科学游戏室等，尽可能选择贴近农村幼儿生活世界的游戏活动室，从而丰富农村幼儿的游戏经验，实现游戏活动的价值。

（5）整理及改编少数民族民间传统游戏

少数民族民间传统游戏是农村幼儿园游戏活动的主要内容，不管是在户外还是室内幼儿都会在集体活动之余三三两两玩起民间传统游戏。从跑跳、追逐到儿歌、童谣，可玩的民间游戏多种多样、极其丰富，农村幼儿尽情地享受少数民族民间传统游戏的快乐。为了更好地发挥少数民族民间传统游戏的价值，教师需对其进行整理。在调研中笔者就发现，黔南 X 乡镇幼儿园就把幼儿喜爱的民间传统游戏进行了整理归类，并且鼓励教师对这些民间传统游戏进行改编，注入新的活力。

教师对民间传统游戏的改编，具体可从游戏的内容、规则、玩法、材料等方面入手。例如，布依族传统游戏"牛拱背"，是幼儿两人一组相互角力的游戏，但在游戏中常常有幼儿用力过猛伤到对方，所以教师不再强调游戏中的角力，而是让幼儿感受老牛拱背的形态；还有传统游戏"跳海"，教师把用来丢的瓦片、石头替换成了沙包，防止对幼儿的身体造成伤害。

当然，贵州省农村幼儿教师发展过程中影响质量提高的关键性问题除了以上所阐述的问题之外，还存在其他值得我们聚焦的关键性问题。比如，学前教育专业的管理问题、在职培训问题等，由于篇幅有限在此不再一一论述。

# 参考文献

[ 1 ] 石中英. 教育学的文化性格[M]. 太原：山西教育出版社，1999.

[ 2 ] 冯增俊. 教育人类学[M]. 南京：江苏教育出版社，2001.

[ 3 ] 肖川. 教育与文化[M]. 长沙：湖南教育出版社，1990.

[ 4 ] [英]马林诺斯基. 费孝通译文化论[M]. 北京：华夏出版社，2001.

[ 5 ] 美国教育部中学后教育办公室. 美国教师质量报告：如何培养高质量的教师[M]. 朱旭东，等，译. 北京：人民教育出版社，2014.

[ 6 ] 吴再柱. 乡村教师突围[M]. 北京：清华大学出版社，2014.

[ 7 ] 刘占兰，杨丽欣. 聚焦幼儿教师专业发展：从骨干到名师[M]. 北京：北京师范大学出版社，2014.

[ 8 ] [美]莎朗·卑尔根. 专业幼儿教师培训指南[M]. 李淑芳，等，译. 北京：北京师范大学出版社，2013.

[ 9 ] [美]盖伊·格朗兰德，玛琳·詹姆斯. 早期学习标准和教师专业发展[M]. 刘昊，译. 北京：北京师范大学出版社，2014.

[10] 黄燕. 中国教师缺什么[M]. 杭州：浙江大学出版社，2005.

[11] 肖川. 教育的理想与信念[M]. 长沙：岳麓书社，2002.

[12] 教育部师范教育司. 教师专业化的理论与实践[M]. 北京：人民教育出版社，2003.

[13] 何仁仲. 贵州省通史 3·清代的贵州[M]. 北京：当代中国出版社，2002.

[14] 何仁仲. 贵州省通史 4·民国时期的贵州[M]. 北京：当代中国出版社，2002.

[15] 何仁仲. 贵州省通史 5·当代的贵州[M]. 北京：当代中国出版社，2002.

[16] 贵州省地方志编撰委员会. 贵州省志·教育志[M]. 贵阳：贵阳人民出版社，1990.

[17] 张羽琼，郭树高，安尊华. 贵州教育发展的轨迹[M]. 贵阳：贵阳人民出版社，2009.

[18] 孙向阳. 域外视野——国外学前教育理念解析[M]. 北京：北京少年儿童出版社，2011.

[19] 魏建培. 学前教育学[M]. 北京：科学出版社，2012.

[20] 庞丽娟. 中国教育改革 30 年[M]. 北京：北京师范大学出版社，2009.

[21] 彭聃龄. 普通心理学（修订版）[M]. 北京：北京师范大学出版社，2004.

[22] 郑键成. 学前教育学[M]. 上海：复旦大学出版社，2010.

[23] 叶澜，等. 教师角色与教师发展新探[M]. 北京：教育科学出版社，2001.

[24] [美]米尔斯·C. 赖特. 社会学的想象力[M]. 陈强，张永强，译. 北京：生活·读书·新知三联书店：2001.

[25] 姜晓燕. 学前儿童游戏教程[M]. 北京：教育科学出版社，2012.

[26] 王明辉. 企业员工组织社会化研究[M]. 北京：中国社会科学出版社，2007.

[27] 郑日昌. 大学生心理卫生[M]. 山东：山东教育出版社，1996.

[28] 王书荃. 学校心理健康教育概论[M]. 北京：华夏出版社，2005.

[29] 张人杰. 国外教育社会学基本文选[M]. 上海：华东师范大学出版社，1991.

[30] 李亨儒. 桐梓育幼院的前前后后[M]//贵州省委员会文史资料研究委员会. 抗日战争时期的贵州院校：贵州文史资料选辑（第二十六辑）. 贵阳：贵州人民出版社，1988.

[31] 周兢主. 国际学前教育政策比较研究[M]. 上海：华东师范大学出版社，2012.

[32] 边玉芳. 学习自我效能感量表的编制与应用[D]. 上海：华东师范大学，2003.

[33] 金维才. 观念变革：从教师素质观到教师质量观[J]. 安徽师范大学学报（人文社会科学版），2010（1）：9-12.

[34] 母远珍. 建国以来有关农村幼儿教师的研究综述——基于对文献资料的分析[J]. 现代教育科学，2014（1）：118-121.

[35] 王毓，王旬. 关于教师队伍建设的理性思索与实践探讨[J]. 河北师

范大学学报（教育科学版），2001（4）：23-27.

[36] 范明丽，赵娟. 美国农村幼儿教师质量保障机制及其启示[J]. 青岛大学师范学院学报，2011（4）：16-20.

[37] 车荧. 近代贵州学前教育史略[J]. 卷宗，2014（6）：244.

[38] 袁川，罗军兵，赵德肃. 西部欠发达地区学前教育发展现状与对策——以贵州省为例[J]. 安顺学院学报，2011（2）：45-49.

[39] 史瑾. 贵州省学前教育发展的现状分析与对策研究[J]. 早期教育（教科研），2012（5）：2-5.

[40] 刘启. 西部城乡学前教育现状、问题及其对策——以贵州省学前教育发展为例[J]. 贵州社会科学，2013（4）：164-168.

[41] 张建波. 艺术型学前教育本科专业的培养目标与课程程置[J]. 常州工学院学报（社科版），2009（6）：105-108.

[42] 黄小丽，任仕君. 学前教育专业本科人才培养规格现状与存在问题分析[J]. 学前教育研究，2012，（6）：57-60.

[43] 操小龙. 人才培养规格表述方式探讨[J]. 现代商贸工业，2010（19）：162-163.

[44] 魏燕明. 美国生涯教育发展历程、特点与借鉴[J]. 成人教育，2011，31（7）：125-126.

[45] 朱玉红. 生涯教育视角下学前教育人才培养的新策略[J]. 学前教育研究，2013（3）：67-69.

[46] 张立平. 师资队伍学缘结构的定量评价方法[J]. 辽宁教育研究，2007（3）：89-91.

[47] 生云龙. 清华大学教师学历与学缘结构的变迁[J]. 清华大学教育研究，2008，29（2）：92-98.

[48] 朱迎玲，白振荣. 学缘结构视角下的教师队伍优化策略[J]. 内蒙古范大学学报（教育科学版），2014（10）：46-47.

[49] 文君，郭铁成，双立珍. 幼儿园教师职业准入标准核心指标探讨[J]. 湖南师范大学教育科学学报，2013（6）：115-117.

[50] 陈志超，曾红. 美国幼儿教师任职资格标准[J]. 学前教育研究，1995（1）：61-64.

[51] 赵晶，陈传锋. 中学生学习状况的衡量维度探析[J]. 天津师范大学学报（基础教育版），2011（4）：22-25.

[52] 庞丽娟.《幼儿园教师专业标准》的研制背景、指导思想与基本特点[J]. 学前教育研究，2012（7）：3-6.

[53] 徐利智. 美国幼儿园准教师和新教师专业标准述评[J]. 幼儿教育（教育科学）：2012（6）：1-4.

[54] 陈志超. 美国幼儿教师任职资格标准[J]. 学前教育研究，1995（1）：59-61.

[55] 钟守权. 教师质量研究引论[J]. 中小学教师培训，1999（3）：4.

[56] 李丽花. 教师成长的源头活水——教学反思[J]. 化学教与学，2012（3）：64-65.

[57] 鲁洁. 南京师范大学：一本用生命打开的教育学[J]. 南京师范大学学报（社会科学版），2002（4）：10-11.

[58] 钟守权. 教师质量研究引论[J]. 中小学教师培训，1999（3）：4.

[59] 金维才. 观念变革：从教师素质观到教师质量观[J]. 安徽师范大学学报（人文社会科学版），2010：9-12.

[60] 薛景华. 建成广厦千万间，安居育才尽欢颜——汉中地区教师住建设工作调查[J]. 陕西教育（教学版），1995（4）：8-10.

[61] 朱长胜，姜勇国. 国外幼儿教师工资待遇与福利改革的比较研究[J]. 教育导刊，2012（8）：89-91.

[62] 王奋，张京. IT 行业员工职业生活质量的实证研究——以北京地区为例[J]. 北京理工大学学报（社会科学版），2006（6）：50-53.

[63] 王梓桐. 新媒体时代如何提升警察的职业自豪感[J]. 辽宁警官学院学报，2015（2）：81-85.

[64] 马多秀. 农村中小学教师"职业成就感"缺失现象分析[J]. 现代教育论丛，2015（1）：17-21.

[65] 谭友坤. 以职业幸福感促幼儿教师专业发展——自我实现的视角[J]. 基础教育研究，2011（18）：52-54.

[66] 束从敏，姚国荣. 幼儿教师职业生活质量的研究——对安徽省芜湖市 100 名幼儿教师职业生活的调查与分析[J]. 中国教育学刊，2004（7）：56-58.

[67] 刘贤敏，徐莹莹. 幼儿教师工作生活质量调查研究[J]. 现代中小学教育，2015，31（12）：91-94.

[68] 孙钰华. 工作生活质量：追求教师工作与生活的和谐发展[J]. 比较

教育研究，2008（4）：83-87.

[69] 彭小虎. 教师工作生活质量现状及其问题与对策：基于问卷调查与社会背景变量交叉分析的思考[J]. 课程·教材·教法，2011（3）：99-105.

[70] 张胜康. 社会交往与青年社会化的作用机制[J]. 当代青年研究，1999（3）：31-33.

[71] 周已尧. 幼儿教师社会交往能力再发展的启示与思考[J]. 课程教学教材研究，2012（1）：45-46.

[72] 孙菲，汤哲，邹炜. 社会交往和自我效能感对老年人生存质量的影响[J]. 中国预防医学杂志，2011（11）：963-965.

[73] 李涛. 农村底层孩子：我们老师是被社会淘汰下来的"产品"[N]. 中国青年报，2015-08-17.

[74] 柳丽娜. 农村青年教师在乡村社会传承优秀传统文化的有效路径[J]. 基础教育研究，2015（19）：15-17.

[75] 张建波. 艺术型学前教育本科专业的培养目标与课程设置[J]. 常州工学院学报（社科版），2009（3）：105-108.

[76] 郭良菁. 以"系统"思路解决学前教育质量的保障与提升问题[J]. 学前教育研究，2013（9）：8-14.

[77] 邱学青. 幼儿园自主性游戏指导策略的研究[J]. 幼儿教育，2004（6）：16-18.

[78] 刘宇. 自主性和游戏：概念辨析与实践反思[J]. 幼儿教育（教育科学），2015（6）：12-15.

[79] 黄进. 论儿童游戏中游戏精神的衰落[J]. 中国教育学刊，2003（9）：28-31.

[80] 朱家雄. 解决玩与教两难问题的前提——玩与教的两难（三）[J]. 幼儿教育（教育教学），2014（4）：4-5.

[81] 昌利娜.《幼儿园教师专业标准（试行）》解读[J]. 早期教育·教科研，2012（5）：14-17.

[82] 李玉琴. 中国教师资格制度述评[J]. 西南民族大学学报（人文社科版），2004（9）：385-388.

[83] 李振志. 地方政府的制度规避现象探析[J]. 重庆城市管理职业学院学报，2008（4）：35-38.

[84] 胡福贞，唐桂英．我国幼儿教师资格制度规避现象及其消解[J]．学前教育研究，2012（3）：3-8.

[85] 文君，郭铁成，双立珍．幼儿园教师职业准入标准核心指标探讨[J]．湖南师范大学教育科学学报，2013（6）：115-117.

[86] 姜协武，双立珍，文君．关于幼儿园教师资格认证的探讨[J]．教育探索，2015（7）：118-121.

[87] KARIN ISHIMINE. Quality in early childhood education and care: a case study of disadvantage[J]. The Australian educational researcher, 2011, 38 (3): 257-274.

[88] 刘昊，王芳，冯晓霞．美国学前教育质量评级与促进系统评介[J]．比较教育研究，2010（4）：72-75.

[89] 钱雨．世界学前教育质量监管体系的发展特点与趋势分析及其对我国的启示[J]．学前教育研究，2012（12）：14-19.

[90] 王明辉，凌文辁．组织社会化理论及其对人力资源管理的启示[J]．科技管理研究，2008（1）：172-173.

[91] 王雁飞，朱瑜．组织社会化理论及其研究评介[J]．外国经济与管理，2006（5）：31-38.

[92] 路晨．幼儿园初任教师组织社会化的含义、内容及影响因素[J]．学前教育研究，2015（6）：56-61.

[93] AMY GRATCH. Beginning teacher and mentor relationships[J]. Journal of teacher education, 1998 (3): 220-227.

[94] CHAO G T, O'LEARY-KELLY A M，WOLF S，KLEIN H J, GARDNER P D. Organizational socializationg: its content and consequences[J]. Journal of applied psychology, 1994, 79: 730-743.

[95] 林增学．心理健康结构维度的研究概述及理论构想[J]．社会科学，2000（6）：64-68.

[96] 俞国良，曾盼盼．论教师心理健康及其促进[J]．北京师范大学学报，2001（1），21-22.

[97] 张君飞．幼儿教师心理健康的思考与实践[J]．小作家选刊，2013（2）：65-66.

[98] 岳亚平．基于 SWOT 模型的民办幼儿园环境分析[J]．学前教育研究，2015（6）：16.

[99] 邓军. 基于 SWOT 分析的中职学生就业战略选择[J]. 科协论坛, 2011
（7）：172.

[100] 贵阳达德学校旧址[EB/OL]. [2015-09-29]. http://whj.gygov.gov.cn.
贵阳市文化局网站

[101] 佚名. 贵州省农村幼儿园骨干教师置换脱产研修培训项目开班典礼
[EB/OL]. [2013-02-20]. 贵州省教育厅学前教育处，http://www.
gzsedu.com/Item/26428.aspx.

[102] 冷哲. 如何完成一场有效、高质量的讨论[EB/OL]. https://www.
zhihu.com/question/24019604/answer/26414127.

[103] 贵阳幼儿师范高等专科学校网[EB/OL]. http://www.gypec.edu.cn/
channels/169. html

[104] NAEYC. NAEYC standards for early childhood professional preparation
programs[EB/OL].（2011-12-10）. http://www.naeyc.org.

[105] 教师资格认定工作问 [EB/OL]. [2012-01-06]. http://jxjyxy.gznu.
edu.cn/info/1103/1075.htm.

[106] 贵州师范大学继续教育学院. 教师资格认定工作问答[EB/OL].
[2012-01-06]. http://jxjyxy.gznu.edu.cn/info/1103/1075.htm.

[107] 青年人教师资格考试网 [EB/OL]. http://www.qnr.cn/zy/Teacher/
zhaopin/201212/894838.html.

[108] 毕节市七星关区 2016 年第七批面向社会公开招聘事业单位工作人
员实施方案 [EB/OL]. [2016-11-23]. 毕节市人力资源社会保障
网. http://gzbj.lss.gov.cn/art/2016/11/23/art_323_38078.html.

[109] 贵州公务员考试网[EB/OL]. http://www. gzgwy. com/bj/10404.html.

[110] 中公事业单位网[EB/OL]. http://www.zgsydw.com/guizhou/2016120
6/238798_1. html.

[111] 教育部. 幼儿园教师专业标准（试行）（教师〔2012〕1 号）[S].
[2012-02-01].

# 附录 1
# 幼儿园教师总体情况调查

尊敬的老师：

您好！非常欢迎您参与本次调查。通过以下问题，我们想了解您幼儿园教师的一些情况。我们会对您的回答完全保密，请您放心填写。

谢谢您的积极参与！

幼儿园所在地区：_____市（县）_____镇（乡）

幼儿园全称：_____

幼儿园性质：_____（公立或私立）

幼儿总人数：_____

| 项目 | 人数（人） | |
|---|---|---|
| 教师人数 | 男 | 女 |
| | | |
| 教师有编制人数 | 有 | 无 |
| | | |
| 教师的学历 | 本科及以上 | 本科以下 |
| | | |
| 教师的教龄 | 三年或多于三年 | 少于三年 |
| | | |
| 教师是否学前教育专业 | 是 | 否 |
| | | |

再次感谢您的合作！

# 附录 2
# 农村在职幼儿教师质量调查问卷

尊敬的老师:

您好! 非常欢迎您参与本次调查。

通过以下问题, 我们想了解您生活、工作等方面的一些情况。我们会对您的回答完全保密, 请您放心填写。

谢谢您的积极参与!

## 第一部分　幼儿教师的文化质量

填写方法: 请填写您的基本信息, 在选项上打"√"或在空白处填写答案。

1. 您的职位是: _____①园长　②教师

1. 您的性别: _____

2. 您的年龄: _____

3. 您的学历: _____

4. 您的专业: _____

5. 您的教龄: _____年

6. 您的职称: _____

7. 您是否有幼儿教师资格证? _____①有　②没有

8. 您是否热爱幼教工作? _____①非常热爱②一般热爱③不热爱

9. 您认为幼师的职业道德应包括_____
_____

10. 您认为您具有哪些气质? _____
_____

11. 您的兴趣爱好与特长有哪些? _____
_____

# 第二部分　幼儿教师的工作质量

填写方法：请从 5 个选项中作出单项选择，并在数字上打"√"。

| 题目 | 非常少 | 比较少 | 一般 | 比较多 | 非常多 |
|---|---|---|---|---|---|
| 1. 我的保教经验 | 1 | 2 | 3 | 4 | 5 |
| 2. 我的教学科研成果 | 1 | 2 | 3 | 4 | 5 |
| 3. 我所带班级幼儿的突出表现 | 1 | 2 | 3 | 4 | 5 |
| 题目 | 非常差 | 比较差 | 一般 | 比较好 | 非常好 |
| 4. 我环境创设与利用的能力 | 1 | 2 | 3 | 4 | 5 |
| 5. 我一日生活组织和保育的能力 | 1 | 2 | 3 | 4 | 5 |
| 6. 我游戏活动组织的能力 | 1 | 2 | 3 | 4 | 5 |
| 7. 我教育活动计划与实施的能力 | 1 | 2 | 3 | 4 | 5 |
| 8. 我激励与评价的能力 | 1 | 2 | 3 | 4 | 5 |
| 9. 我沟通与合作的能力 | 1 | 2 | 3 | 4 | 5 |
| 10. 我反思与发展的能力 | 1 | 2 | 3 | 4 | 5 |

# 第三部分　幼儿教师的生命质量

填写方法：请从 5 个选项中作出单项选择，并在数字上打"√"。

| 题目 | 非常差 | 比较差 | 一般 | 比较好 | 非常好 |
|---|---|---|---|---|---|
| 1. 我的住房条件 | 1 | 2 | 3 | 4 | 5 |
| 2. 我的工资福利 | 1 | 2 | 3 | 4 | 5 |
| 3. 我的家庭关系 | 1 | 2 | 3 | 4 | 5 |
| 4. 我家人入学就业状况 | 1 | 2 | 3 | 4 | 5 |
| 题目 | 非常弱 | 比较弱 | 一般 | 比较强 | 非常强 |
| 5. 职业安全感 | 1 | 2 | 3 | 4 | 5 |
| 6. 职业自豪感 | 1 | 2 | 3 | 4 | 5 |
| 7. 职业成就感 | 1 | 2 | 3 | 4 | 5 |
| 8. 职业幸福感 | 1 | 2 | 3 | 4 | 5 |
| 题目 | 非常少 | 比较少 | 一般 | 比较多 | 非常多 |
| 9. 我的兴趣爱好 | 1 | 2 | 3 | 4 | 5 |
| 10 我的特长 | 1 | 2 | 3 | 4 | 5 |

| 题目 | 非常差 | 比较差 | 一般 | 比较好 | 非常好 |
|---|---|---|---|---|---|
| 11. 我自学的时间 | 1 | 2 | 3 | 4 | 5 |
| 12. 我家庭、个人藏书数量 | 1 | 2 | 3 | 4 | 5 |
| 题目 | 非常差 | 比较差 | 一般 | 比较好 | 非常好 |
| 13. 我自学的质量 | 1 | 2 | 3 | 4 | 5 |
| 14. 我家庭、个人藏书质量 | 1 | 2 | 3 | 4 | 5 |

# 第四部分　幼儿教师的社会交往质量

填写方法：请从 5 个选项中作出单项选择，并在数字上打"√"。

| 题目 | 非常少 | 比较少 | 一般 | 比较多 | 非常多 |
|---|---|---|---|---|---|
| 1. 我社会交往对象的数量 | 1 | 2 | 3 | 4 | 5 |
| 2. 我社会交往层次的数量 | 1 | 2 | 3 | 4 | 5 |
| 3. 我社会活动的数量 | 1 | 2 | 3 | 4 | 5 |
| 4. 我传递信息的数量 | 1 | 2 | 3 | 4 | 5 |
| 5. 我获取信息的数量 | 1 | 2 | 3 | 4 | 5 |
| 题目 | 非常差 | 比较差 | 一般 | 比较好 | 非常好 |
| 6. 我社会交往对象的质量 | 1 | 2 | 3 | 4 | 5 |
| 7. 我社会交往层次的质量 | 1 | 2 | 3 | 4 | 5 |
| 8. 我社会活动的质量 | 1 | 2 | 3 | 4 | 5 |
| 9. 我传递信息的质量 | 1 | 2 | 3 | 4 | 5 |
| 10. 我获取信息的质量 | 1 | 2 | 3 | 4 | 5 |

# 第五部分　幼儿教师的流动质量

填写方法：请从 5 个选项中作出单项选择，并在数字上打"√"。

| 题目 | 完全没有 | 比较少 | 一般 | 比较多 | 非常多 |
|---|---|---|---|---|---|
| 1. 我园教师晋级提拔的机会 | 1 | 2 | 3 | 4 | 5 |
| 2. 我园教师受表彰的情况 | 1 | 2 | 3 | 4 | 5 |
| 3. 我园教师队伍优化组合的情况 | 1 | 2 | 3 | 4 | 5 |
| 4. 我园教师跳槽转行的情况 | 1 | 2 | 3 | 4 | 5 |

| 题目 | 完全没有 | 比较少 | 一般 | 比较多 | 非常多 |
|---|---|---|---|---|---|
| 5. 我园教师降职处罚的情况 | 1 | 2 | 3 | 4 | 5 |
| 6. 我近年来晋级提拔的机会 | 1 | 2 | 3 | 4 | 5 |
| 7. 我几年来受表彰的情况 | 1 | 2 | 3 | 4 | 5 |
| 8. 我近年来换岗的情况 | 1 | 2 | 3 | 4 | 5 |
| 9. 我几年来跳槽转行的情况 | 1 | 2 | 3 | 4 | 5 |
| 10. 我近年来降职处罚的情况 | 1 | 2 | 3 | 4 | 5 |

请检查问卷的所有题目是否全部完成，如有遗漏，请补充。

谢谢您的参与！

祝您工作愉快！